Startklar!

Alltagskultur, Ernährung, Soziales
9/10
Baden Württemberg
Differenzierende Ausgabe

Herausgegeben von
Prof. Dr. Silke Bartsch

Mit Beiträgen von
Anna Fruh
Kirsten Fricke
Ulrike Hass
Edgar Hochmann
Siglinde Mack
Heike Müller
Monika Neidhart
Yvonne Rosenstiel

Unter Mitarbeit der Verlagsredaktion

Oldenbourg Schulbuchverlag, München

Alltagskultur, Ernährung, Soziales
AES
9/10
Baden Württemberg
Differenzierende Ausgabe

Projektleitung:	Dr. Uwe Andrae
Redaktion:	Martin Regenbrecht, Berlin
Illustration:	Tasche (Natascha Welz), Berlin
Grafik:	Erfurth Kluger Infografik, Berlin
Umschlaggestaltung:	Corinna Babylon, Berlin
Layout:	Stephan Hilleckenbach, dtp-Service & Produktion, Berlin
Technische Umsetzung:	L101 Mediengestaltung, Fürstenwalde

www.oldenbourg.de

Die Webseiten Dritter, deren Internetadressen in diesem Lehrwerk angegeben sind,
wurden vor Drucklegung sorgfältig geprüft. Der Verlag übernimmt keine Gewähr
für die Aktualität und den Inhalt dieser Seiten oder solcher, die mit ihnen verlinkt sind.

1. Auflage, 2. Druck 2019

Alle Drucke dieser Auflage sind inhaltlich unverändert
und können im Unterricht nebeneinander verwendet werden.
Soweit in diesem Lehrwerk Personen fotografisch abgebildet sind und ihnen von der Redaktion
fiktive Namen, Berufe, Dialoge und Ähnliches zugeordnet oder diese Personen in bestimmte
Kontexte gesetzt werden, dienen diese Zuordnungen und Darstellungen ausschließlich der
Veranschaulichung und dem besseren Verständnis des Inhaltes.

© 2019 Cornelsen Verlag GmbH, Berlin

Das Werk und seine Teile sind urheberrechtlich geschützt.
Jede Nutzung in anderen als den gesetzlich zugelassenen Fällen
bedarf der vorherigen schriftlichen Einwilligung des Verlages.
Hinweis zu §§ 60 a, 60 b UrhG: Weder das Werk noch seine Teile dürfen
ohne eine solche Einwilligung an Schulen oder in Unterrichts- und
Lehrmedien (§ 60 b Abs. 3 UrhG) vervielfältigt, insbesondere kopiert oder
eingescannt, verbreitet oder in ein Netzwerk eingestellt oder sonst öffentlich
zugänglich gemacht oder wiedergegeben werden.
Dies gilt auch für Intranets von Schulen.

Druck: Mohn Media Mohndruck, Gütersloh

ISBN 978-3-637-015401 (Schülerbuch)
ISBN 978-3-637-01541-8 (E-Book)

PEFC zertifiziert
Dieses Produkt stammt aus nachhaltig
bewirtschafteten Wäldern und kontrollierten
Quellen.

www.pefc.de

Schülerbrief

Liebe Schülerinnen und Schüler,

am Anfang dieses Buches möchten wir euch seine wichtigsten Elemente vorstellen.

Auftaktdoppelseiten

Jedes Kapitel wird mit einer Bilddoppelseite eröffnet. Das großformatige Bild soll zusammen mit einführenden Fragen eine Einstimmung auf das Thema des Kapitels geben. Anhand der Auftaktdoppelseite lassen sich in vielen Fällen Erfahrungen und Fragen ansprechen, die in der weiteren Arbeit immer wieder herangezogen werden können. Anregungen dafür liefern die Arbeitsfragen.

Themendoppelseiten

Die Themendoppelseiten bilden den Schwerpunkt des Buches. Durch die Themendoppelseiten wird jedes Kapitel in überschaubare Einzelthemen gegliedert. Die große Überschrift auf der linken Seite der Doppelseite zeigt euch, worum es geht.
Die Einführung in das jeweilige Thema erfolgt durch einen Verfassertext, der euch die notwendige Orientierung geben soll. Außerdem findet ihr mit **M** gekennzeichnete Materialien, das sind Fotos, Diagramme oder kurze Texte, die zur Veranschaulichung, Vertiefung oder Problematisierung dienen können.

Arbeitsaufgaben

Am Ende der Doppelseite stehen Arbeitsaufgaben. Sie sollen euch Anregungen für die Erarbeitung der Materialien der Doppelseite geben, aber auch für weiterführende Recherchen und Projekte. Die Arbeitsaufträge sind teilweise mit dem Symbol eines Würfels gekennzeichnet, der den Schwierigkeitsgrad angibt: Ein Würfel steht bei einer eher leichten Aufgabe, zwei bei einer mittelschweren und drei Würfel bei einer schweren Aufgabe. Manche Aufgaben lassen sich besser zu zweit oder in einer kleinen Gruppe bearbeiten. Solche Aufgaben sind mit einem entsprechenden Symbol gekennzeichnet.

Begriffserklärungen

Wichtige Worterklärungen zu den Texten sind mit einem Sternchen (*) gekennzeichnet. Die Begriffserklärungen selbst finden sich in der Randspalte auf der jeweiligen Seite.

Methodenseiten

Für den Unterricht in eurem Fach eignen sich besondere Arbeitsmethoden und Arbeitstechniken. Diese werden euch auf den Methodenseiten gesondert vorgestellt. Das geschieht immer in Verbindung mit einem konkreten Thema. Doch lassen sich die Grundsätze der jeweiligen Methoden und Techniken auch auf andere Themen übertragen.

Wissensspeicher

An vielen Stellen des Buches befinden sich Doppelseiten als sogenannte Wissensspeicher. Auf diesen „Spezialseiten" könnt ihr die wichtigsten Themen und Begriffe des Kapitels, Grundwissen und Fertigkeiten wiederholen und anwenden. Darüber hinaus findet ihr hier einige vertiefende Informationen.

Zusätzliche Angebote im Internet

Auf vielen Themendoppelseiten findet ihr unten Webcodes (z.B.: **Webcode SK015401-023**). Gebt den Code auf der Internetseite **www.cornelsen.de** in das Feld „Webcode" ein. Hier findet ihr Webseiten mit Texten oder Filmen, die ein Thema vertiefen und teilweise das Erledigen der Aufgaben erleichtern.

Sprache

Im Sinne der geschlechtergerechten Sprache werden die männliche und weibliche Form abwechselnd gebraucht.

Vorwort 3

Kapitel 1

Essgeschichten

Mein Essen heute
Nahrungswahl: Esse ich etwas, was ich nicht kenne? 10
Stereotype: Esse ich wie andere Mädchen oder Jungen? 12
Ernährungstrends: Was bringt mir das? 14
Essen und Stress: Wie esse ich in Stresssituationen? 16
Hunger: Wann beginne ich zu essen? 18

Mahlzeitengestaltung
Gastronomische Vielfalt: Wo bekomme ich was? 20
Preis-Leistungs-Verhältnis: Wieviel bin ich bereit zu zahlen? 22
Fleisch: Zu welchem Anlass muss es sein? 24

Fleisch, kein Lebensmittel wie andere
Gentechnik: Welches Fleisch will ich essen? 26
Fleischfreie Kost: Welche Varianten kenne ich? 28
Ernährungssicherheit: Was esse ich in 50 Jahren? 30
Wissensspeicher: Gentechnik 32
Methode: Internetrecherche: Gentechnik in Lebensmitteln 34

Kapitel 2

Körpergeschichten

Schönheit
Schönheitsideale: Was gefällt mir an mir? 38
Kleidungsbotschaften: Was teile ich durch meine Kleidung mit? 40
Fehlernährung: Esse ich „normal"? 42
Gesundheitsförderung: Bin ich gut drauf? 44

Körperbilder und Körperumgang
Selbstdarstellung: Wie möchte ich gesehen werden? 46
Marketing: Wie stehe ich zum Körpermarketing? 48
Methode: Digital Storytelling 50
Sonnencreme: Wie schütze ich mich? 52
Manipulation: Wie durchschaue ich Bilder im Internet? 54

Schön sein und fit bleiben
Leistungsoptimierung: Wie hole ich am meisten heraus? 56
Dienstleistungstest: Welches Fitnessangebot passt für mich? 58
Wissensspeicher: Nahrungsergänzungsmittel ... 60

Kapitel 3

Konsumgeschichten

Clever konsumieren
Konsum: Welche Folgen hat mein Einkauf? 64
Wettbewerb: Welches Siegel ist für mich das beste? 66
Umweltfreundliche Textilien: Welche bevorzuge ich? 68
Obsoleszenz: Wie lange kann ich mein Lieblingsgerät nutzen? 70
Wissensspeicher: Alternative Fasern 72

Konsumentenrolle
Onlineshopping: Kann ich das zurückschicken?.. 74
Datenhandel: Wem gehören meine Daten? 76
Vergleichsportale: Finde ich das günstigste Angebot? 78
Global einkaufen: Was mache ich, wenn etwas schiefgeht? 80

Einkaufswelten
Gebrauchtkäufe: Was muss ich beachten? 82
Sharing Economy: Mit wem kann ich was teilen? 84
Foodblog: Welchen nutze ich wofür? 86
Wissensspeicher: Geschäftsmodelle von Apps ... 88
Methode: Ein Wiki: Wissen online teilen 90
Wissensspeicher: Umweltproblem Mikroplastik 92

Kapitel 4

Sozialgeschichten

Projekt zum sozialen Engagement
Projektidee: Wie finde ich das richtige Projekt? . . 96
Projektmanagement: Wie setze ich ein
Projekt um? 98
Methode: Lerntagebuch: Ein Projekt
dokumentieren 100

Freiwilligendienste
Freiwilligendienst: Was kann ich von Theresa
lernen? 102
Wissensspeicher: Freiwilligendienste 104
Nachbarschaftshilfe: Wer wohnt neben mir? 106

Lebensgestaltung
Onlinemarketing: Wie mache ich die Stars
erfolgreich? 108
Influencer: Wie glaubwürdig finde ich
Blogger? 110
Smartphone: Will ich immer online sein? 112
Messengerdienste: Wie nutze ich sie? 114
Wissensspeicher: Cybermobbing 116

Kapitel 5

Lebensgeschichten

Mein zukünftiges Zuhause
Wissensspeicher: Flechttechnik: Herstellen eines Sitzkissens aus alten Textilien 120
Methode: Erklärvideo: Hausputz Schritt für Schritt 122
Küchenausstattung: Wie richte ich mich preiswert ein? 124

Individuelle Lebensplanung
Lebensplanung: Was kann mir im Weg stehen? .. 126
Risiko: Kann das auch mir passieren? 128
Versicherungen: Wieviel Sicherheit brauche ich? 130

Zusammenleben
Zusammenleben: Was ist für mich Familienleben? 132
Wohnformen: Wie will ich zukünftig leben? 134
Wissensspeicher: Spielen 136

Kapitel 6

Geldgeschichten

„Meins"
Besitz: Was gehört mir? 140
Freie Güter: Was gehört nicht mir allein? 142
Finanzmanagement. Wofür will ich Geld ausgeben? 144

Zukunftsgeschichten
Work-Life-Balance: Warum ist das ein Thema für mich? 146
Schuldenfalle: Kann mir das passieren? 148
Wissensspeicher: Verbraucherinsolvenz 150

Geld und Liebe
Geld und Liebe: Ist das für mich ein Widerspruch? 152
Verliebt, verlobt, verpflichtet: Welche Bindung gehe ich ein? 154
Verheiratet sein: Was bedeutet das für die Frau? 156

Register 158
Bildquellen 159

Nahrungswahl: Esse ich etwas, was ich nicht kenne?

M1 Wer nicht wagt, der nicht gewinnt! Das Blindverkosten oder Probieren neuer Speisen verlangt manchmal Vertrauen und Mut.

* **Mere-Exposure-Effekt:** Durch das wiederholte Probieren von neuartigen Geschmacksrichtungen, Lebensmitteln oder bestimmten Gerichten lernt der Körper einen Geschmack nicht nur kennen, sondern auch mögen. Oft müssen wir bis zu zehn Mal etwas probieren, bevor wir es tatsächlich mögen. Dem Effekt zugrunde liegt ein zentrales biologisches Sicherheitsprinzip, denn wenn Speisen mehrfach vertragen wurden, werden sie als „sicher" und „verträglich" eingestuft.

* **Spezifisch-sensorische Sättigung:** Wird ein Lebensmittel oder ein bestimmtes Gericht sehr häufig gegessen, kann es zu einer Ablehnung des Geschmacks bzw. des Gerichtes (Aversion) kommen. Mit der spezifisch-sensorischen Sättigung beugt der Körper einer möglichen einseitigen Nahrungsauswahl und damit einer Mangelversorgung von lebensnotwendigen Nährstoffen vor.

„Was der Bauer nicht kennt, frisst er nicht." Sicher kennst du dieses Sprichwort. Doch wie ist das eigentlich bei dir? Probierst du Lebensmittel oder Gerichte, die du nicht kennst?

> „Wir lernen, was wir mögen"

Infobox: Wie Geschmack entsteht

Geschmack entwickelt sich von Beginn deines Lebens an und verändert sich auch immer wieder. Folgende Faktoren sind dabei von Bedeutung:

- *Prägung im Mutterleib:* Schon das Essverhalten der Mutter während der Schwangerschaft und später in der Stillzeit prägt den Geschmack des Kindes.
- *Genetische Präferenzen:* Die Vorliebe für „süß" (Sicherheitsgeschmack) und Ablehnung von „bitter" sind als Schutzmechanismen genetisch für alle Menschen gleich.
- *Kultur:* Die Esskultur unterscheidet sich von Region zu Region. Die Verfügbarkeit von Lebensmitteln und kulturspezifische Zubereitungen prägen Vorlieben und Abneigungen.
- *Evolutionsbiologische Programme:* Für Sicherheit und Vielfalt bei der Nahrungswahl sorgen evolutionsbiologische Steuerungsprogramme, wie der Mere-Exposure-Effekt* oder die „spezifisch-sensorische-Sättigung"*.
- *Innenreize und Außenreize:* Innenreize wie Hunger, Durst und Sättigung sind im Kleinkindalter von großer Bedeutung. Mit steigendem Alter werden sie zunehmend von Außenreizen, wie festgelegten Essenszeiten oder vorgegebenen Portionsgrößen, abgelöst.
- *Lernprozesse:* Eltern, Großeltern, Geschwister, Freunde oder auch Prominente dienen als Vorbilder, deren Essverhalten beobachtet und imitiert wird.

Essen ist auch Psychologie

Verschiedene psychologische Mechanismen haben Einfluss darauf, was Menschen essen mögen und was nicht.

Ein Beispiel dafür ist die Neophobie (wörtl. „die Angst vor etwas Neuem"). In der menschlichen Entwicklung setzt etwa mit 18 Monaten eine Angst vor unbekannten Lebensmitteln ein. Kinder lernen in diesem Zeitraum das Krabbeln und Laufen, erkunden ihre Lebenswelt und werden dabei immer selbstständiger. Würden sie in dieser Phase alles, was ihnen in die Hände kommt, probieren, könnten sie sich leicht vergiften. Die Neophobie ist also in dieser Phase ein Schutzmechanismus, der sie vor Vergiftungen schützt. Die Ablehnung von neuen und unbekannten Lebensmitteln und Speisen lässt im Alter zwischen acht und zwölf Jahren wieder nach.

Ein anderes Beispiel ist der sogenannte Garcia- oder Sauce-Bearnaise-Effekt: Wurde durch ein Nahrungsmittel einmal Übelkeit oder Erbrechen ausgelöst, führt dies häufig zu einer langfristigen Ablehnung des Nahrungsmittels. So kann auch noch Jahre später allein der Geruch oder die Vorstellung des Lebensmittels Übelkeit auslösen.

Geschmackserweiterung

Es ist durchaus sinnvoll, dass du Lebensmitteln und Speisen, die dir fremd sind, erst einmal vorsichtig und skeptisch begegnest. Eine gewisse Vorsicht hat sich im Laufe der menschlichen Evolution als Überlebensvorteil bewährt. Gleichzeitig schränkt diese Vorsicht dich ein. Nur wenn du neugierig bist und Neues ausprobierst, kannst du aus einer größeren Vielfalt wählen. Überlegt in der Lerngruppe, worauf ihr Lust habt und was ihr ausprobieren wollt.

1 Kannst du dich erinnern, wann du das letzte Mal etwas Neues probiert hast? Erzähle deine Geschichte dazu! Welche Gefühle gingen dir dabei durch den Kopf und welche Erfahrungen hast du gemacht?
2 Überlegt gemeinsam, in welchen Situationen es euch allen leicht fällt, etwas Neues auszuprobieren.
3 Ordne die evolutionsbiologischen Programme (s. Infobox) den Aussagen in den Sprechblasen zu. Fallen dir dazu auch Beispiele aus deinem Essalltag ein?
4 Bunte Karotten, Romanesco, Pastinaken ... Sucht Rezepte mit ungewöhnlichen Gemüsesorten, die euch ansprechen, und bereitet diese zu.

Stereotype: Esse ich wie andere Mädchen oder Jungen?

M1 Was legst du auf den Grill? Fleisch, Gemüse oder beides?

Endlich Wochenende! Marco hat sich mit seinen Kumpels zum Grillen verabredet. Den ganzen Tag freut er sich schon darauf, mit den Jungs zu chillen. Doch als er Jörg seine Grillspieße reicht, um sie auf den Grill zu legen, bekommt er blöde Sprüche zu hören: „Und wo ist dein Grillzeug? Da ist ja nur Gemüse drin!" „Gemüsespieße? Das kommt bei uns nicht auf den Grill. Ist ja schließlich ein Männerabend!" Seine Kumpels sind sich einig: „Männer grillen Fleisch!"

Männer und Frauen essen unterschiedlich

Woher kommen solche Stereotype*? Männer und Frauen essen tatsächlich unterschiedlich. Forscherinnen haben herausgefunden, dass Frauen deutlich mehr Obst und Gemüse essen. Männer essen hingegen mehr Fleisch und Wurst als Frauen. Doch warum ist das so?
Essen ist mehr als bloße Nahrungsaufnahme, denn es hat zusätzlich kulturelle und soziale Bedeutungen. Am Esstisch lernen wir schon als Kind, dass durch die Wahl bestimmter Lebensmittel und die Art und Weise, wie wir essen, „Männlichkeit" oder „Weiblichkeit" hergestellt werden kann.
Kennst du das? Jungen hören am Esstisch häufig, dass Fleisch groß und stark macht, oder sie werden ermuntert, eine weitere Portion zu essen. Mädchen bekommen hingegen häufiger „Das macht dick" zu hören.
Geschlechtstypisches Essverhalten ist damit auch das Ergebnis einer unterschiedlichen Erziehung von Jungen und Mädchen. Es ist also antrainiert. Mit dem Eintreten der Pubertät wollen wir als Frau oder als Mann ernstgenommen werden und orientieren uns an gesellschaftlich vorgegebenen Rollenbildern und Schönheitsidealen. Die Einhaltung oder Nichteinhaltung geschlechtstypischen Verhaltens wird dann wichtiger, auch bei unserer Speisewahl und unserem Essverhalten, z.B. bei einem Date oder gemeinsamen Essen mit Freunden.

---

* **Stereotyp**
feste Vorstellung von Eigenschaften oder Verhaltensweisen einer bestimmten Gruppe von Menschen, also z.B. Männer oder Frauen

Mein Essen heute

M 2 Typisch Mann, typisch Frau?

Esse ich wie andere?

Nur weil Frauen durchschnittlich mehr Obst und Gemüse essen, heißt das nicht, dass du als Mädchen kein Steak essen oder als Junge nicht vegetarisch essen sollst! Viel wichtiger ist, dass du dir der kulinarischen Codes* von Lebensmitteln bewusst bist und dich von der Werbung, geltenden Schönheitsidealen und gesellschaftlichen Vorstellungen nicht unter Druck setzen lässt. Du hast die Wahl, was und wie Du isst und kannst Esskultur und stereotype Vorstellungen damit auch verändern. Unser Verhalten ist Teil des „Doing Gender"*.

Infobox: Genderfood

Als Genderfood wird ein Trend der Lebensmittelbranche bezeichnet. Dabei werden von der Industrie gezielt Lebensmittel für Mädchen oder Jungen bzw. Frauen oder Männer hergestellt. Mit Hilfe von gezielter Werbung und angepasstem Verpackungsdesign werden die Produkte entsprechend der Wünsche und Bedürfnisse der Geschlechter vermarktet.

* **kulinarischer Code**
Lebensmitteln und Speisen werden Symbole oder Eigenschaften zugeordnet. So kann z. B. Fleisch für Kraft, Energie und Männlichkeit stehen, ein Salat für Vitamine, Gesundheit und Fitness.

* **Gender**
engl. bedeutet (soziales) Geschlecht, „Doing Gender" meint, dass durch wiederholtes Verhalten bestimmte männliche und weibliche Vorstellungen bestätigt werden.

1 Typisch Mädchen – typisch Junge?!? Sammle in einer Minute möglichst viele Begriffe für Lebensmittel und Essverhalten von Jungen und Mädchen.

2 Ergänzt eure Listen aus Aufgabe 1 mit den Begriffen aus der Wordcloud (M 2). Männlich, weiblich, neutral – diskutiert über eure Zuordnungen (es gibt dabei kein richtig oder falsch).

3 Ist es dir schon einmal ähnlich ergangen wie Marco? In welchen Ess-Situationen begegnest du Stereotypen und Vorurteilen?

4 Untersucht das Zeitschriftenangebot rund um Lifestyle und Kochen, das sich speziell an Männer und Frauen richtet. Was fällt euch dabei auf? Präsentiert eure Ergebnisse.

5 Macht euch auf die Suche nach Beispielen zu Genderfood. Warum sind die beworbenen Lebensmittel typisch männlich oder typisch weiblich?

6 Bereitet ein Rollenspiel „TV-Talk" vor zur Einführung von „frauenfreundlichen Chips". Überlegt euch, wer dazu eingeladen werden kann.

7 In Großbritannien möchte die Werbeaufsichtsbehörde Werbung mit Stereotypen verbieten. Wie stehst du dazu? Sollte es in Deutschland ein ähnliches Werbegesetz geben? Begründe deine Meinung. Führt eine Diskussion in der Lerngruppe.

1 Essgeschichten

Ernährungstrends: Was bringt mir das?

M1 Sarahs Lieblings-YouTuberin

* **Superfood**
Lebensmittel, meist exotischer Herkunft, oft Obst oder Gemüse, denen ein gesundheitlicher Nutzen zugeschrieben wird, i. d. R. aufgrund eines oder mehrerer hoher Nährstoffwerte

* **Clean Labelling**
Ursprünglich sog. „natürliche Lebensmittel", die frei von Farb- und Konservierungsstoffen, Aromen und Geschmacksverstärkern sind

* **Allergene**
Substanzen, die eine allergische Reaktion auslösen können

* **Zusatzstoffe**
Stoffe, die Lebensmitteln zugesetzt werden, um deren Eigenschaften (wie z. B. Haltbarkeit, Aussehen oder Geschmack) zu verändern.

Sarahs Lieblings-YouTuberin hat ein neues Video hochgeladen. Diesmal ist es ein Ernährungsspecial über sogenannte „Superfoods"*. Demnach bewirken Chiasamen, Gojibeeren oder Algen wahre Wunder für Gesundheit und Schönheit. Die YouTuberin ist sich sicher, wer einen gesunden Lifestyle verfolgt und hip sein will, bei dem dürfen Superfoods auf keinen Fall auf dem Teller fehlen. Das alles klingt vielversprechend für Sarah. Inspiriert geht sie einkaufen und ist erstaunt über das vielfältige Angebot. Zu Hause angekommen, probiert sie sich durch ihre Einkäufe und testet die Superfoods. Die Chiasamen schmecken zum Frühstück mit frischem Obst eigentlich ganz gut. Doch die Algen sind selbst im sonst so leckeren Smoothie sehr gewöhnungsbedürftig.

Wochen später kann Sarah keine Veränderung ihres Wohlbefindens erkennen und ihre Hautunreinheiten haben sich auch nicht verbessert. „Wofür habe ich nun eigentlich so viel Geld ausgegeben?"

Infobox: Was bedeutet eigentlich "frei von ..."?

„Frei von"-Kennzeichnungen werden auch als „Clean Labelling"* bezeichnet. Lebensmittel-Etiketten werben dabei mit dem Hinweis, dass bestimmte Zutaten oder Stoffe in diesem Produkt nicht enthalten sind. „Frei-von"-Kennzeichnungen beziehen sich dabei meist auf eher unerwünschte Zutaten, wie z. B. Zucker, Fett oder Salz, Allergene* oder Zusatzstoffe*.

Laktosefrei: Milchprodukte enthalten Milchzucker (Laktose). Bei einer Laktoseintoleranz (Milchzuckerunverträglichkeit) bekommen die Betroffenen Bauchschmerzen und werden krank, wenn sie Milch zu sich nehmen, weil sie Milchzucker nicht oder nur schlecht verdauen können. Bei laktosefreien Produkten wurde der Milchzucker industriell in seine Einzelbausteine aufgespalten, sodass die Produkte keinen Milchzucker mehr enthalten.

Glutenfrei: Als Gluten wird ein Klebereiweiß bezeichnet, das in den Getreidesorten Weizen, Roggen, Gerste, Dinkel und Hafer enthalten ist. Menschen mit einer Zöliakie vertragen dieses Klebereiweiß nicht, es kommt zu einer Darmentzündung. Daher müssen sie ihr Leben lang glutenfrei essen.

Warum gibt es Ernährungstrends?

- *Healthy-Lifestyle-Bewegung:* Immer mehr Menschen setzen sich aktiv mit ihrer Ernährung auseinander.
- *Lebensmittelskandale:* Verschiedenste Skandale veränderten Erwartungen zur Lebensmittelqualität.
- *Aktiver Lebensstil und Zeitmangel:* Weiterhin wird gerne auf stark verarbeitete und fertig zubereitete Nahrungsmittel zurückgegriffen.
- *Lebensmittelunverträglichkeiten:* Erhöhtes Vorkommen und Bewusstsein für Laktose-, Gluten- oder Fruktoseintoleranz sorgen für einen erhöhten Bedarf an „Frei von"-Lebensmitteln.

Für die Lebensmittelhersteller erschließen sich aus den veränderten Wünschen und Bedürfnissen neue und lukrative Märkte.

Vermarktung und Marketing

Wertvorstellungen: Ernährungstrends sind meist mit Wertvorstellungen verbunden. Verbraucher haben dadurch das Gefühl, allein durch den Konsum etwas Positives für ihre Gesundheit zu tun. Auch „Frei-von"-Kennzeichnungen verhelfen Produkten zu einem gesünderen Image und werden daher überflüssigerweise oft auch ohne Unverträglichkeit konsumiert.

Preis: Exotische Superfoods kosten im Vergleich zu vielen heimischen Produkten viel Geld. Auch „Frei von"-Produkte sind vergleichsweise teuer.

Werbung durch Gesundheitsversprechen: Nach der europäischen Health-Claims-Verordnung dürfen die Hersteller nicht damit werben, ihr Produkt sei gesund, wenn dies nicht wissenschaftlich nachgewiesen wurde. Dennoch sind viele Werbeversprechen irreführend. Superfoods allein können eine ausgewogene Ernährung nicht ersetzen, sondern nur ergänzen. Heimische Obst- und Gemüsesorten haben oft ähnliche Nährwerte und sind damit genauso „super".

M2 Kennst du diese Superfoods?

1. Welchen Ernährungstrends bist du bisher begegnet? Wovon hast du nur gehört, wovon kennst du die genaue Bedeutung? Wie stehst du dazu?
2. Welche Rolle spielt die YouTuberin in der Geschichte?
3. Sind „Frei von"-Produkte die bessere Wahl? Suche dir ein Beispiel und bewerte das Produkt für dich. Begründe.
4. Probiert in der Lerngruppe eine Woche lang aus, frei von Zusatzstoffen zu essen. Erzählt von euren Erfahrungen als Digital Storytelling (siehe S. 50).
5. Bereitet arbeitsteilig ein Menü vor, das frei von Zusatzstoffen ist.
6. Recherchiert nach heimischen Superfoods! Bewerte diese begründet mit einem Steckbrief für dich und deine Freunde.
7. Sogenannte Influencer beeinflussen – auch in Sachen Ernährung – gezielt unseren Konsum. Führe eine Internetrecherche zum Thema Influencer durch.
8. Sammelt Verpackungen von Lebensmitteln und Werbematerial zu aktuellen Ernährungstrends. Untersucht euer Material nach den Kriterien Zielgruppe, (Gesundheits-)Mehrwert, Werbeversprechen, Preis. Überprüft dabei kritisch: Was steckt hinter dem Ernährungstrend? Was verspricht das Produkt? Für wen ist das Produkt geeignet? Welcher Wahrheitsgehalt steckt hinter den Werbeversprechen? Belegt eure Ergebnisse mit Beispielen.

Essen und Stress: Wie esse ich in Stresssituationen?

M1 Auf Stress reagiert jeder Mensch unterschiedlich.

Ella schreibt diese Woche drei Tests, das setzt sie ganz schön unter Druck. Am Montag und Donnerstag ist auch noch Schwimmtraining und am Mittwochabend hat sie ihren ersten Auftrag als Babysitterin. Am Freitag steigt die Party ihrer besten Freundin. Eigentlich hatte sie ja versprochen, bei der Vorbereitung zu helfen. Ein Geburtstagsgeschenk muss sie auch noch besorgen und endlich ihr Zimmer aufräumen. Was für ein Stress!

Infobox: Was ist Stress?

Stress ist eine Reaktion des Körpers auf herausfordernde oder belastende Situationen. Durch die Ausschüttung von Stresshormonen wie Adrenalin und Cortisol stellt der Körper zusätzliche Energie zur Verfügung, sodass wir zu Höchstleistungen bereit sind. Stress verläuft dabei in drei Phasen (**M2**). Wird Stress zur Dauerbelastung und dem Körper werden keine Erholungsphasen gegönnt, kommt es zur Erschöpfung.
Es gibt auch eine positive, motivierende Art von Stress, den Eustress*, und den unangenehmen, schädlichen Stress, den sog. Disstress*.

Bei all dem Stress kommt Ella gar nicht zum Essen. Sie würde sowieso keinen Bissen herunterkriegen. Abends liegt sie lange wach und kann nicht einschlafen, ständig fragt sie sich, wie sie das alles schaffen soll und was sie wann tun muss. Am nächsten Tag bekommt sie von ihrer Freundin den Tipp, eine To-Do-Liste zu schreiben.
Wissenschaftler haben in einer Studie herausgefunden, dass das abendliche Schreiben einer To-Do-Liste Stress reduzieren kann und das Einschlafen erleichtert. Das Anlegen einer solchen Liste befreit den Kopf und wirkt beruhigend (Webcode). Mit dem verringerten Stress stellt sich auch Ellas Appetit wieder ein.

Wie esse ich in Stresssituationen?

Anspannung und Zeitdruck führen in Stresssituationen bei den meisten Menschen zu einer Änderung des Essverhaltens.
Stressesser greifen in Stresssituationen vermehrt zu Süßigkeiten oder herzhaften und fettreichen Snacks. Dies geschieht häufig unbewusst und kann sich in Extremfällen zu regelrechten Heißhungerattacken steigern.

---

* **Stressoren**
Alle äußeren und inneren Faktoren, die Stress auslösen

* **Eustress**
Positiver Stress, die auslösenden Stressoren haben eine belebende, motivierende, beglückende Wirkung (z. B. „Ich freue mich auf das Wiedersehen mit ..." oder „Ich freue mich auf das Turnier").

* **Disstress**
Negativer Stress, die auslösenden Stressoren werden als unangenehm, belastend, überfordernd oder sogar bedrohlich empfunden.

Stressesser achten im Alltag meist stark auf eine geringe Kalorienzufuhr und verbieten sich bestimmte Lebensmittel. In Stresssituationen verlieren sie die Kontrolle über ihr Essverhalten und werden maßlos. Stress oder negative Gefühle werden dann durch Essen kompensiert.

Stresshungerer hingegen bekommen in Stresssituationen keinen Bissen hinunter. Mahlzeiten werden reduziert, verschoben oder sogar weggelassen. Durch die mangelnde Nährstoffversorgung lässt die Leistungsfähigkeit nach.

M2 Die drei Phasen des Stresses

Stress und Entspannung
Zuviel Stress schadet der Gesundheit, daher ist es wichtig, sich persönliche Auszeiten zu nehmen. Nur so bleibst du auf Dauer leistungsfähig. Sport und Entspannungstechniken spielen neben Ruhe und ausreichend Schlaf eine wichtige Rolle. Jeder Mensch muss dabei für sich selbst herausfinden, was für ihn die größte Entspannung bringt. In Stresssituationen Sport und Bewegung zu kürzen oder gar zu streichen, um dadurch mehr Zeit für andere Dinge zu gewinnen, ist problematisch, denn Körper und Geist brauchen den Ausgleich. Was bringt für dich die notwendige Entspannung?

Essgenuss als Entspannung
Neben Ruhe und Bewegung können auch bewusste Genussmomente für Entspannung im Alltag sorgen. Dazu ist es hilfreich, sich ganz bewusst die Zeit zu nehmen, dem Stress im Alltag entfliehen. Ein gemeinsames Essen mit Familie oder Freunden bei schöner Atmosphäre und guten Gesprächen kann beispielsweise dabei helfen, weil du mit deinem ganzen Körper und Geist aktiv dabei bist und damit entspannst.

M3 Leon, 17 Jahre: „Etwas Leckeres zu essen, am besten mit jemandem zusammen, macht mich glücklich."

1. Beschreibe, wodurch Ella gestresst ist. Was kannst du von Ella lernen? Welche Tipps kannst du ihr geben, damit sie ihren Stress verringern kann? Tauscht euch im Tandem aus und schreibt Ella eine E-Mail mit Tipps.
2. Erinnere dich an eine persönliche Stresssituation und beschreibe sie in den drei Phasen (M2). Kannst du dich erinnern, ob und wie sich dein Essverhalten in Stresssituationen verändert hat? Alternativ kannst du ein Esstagebuch erstellen: Beobachte dich selbst, wie sich dein Essverhalten in Stresssituationen verändert.
3. Schreibe einen Tweet zum Thema Essgenuss für eure Lerngruppe!
4. Wertet eure Tweets in der Lerngruppe aus: Was versteht ihr unter Essgenuss? Was fördert und was hemmt euren Genuss?
5. „Genuss stärkt die Gesundheit!" Stimmt das? Bereitet eine Pro-Kontra-Diskussion dazu vor.
6. Leon gelingt es, mit Essen seine Emotionen positiv zu beeinflussen. Überlege, unter welchen Umständen du dich satt und glücklich nach dem Essen fühlst und dich dadurch entspannen kannst.

Genussregeln

1. Zum Genießen brauchst du Zeit.
2. Genießen braucht deine volle Aufmerksamkeit.
3. Genussmomente kannst du jeden Tag haben.
4. Jede kann und darf genießen.
5. Genießen musst du lernen wie eine Sprache.
6. Du musst deinen Genuss finden
7. Probiere es aus: Ein Quäntchen von Genuss bringt mehr als ein Übermaß.

Hunger: Wann beginne ich zu essen?

Karl, 88 Jahre
Hunger? Hunger hatten wir während des Kriegs und in der Kriegsgefangenschaft. Monatelang hatten wir nichts anderes als schimmliges Brot und Suppe, die fast nur aus Wasser bestand. In den ersten Jahren nach dem Krieg waren Lebensmittel extrem rationiert. Nur mit Lebensmittelkarten konnte man etwas zu essen bekommen, da stand genauestens drauf, wieviel Brot, Kartoffeln, Salz usw. jedem zustand. Das reichte nicht, um sich auch nur einmal richtig satt zu essen. Sehr viele Menschen litten an Unterernährung.

Tim, 15 Jahre
Ich war ein moppeliges Kind und wurde gehänselt. Deshalb habe ich schon früh verschiedenste Diäten ausprobiert. Nach vielen Misserfolgen mit Jojo-Effekt wurden meine Diätversuche immer radikaler. Ich machte immer mehr Sport und legte mir strenge Verbote auf. Das Lob von Familie und Freunden motivierte mich in dieser Zeit unheimlich. Als ich mein Wunschgewicht erreicht hatte, war ich jedoch immer noch unzufrieden mit meinem Körper. Also machte ich weiter und merkte gar nicht, wie ich eine Magersucht entwickelte. Heute bin ich in Therapie und hoffe, dass ich irgendwann gesund werde. Noch fällt mir jeder Bissen schwer.

Lisa, 17 Jahre
Morgens fällt es mir schwer aufzustehen, also verzichte ich oft auf mein Frühstück. Heute morgen während der Klassenarbeit: Ich spüre schon, wie ich Hunger bekomme und sich mein Magen zusammenzieht – und da ist es: Im ganzen Klassenzimmer hört man das laute Grummeln aus meiner Magengegend. Alle Blicke richten sich auf mich. Wie peinlich!

Burhan, 16 Jahre
Hunger habe ich während des Ramadans. Als gläubiger Muslim verzichte ich während des Fastenmonats von Beginn der Morgendämmerung bis zum Sonnenuntergang auf Essen und Trinken. Das ist manchmal ganz schön anstrengend und ich bin oft müde und erschöpft. Warum ich dennoch faste? Das Fasten gehört zu meiner Religion und dient dem Reinigen meiner Seele. Durch den Verzicht und die Gebete festigt sich mein Glaube und ich stärke mein Mitgefühl gegenüber Bedürftigen und Hungerleidenden.

M1 Gründe für Hunger sind vielfältig. Erzählungen von Menschen zum Thema „Hunger."

Hunger oder Appetit?

So ähnlich wie Lisa ist es dir sicherlich auch schon einmal ergangen. Durch Signale wie Magenknurren, Bauchschmerzen, Konzentrationsschwierigkeiten oder hohe Reizbarkeit zeigt uns unser Körper, dass wir Hunger haben. Doch Hunger ist nicht gleich Hunger. Teilweise verwechseln wir Hunger mit Appetit oder Durst. Unser Körper signalisiert Flüssigkeitsmangel auf ähnliche Weise wie Hunger. Manchmal reicht es daher schon, ein Glas Wasser zu trinken.

Im Vorbeigehen an einer Dönerbude, Bäckerei oder Eisdiele werden wir manchmal allein vom Geruch oder Anblick der Speisen „hungrig". Oder sind das dann Gelüste (Appetit)? Hunger bringt unangenehme bis schmerzhafte körperliche Signale mit sich, bei Appetit verspüren wir vielmehr die Lust etwas zu essen.

Hunger-Sättigungs-Mechanismus

Durch Hunger und Sättigung stellt unser Körper die ausreichende Nährstoffversorgung sicher. Der Hypothalamus* verarbeitet verschiedene Signale des Körpers und aktiviert Hunger- oder Sättigungsgefühle.

Aber Achtung! Hunger- und Sättigungsgefühle können krankheitsbedingt auch gestört sein, wie z.B. bei Essstörungen.

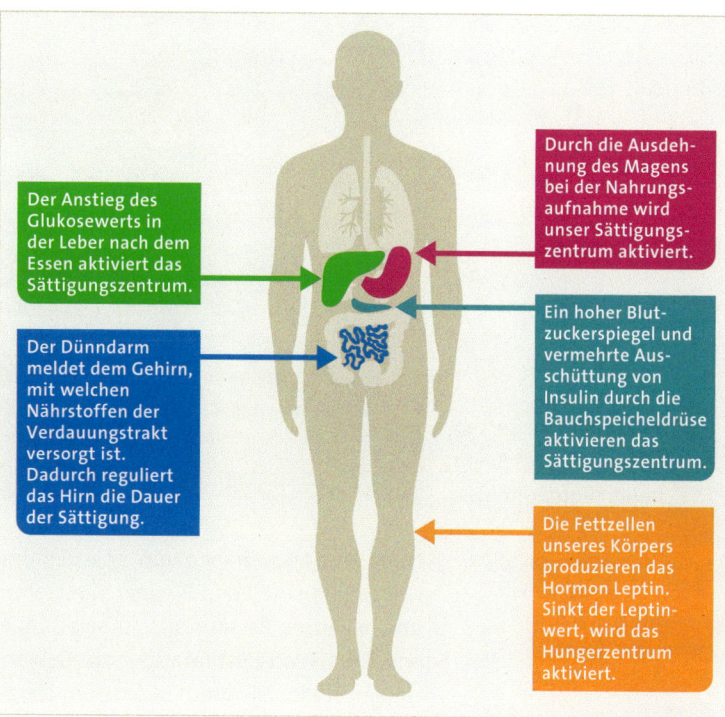

M2 Für Hunger und Sättigung sind im Körper verschiedene Organe zuständig.

* **Hypothalamus**
Bereich im Zwischenhirn

* **Insulin**
Hormon, das von der Bauchspeicheldrüse produziert wird

* **Leptin**
Hormon, das von den Fettzellen des Körpers produziert wird.

* **Glukose**
chemischer Name für Traubenzucker; wichtiger Energieträger im Körper

1 Vervollständige: „Satt sein bedeutet für mich ..."
2 Erkläre mithilfe von **M1**, warum Menschen Hunger haben.
3 Suche nach Gründen, warum Menschen fasten.
4 Wie fühlt es sich an, wenn du hungrig bist? Beschreibe genau: Wie ist deine Stimmung? Gibt es Zeichen für Hunger von deinem Körper? usw.
5 Bereitet ein Nudelgericht als Tellergericht mit verschieden großen Tellern zu. Vergleicht eure Portionsgrößen. Diskutiert über die Menge. Esst ihr alles auf?
6 Erstelle ein Esstagebuch: Wann isst du weiter, obwohl du keinen Hunger mehr hast? Wann hörst du auf, obwohl du noch nicht satt bist? Warum ist das so?
7 Beschreibe: Was ist der Unterschied zwischen Hunger und Appetit? Wie fühlt sich Hunger für dich an? Wovon bekommst du Appetit? Wie fühlen sich Gelüste bzw. Appetit an?
8 Begründe, warum die Unterscheidung von Hunger, Durst und Appetit wichtig ist.
9 Erkläre: Wie reguliert der Körper Hunger und Sättigung (**M2**)?

Gastronomische Vielfalt: Wo bekomme ich was?

M1 Nick und Luca testen mit einer Freundin einen neuen Burger-Imbiss.

* **Follower** sind Personen, die über sozialen Netzwerken die Aktivitäten anderer Personen verfolgen.

Nick und Luca haben ein spannendes Hobby: Sie sind Food-Blogger. Sie testen und bewerten Restaurants, Imbissstände oder Fast-Food-Restaurants. Ihre Bewertungen stellen sie dann in sozialen Netzwerken unter dem Namen Nica ihren Followern* zur Verfügung. Die beiden können sich mittlerweile über viele Follower freuen. Ihr Erfolgsrezept ist einfach. Sie testen von Imbissbude bis Sternerestaurants jeden Ort, an dem man Essen bekommt.

M2

* **Kiez** nennt man in Berlin ein Wohngebiet oder eine Gegend in der Stadt, mit dem sich die dort lebenden Personen identifizieren.

 Nick
Typisch Berlin!!!

Also wer mal typische Berliner Currywurst essen mag, der sollte unbedingt diesen Imbissstand besuchen. Hier wird direkt vor deinen Augen die Wurst vom Grill genommen, von Hand in Stücke geschnitten und in der Schale mit der Tomaten-Currysoße vermischt. Pommes gibt es wie gewohnt aus der Fritteuse. Klingt alles sehr normal für einen Imbiss? Stimmt! Aber das besondere hier ist das Umfeld! Unter der U-Bahn mitten im Kiez* trifft man echte Berliner Originale. Die Currywurst in Kombination mit dem Umfeld lässt dich mit allen Sinnen in Berlin eintauchen.

#Berlin #Currywurst #Imbiss #Berlincalling

 Luca
Wie sollen wir das essen?

M3

Seht euch dieses Essen an! Am liebsten würden wir uns diese Teller an die Wand hängen, so schön haben die Köchinnen das Essen darauf angerichtet. Der zeitliche Aufwand war sicher sehr hoch und wir sind uns auch sicher, dass man so ein Gericht nicht ohne eine richtige Ausbildung zubereiten kann. Auch die Zutaten sind in einer Sterneküche immer von einer sehr guten Qualität. Ein Besuch in einem Sterne-Restaurant lohnt sich also. Sucht euch einen besonderen Anlass aus ... Und nehmt genug Geld mit

#Sterneessen #Deluxe #Luxus

Mahlzeiten gestalten

 Nick
Einfach aber gut!   M 4

Heute muss es schnell gehen, also gibt es mal wieder klassisch Fastfood. Du fragst dich vielleicht, warum wir über so etwas Alltägliches berichten? Heute ist uns das erste Mal aufgefallen, dass die Mitarbeiter von Fastfood-Restaurants wie Maschinen arbeiten. Jeder Handgriff ist geplant, auf jedem Burger sind gleich viele Gurken, die gleiche Menge Ketchup. Überprüft es selbst mal und schreibt uns in die Kommentare, bei welchen Fastfood-Ketten ihr diese standardisierte Verfahren auch schon bemerkt habt.
#DerKlassiker #FastFood #Burger #Fließband

 Alina
1 Kommentar
Hi Nica, ihr macht super Blogs! Danke! Ich habe in einem gehobenen Restaurant ein Praktikum gemacht und dort gab es auch für jedes Gericht ein vorgefertigten Ablauf, bei dem jeder Koch und jede Köchin wusste, was zu tun war. Das standardisierte Verfahren trifft also nicht nur auf Fast-Food-Restaurants zu.

1. Beschreibe die drei Essensangebote und stelle die Unterschiede heraus.
2. Recherchiere, welche Ausbildung die Mitarbeiterinnen dazu haben sollten. Nutze dazu Berufsinformationsbroschüren oder schaue im Internet nach, welche Anforderungen an einen Koch oder eine Köchin gestellt werden.
3. Wie geht ihr vor, wenn ihr mit eurer Lerngruppe:
   a. einen Pausenverkauf von belegten Brötchen organisieren wollt
   b. eure Eltern zum Essen in die Schule einladet
   c. auf einem Weihnachtsmarkt Waffeln und Punsch verkauft
   Begründet eure Vorgehensweise.
4. Stellt in eurer Lernküche den Zubereitungsprozess eines Fastfood-Restaurants und eines Sternerestaurants nach und vergleicht die beiden Prozesse zu folgenden Punkten: zeitlicher Aufwand, Zubereitungskompetenzen, Kosten, Arbeitsfreude usw.
5. Nimm Stellung zu folgender Aussage. „Ich kann sehr gut kochen, sagen meine Freunde und meine Familie. Falls ich als Frisör keine Arbeitsstelle finde, eröffne ich ein Restaurant. Das kann man ja auch ohne Ausbildung."
6. Deutschlands erfolgreiche Foodbloggerin Sally sagt, dass ihr Erfolg als Food-Bloggerin auf Fleiß und Disziplin beruhe. Recherchiert, wodurch ein Food-Blog erfolgreich wird und was das für die Blogger bedeutet (Webcode).

Preis-Leistungs-Verhältnis: Wieviel bin ich bereit zu zahlen?

Essen über den Dächern

Ein deutsches Unternehmen bietet Essen in luftiger Höhe an, und das an vielen spektakulären Orten der Welt: „Dinner in the sky".

Essen in der Mensa

In der Schulmensa oder in der Kantine ist das Essen deutlich günstiger als in einem Restaurant.

Die wohl teuerste Pizza der Welt

In einem New Yorker Restaurant kann man diese Pizza für eintausend Dollar bestellen. Sie ist mit dem teuersten Kaviar der Welt, Hummer, Trüffel und weiteren exklusiven Zutaten belegt.

Beliebtes Fast Food

Auf der Beliebtheitsskala steht der Döner bei den Deutschen ganz weit oben. Manche Internetseiten beschäftigen sich nur damit, wo es den besten Döner gibt. Wie viel bist du bereit, für deinen Lieblingsdöner zu bezahlen?

M1 Verschiedene Essensangebote zu sehr unterschiedlichen Preisen

---

* **Konsistenz**
meint die Beschaffenheit eines Gegenstandes oder wie er zusammengehalten wird. Wir können das mit unserer Zunge fühlen. Ein Wackelpudding zum Beispiel hat eine weiche, wabbelige Konsistenz, Parmesankäse fühlt sich dagegen hart an.

Infobox: Molekularküche

Die Molekularküche ist ein Küchentrend, bei dem mit Hilfe chemischer und physikalischer Reaktionen Lebensmittel in ihrer Konsistenz* außergewöhnlich verändert werden. Die ursprünglichen Zutaten sind nicht mehr erkennbar, sie werden zu Schaum, zu Chips, zu Kügelchen, zu allem möglichen verwandelt.

M2 Beispiel aus der Molekularküche. Für eine solche Kreation zahlt man in einem entsprechenden Restaurant ein kleines Vermögen.

Mahlzeiten gestalten

Konstantins Traum vom eigenen Imbissstand

Konstantin möchte sich seinen großen Traum von einem eigenen Imbissstand erfüllen. Ihm ist aufgefallen, dass es Imbissstände mit vielen kulturell unterschiedlichen Gerichten gibt, ob nun mit griechischer, türkischer, indischer, italienischer oder deutscher Küche. Aber einen Imbiss mit typisch russischen Gerichten hat Konstantin, der russische Wurzeln hat, in seiner Stadt noch nicht entdeckt. Er möchte diese Marktlücke schließen und verspricht sich mit seinem Imbissstand mit russischen Gerichten einen großen Erfolg.

Bevor Konstantin loslegen kann, überlegt er sich, welche Kosten auf ihn zukommen können und für wie viel Euro er seine Speisen anbieten muss, damit er keine Verluste macht.

M 3 Konstantin macht sich eine Liste mit den Kosten für das Betreiben einer Imbissbude:
- Miete für die Imbissbude
- Strom
- Reparatur von Geräten
- Lebensmittel
- Getränke

Eine Kostenkalkulation muss jedes Restaurant und jeder Imbiss machen (überhaupt jede Firma muss dies tun). Um existieren zu können, muss ein Betrieb mehr Geld einnehmen als ausgeben. Die Höhe der Einnahmen ist u.a. abhängig davon, zu welchem Verkaufspreis die Produkte, in Konstantins Beispiel die russischen Gerichte, verkauft werden. Der Verkaufspreis für die Speisen ist ein wichtiger, aber bei Weitem nicht der einzige Faktor, der bei der Kalkulation eine Rolle spielt.

M 4 Sich eine Pizza nach Hause liefern zu lassen, ist teurer als selber kochen, aber meistens billiger als ein Besuch im Restaurant.

1. Beschreibe die Angebote auf den Bildern (**M 1**). Was bekommen die Kunden und Kundinnen für ihr Geld?
2. Überlege: In welchen Situationen gehst du in ein Restaurant und wann holst du dir schnell etwas auf die Hand?
3. Was ist dir wichtig, wenn du Essen gehst? Erstelle eine Liste mit deinen Kriterien.
4. Was bist du bereit für ein Essen zu bezahlen, das die Kriterien aus Aufgabe 3 erfüllt? Diskutiert in der Lerngruppe.
5. Könnt ihr Konstantin unterstützen? Schaut seine Liste mit den Kosten an (**M 3**), was hat er vergessen? Macht eine Kalkulation für ihn.
6. Plant einen Verkauf auf einem Jahrmarkt, Weihnachtsmarkt, auf eurem Schulfest oder Ähnliches. Überlegt, welche Kosten auf euch zukommen. Erstellt auf dieser Grundlage eine Preisliste für euren Verkauf, sodass ihr einen Gewinn für die Klassenkasse erzielt.
7. Apps und Internetseiten, die einen Lieferservice anbieten, boomen. Wie viel Euro ist dir der Bringedienst wert? Vergleiche, was das Bringen im Vergleich zum Restaurantbesuch kostet (Webcode).
8. „Ein Lieferservice ist etwas für faule Leute!" Nimm Stellung zu dieser Aussage und diskutiert in der Lerngruppe über die Vor- und Nachteile von Lieferserviceangeboten.

Fleisch: Zu welchem Anlass muss es sein?

Was, keine Grillparty mit Grillsteak, Würstchen und Salaten?

Oh je, was machen wir denn dann? Käsespätzle und Salat?

Oder einen leckeren Auflauf? Das mögen wir doch alle.

Mir egal was Nina will, ich will Fleisch!

Hi Mama + Papa, Tim und Leon!
Das ist meine letzte Karte von hier. Bald bin ich wieder daheim und meine Au-pair-Zeit ist vorbei. ☹
Nächste Woche sehe ich euch endlich wieder. Ich freue mich! ☺
Und ich freue mich auf ein gutes deutsches Essen, aber bitte ohne Fleisch; davon hatte ich hier mehr als genug!
kisses, eure Nina

* **Au-pairs** sind junge Erwachsene, die für eine bestimmte Zeit ins Ausland gehen, um dort als Kindermädchen bzw. Kinderbetreuer zu arbeiten, um die Kultur und Sprache des Landes kennenzulernen.

M1 Die Schwester von Tim und Leon kommt bald von ihrem Jahr als Au-pair-Mädchen* in den USA zurück. Die Familie plant ein Willkommensessen.

Gibt es bei dir zu besonderen Anlässen wie Geburtstagen, religiösen Feiertagen, Hochzeiten usw. auch immer besonders aufwendige Fleischgerichte? Wieso eigentlich?

Ist der häufige Verzehr von Fleisch ein Statussymbol für dich? Sind in deiner Familie Anlässe wie Geburtstage, Hochzeiten und Jubiläen untrennbar mit dem Verzehr von Fleisch verbunden?

Infobox: Fleischverzehr früher

Schon im Mittelalter war Fleisch ein wichtiges Statussymbol: Wer viel und oft Fleisch aß, gehörte i. d. R zum Adel. Viele Fleischsorten standen zur Verfügung, gerne auch exotische. Wild war besonders beliebt, da nur der Adel das Jagdrecht hatte und durch den Verzehr von Wild seinen Stand betonen konnte. Wohlhabende Menschen in den Städten, wie z. B. Handwerksmeister und Kaufleute aßen auch oft und gerne Fleisch. Sie bevorzugten Rindfleisch auf dem Speiseplan. Rindfleisch und Wild waren also „Fleisch der Reichen", Schweinefleisch lag eher bei der ärmeren Landbevölkerung auf dem Teller, und das auch nur sehr selten.

Nach den Hungerzeiten während und nach dem Zweiten Weltkrieg gewann Fleisch zunehmend an Bedeutung in der Ernährung der Deutschen. Die Möglichkeit, wieder regelmäßig Fleisch kaufen und essen zu können, spiegelte den schnellen Wiederaufbau und den steigenden Wohlstand der Menschen in Deutschland wider. Der Sonntagsbraten war etwas Besonderes, man freute sich die ganze Woche darauf. Im Laufe der Jahrzehnte erhöhte sich der Fleischkonsum stetig, sodass bald auch wochentags Fleisch auf dem Speiseplan stand. Fleisch wurde so zu einem alltäglichen Lebensmittel.

Mahlzeiten gestalten

Fleischverzehr heute

Der Verbrauch von Fleisch pro Kopf in Deutschland ist in den letzten Jahrzehnten immer weiter angestiegen. Glaubst du, das ist in deiner Familie auch so? Oder gehört ihr zu der immer größer werdenden Zahl der Familien, die komplett auf Fleisch verzichten?
In Deutschland gibt es etwa acht Millionen Vegetarier. Doch der Verzehr von Fleisch pro Kopf bleibt auf einem hohen Niveau. Er liegt bei etwa 60 Kilogramm pro Jahr. Ist Fleisch damit gar nichts Besonderes mehr?

Sind die Verzehrmenge und der Wert von Fleisch kulturabhängig?

In den USA essen die Menschen noch mehr Fleisch als in Deutschland, etwa 120 Kilogramm pro Kopf und Jahr.
Im asiatischen Raum basiert die Ernährung hauptsächlich auf Reis, Soja und viel Gemüse; Fleisch spielt für viele nur eine Nebenrolle. Im Schnitt verzehrt ein Mensch in Asien ca. 32 kg Fleisch pro Kopf und Jahr. Doch das ändert sich heutzutage, besonders für die Mittelschicht.
Die traditionelle Ernährung des Mittelmeerraums beinhaltet vorwiegend Obst und Gemüse, Getreide, Nüsse und Olivenöl. Milchprodukte und Fleisch ergänzen das Nahrungsangebot.

Bei der Frage, ob jemand überhaupt Fleisch isst und wenn ja, welches, spielen kulturelle und manchmal auch religiöse Gründe eine Rolle: In einigen Religionen gibt es Vorschriften zum Thema Fleisch, so ist es z.B. einem gläubigen Moslem oder Juden nicht erlaubt, Schweinefleisch zu essen.

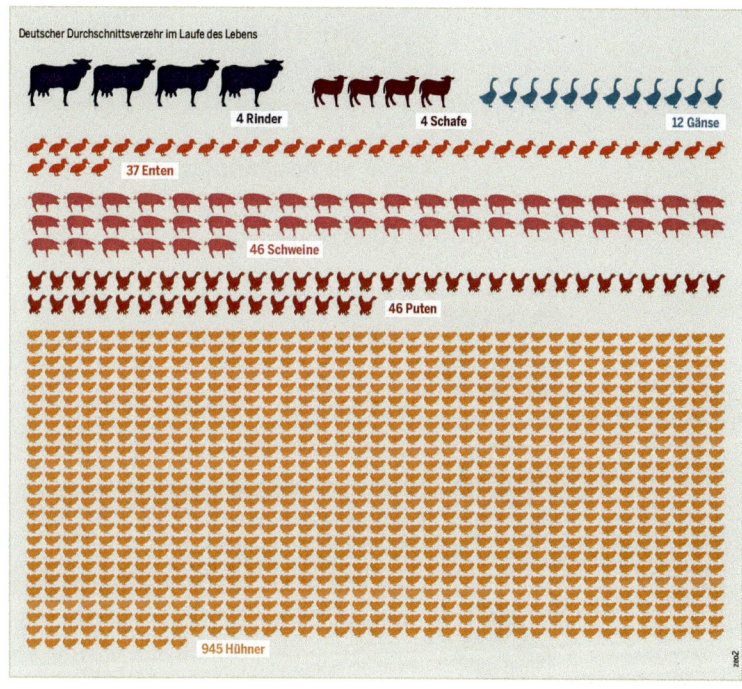

M 2 Im Durchschnitt verzehrt jeder Mensch in Deutschland im Laufe seines Lebens so viele Tiere.

1 Was würdest du als Willkommensessen für Nina vorschlagen? Begründe.
2 Diskutiert in der Lerngruppe, ob es anders wäre, wenn Ninas älterer Bruder zurückkäme.
3 Wie oft und wann isst du Fleisch bzw. Fleischwaren? Erstelle dazu ein Esstagebuch (Fotodokumentation) über zwei Wochen.
4 Beschreibt die Abbildung M 2 genauer. Ist das für euch realistisch? Recherchiert dazu im Internet, z. B. auf der Webseite des WWF (Webcode).
5 „Lieber Sonntagsbraten statt Werktagsbraten." Stimmst du dem zu oder nicht? Begründe deine Meinung.
6 Untersucht die Ernährungsgewohnheiten verschiedener Kulturen. Erstellt dazu eine kulinarische Weltkarte. Wählt aus jedem Kontinent mindestens ein Land aus.
7 Woher kommen die Unterschiede? Spekuliert über Ursachen hierfür und tauscht euch untereinander aus.
8 Wie viel Fleisch ist gut für uns? Wann ist es genug Fleisch? Kann man zu viel Fleisch essen? Erläutere deinen Standpunkt und begründe ihn. Tausche dich mit anderen darüber aus.

Gentechnik: Welches Fleisch will ich essen?

> Hallo Lisa, geh doch bitte noch 500 g Hackfleisch kaufen, aber bitte Biofleisch, also nicht im Supermarkt, sondern beim Metzger! Geld liegt in der Schublade.
> Grüße, Mama
> P.S. Denk dran: Qualität ist wichtig!

„Was bedeuten diese Zeichen?"

„Mama will ‚gutes Fleisch', möglichst bio …"

„Welches Fleisch ist qualitativ gut?"

M1 Biofleisch

Weißt du Bescheid?

Kennst du die Bedeutung aller Labels, die dir im Supermarkt begegnen? Hier eine kleine Übersicht über die Labels, die Lisa auf den Verpackungen gefunden hat:

Seit dem 1. Juli 2012 müssen alle verpackten Bioprodukte, die innerhalb der EU hergestellt werden, dieses Zeichen tragen, das EU-Bio-Logo. Es ersetzt die nationalen Kennzeichen. Die Bioprodukte mit diesem Label erfüllen die Mindestanforderungen der EU, so müssen z. B. alle Bioprodukte frei von Gentechnik sein.

2001 wurde dieses nationale staatliche Bio-Siegel eingeführt. Es wurde inzwischen durch das EU-Bio-Logo ersetzt, wird aber noch immer gern zusätzlich zum EU-Bio-Logo verwendet.

Seit dem 10. August 2009 gibt es in Deutschland ein einheitliches Siegel „Ohne Gentechnik", initiiert vom Bundesministerium für Ernährung und Landwirtschaft. Es besagt, dass das betreffende Nutztier vor seiner Schlachtung über einen gesetzlich definierten Zeitraum ohne Futtermittel ernährt wurde, die gentechnisch verändert wurden.

Das Bioland-Logo wird von dem Bio-Anbauverband Bioland vergeben. Diese Zeichen müssen mindestens die EU-Kriterien erfüllen. Meist haben sie strengere Anforderungen als das EU-Bio-Logo. Die Bio-Anbauverbände in Deutschland sind z. B. Bioland, Naturland, Demeter, Biokreis, Biopark, Gäa, Verbund Ökohöfe oder Ecoland.

Das QS-Prüfzeichen vergibt die „QS Qualität und Sicherheit GmbH", eine Gesellschaft der Agrar- und Ernährungswirtschaft. Es kennzeichnet Fleisch, Wurst, Obst und Gemüse, dessen Produktionsschritte genau überprüft und rückverfolgbar sind.

M2 Verschiedene Bio-Labels

Das ist nur eine kleine Übersicht der am Markt befindlichen Labels. Daneben gibt es noch zahlreiche weitere, z.B. Eigenlabels von Supermarktketten, die aber nicht von einer unabhängigen Stelle vergeben werden, sondern von den Ketten selbst. Die Menge der Kennzeichnungen auf Lebensmitteln stellen für uns Verbraucher aber ein großes Problem dar. Woher soll ich wissen, wofür all diese Labels stehen? Welche Labels sagen mir tatsächlich etwas über die Qualität, Herkunft und Verarbeitung?

Gentechnik in Fleisch?

Lisa denkt sich, wenn manches Fleisch mit dem Label „gentechnikfrei" gekennzeichnet ist, muss es ja auch Fleisch geben, das Gentechnik enthält. Hat Lisa recht?

In den USA sind bereits gentechnisch veränderte Lachse im Handel, in Europa dagegen werden keine gentechnisch veränderten Nutztiere gehalten oder eingeführt.

Warum dann die Gentechnikfrei-Kennzeichnung? Sie bezieht sich auf die Futtermittel, die in der Tierzucht verwendet werden. In der Massentierhaltung werden große Mengen an Mais, Soja und Weizen an Tiere verfüttert. Diese stammen, gerade wenn sie aus den USA oder Südamerika eingeführt werden, meist aus Landwirtschaften, die gentechnisch veränderte Pflanzen anbauen. Gentechnikfrei heißt also, dass das Tier nur mit nicht gentechnisch veränderten Pflanzen gefüttert wurde.

Was kann Lisa tun, wenn sie nur Lebensmittel ohne Gentechnik haben möchte?

Regionaler Einkauf

Lisas Eltern kaufen gern beim Metzger ein, der Fleisch von einer bäuerlichen Erzeugergemeinschaft anbietet. Doch nicht in jedem Metzgergeschäft ist das der Fall. Wie ist es bei dir vor Ort?

Infobox: Regional arbeitende Fleischbetriebe – ein Beispiel

Über 1500 Bauern der Region Hohenlohe im Norden Baden-Württembergs haben sich zur „Bäuerlichen Erzeugergemeinschaft Schwäbisch Hall" zusammengeschlossen. Sie halten Rinder, Schweine, Ziegen und Schafe. Die Tiere wachsen artgerecht auf, erhalten regional angebautes Futter und werden auf kurzem Weg in den eigenen Erzeugerschlachthof gebracht, wo sie schonend geschlachtet werden. Von dort geht das Fleisch an die Metzgereien. Antibiotika? Medikamente? Gentechnik-Futter? All das ist tabu. Im ländlichen Raum findet man außerdem Kleinbetriebe, die ihre Produkte selbst in einem Hofladen oder auf dem Markt verkaufen.

M3 Kampagne des Ministeriums für Ländlichen Raum und Verbraucherschutz Baden-Württemberg (Webcode)

---

1 Welche Labels kannst du auf Lebensmittelverpackungen aus deinem Haushalt finden? Erweitere die Übersicht (**M2**) und sortiere nach verschiedenen Kategorien, z. B. Produktlabel, Biolabel, Herkunftszeichen, Gütezeichen, Testlabel (Webcode).

2 Bewerte die gefundenen Labels aus Aufgabe 1 danach, welchen Anspruch sie erfüllen, ob sie unabhängig vergeben werden, wer die Vergabe kontrolliert und ob du das alles nachlesen kannst (Webcode).

3 Erkläre in Form eines Blogs, was eine bäuerliche Erzeugergemeinschaft ist. Schreibe Vor- und Nachteile auf.

4 Warum lehnen die meisten Menschen in Deutschland Gentechnik in Lebensmitteln ab? Findet Gründe in eurem Team. Vergleicht dann mit der ganzen Lerngruppe eure Ergebnisse. Nutzt dafür auch den Wissensspeicher S. 32.

5 Recherchiert hierzu Risiken und Chancen der grünen Gentechnik im Internet (Webcode).

6 Wie stehst du jetzt zur grünen Gentechnik? Begründe deine Meinung.

7 Wenn du selbst entscheiden sollst, wo du Fleisch einkaufen möchtest, welche Auswahlkriterien werden dann eine Rolle spielen?

8 Besucht einen nachhaltig arbeitenden fleischerzeugenden Betrieb in eurer Nähe. Bereitet als Vorbereitung Fragen bezüglich der Futtermittel, Tierhaltung, Schlachtung, Vermarktung usw. vor.

Fleischfreie Kost: Welche Varianten kenne ich?

* Vegetarische bzw. vegane Ernährung gibt es in verschiedenen Abstufungen:
Vegetarisch zu essen bedeutet, auf Produkte von getöteten Tieren zu verzichten, vor allem auf Fleisch oder Wurst. Produkte von lebenden Tieren, also z. B. Milch, Käse oder Eier sind erlaubt. Manche Vegetarier essen kein Fleisch, wohl aber Fisch. Bei der **veganen** Ernährung wird auf alle tierischen Produkte verzichtet, also auch auf Eier, Milch oder Honig.

* **carb**
Abkürzung für englisch carbohydrates = Kohlenhydrate

Warum essen wir, was wir essen?

Für viele Menschen sind Geschmack und Preis die entscheidenden Gründe beim Kauf von Lebensmitteln. Ob es dir schmeckt, sagt allerdings nichts über die Lebensmittelqualität aus. Doch das ist ein anderes Kapitel.
Andere dagegen essen längst nicht alles, was auf den Tisch kommt oder was der Supermarkt so hergibt, sondern wählen sehr gezielt aus. Sie entscheiden sich bewusst dafür, bestimmte Dinge zu essen und andere zu vermeiden.

Ernährungstrends und -konzepte

Wie alles in unserer Gesellschaft, so ändert sich auch die Ernährung ständig, es gibt kurzfristige Moden und langfristige Trends. Manche Moden verschwinden schnell wieder (erinnert sich noch jemand an Bubble Tea?, vor Jahren ein riesiger Hype, von dem kaum etwas geblieben ist), andere entwickeln sich zu festen Konzepten, denen viele Menschen folgen. Ein Beispiel für ein Ernährungskonzept ist „Low carb"*, also der Verzicht auf Kohlenhydrate oder zumindest ihre Reduzierung. Diejenigen, die diesem Konzept folgen, erhoffen sich meist gesundheitliche Verbesserungen und eine Gewichtsreduzierung.

Ein Megatrend: Vegetarismus

Mehr als eine Modeerscheinung ist der Verzicht auf Fleisch. Immer mehr Menschen entscheiden sich für eine vegetarische oder vegane Ernährung.*
Für die meisten VegetarierInnen steht dabei der Tierschutz an erster Stelle. Sie lehnen die Massentierhaltung als grausam ab. Außerdem kritisieren sie die Tatsache, dass ein hoher Prozentanteil der weltweiten Ackerflächen zum Anbau von Futter für die Massentierhaltung verwendet wird (und das sehr häufig mit gentechnisch veränderten Pflanzen); sie lehnen den weitverbreiteten Einsatz von Antibiotika in der Tierhaltung ab, dadurch und durch die großen Mengen an Gülle werden die Böden und das Grundwasser belastet. Die weltweite Tierhaltung hat vermutlich Anteil am Klimawandel. Viele Gründe also dafür, auf Fleisch zu verzichten.
Der Vegetarismus ist übrigens keine moderne Erfindung, schon in der Antike hatte er viele Anhänger, damals überwiegend aus ethischen und religiösen Gründen. Und auch in anderen Kulturen und Religionen ist er verbreitet.

Von vegetarisch bis vegan

Der Vegetarismus hat viele verschiedene Erscheinungsformen, vom Ovo-Lacto-Vegetarier bis zum Fruktarier. Diese Formen unterscheiden sich darin, welche Produkte außer Fleisch noch abgelehnt werden.

* **Ovo** steht für Ei; **Lacto** steht für Milch- und Milchprodukte

	Fleisch	Ei	Milch	Honig	Fisch	Gelatine
Ovo-Lacto*-Vegetarismus	X	✓	✓	✓	X	X
Ovo-Vegetarismus	X	X	✓	✓	X	X
Lacto-Vegetarismus	X	✓	X	✓	X	X
Veganismus	X	X	X	X	X	X
Pescetarierismus	X	✓	✓	✓	✓	X
Flexitarismus	X	X	X	X	X	X
Frutarismus	X	X	X	X	X	X

M1 Übersicht über die Lebensmittel, die bei verschiedenen Formen des Vegetarismus erlaubt sind und welche nicht

Infobox: Nachhaltigkeit

Zu einem nachhaltigen Ernährungskonzept gehören verschiedene Aspekte von Verträglichkeit bei den gewählten Lebensmitteln.

Umweltverträglichkeit
Schutz des Klimas, der Böden und des Wassers durch weniger Verbrauch von Pestiziden* und Düngemitteln, weniger Abholzung und Vermeidung von Abgasen; Erhalt von Artenvielfalt und Kulturlandschaft.* Ablehnung von Massentierhaltung.

Sozialverträglichkeit
Verbesserte Lebensbedingungen für alle Menschen weltweit sichern, mindestens Sicherung der Ernährung und der Zugang zu sauberem Wasser.

Wirtschaftsverträglichkeit
Die Lebensmittel sollen fair produziert werden, sodass auch die Bauern, die sie produzieren, davon leben können. Das gilt vor allem für Bauern in ärmeren Ländern, aber z. B. auch für unsere Milchbauern.

Gesundheitsverträglichkeit
Ziel ist es, allen Menschen eine ausgewogene und gesunde Ernährung mit frischen, sicheren und gut schmeckenden Lebensmitteln zu ermöglichen, die sie auch bezahlen können.

* **Pestizide** sind chemische Substanzen, die Unkräuter, Pilze und Krankheiten bei Pflanzen abtöten sollen.

* **Kulturlandschaften** sind vom Menschen dauerhaft geprägt und gepflegt, z. B. traditionelle Weinbaugebiete oder der Schwarzwald mit seiner Weidewirtschaft mit Kühen und Schafen.

1 Überlege, wie Jessi ihren Freund Sören davon überzeugt haben könnte, Vegetarier zu werden.
2 Sammelt Argumente für einen vegetarischen Lebensstil. Tauscht eure Argumente aus.
3 Beschreibe deinen Ernährungsstil.
4 Untersucht die einzelnen Ernährungskonzepte genauer. Stellt Vermutungen darüber an, warum Pescetarier, Flexitarier oder Frutarier usw. sich für die jeweilige Ernährungsform entschieden haben könnten.
5 Vergleicht die häufigsten Formen des Vegetarismus miteinander. Bewertet die verschiedenen Formen mithilfe der „10 Regeln der DGE" (Webcode) für ein ausgewogenes Essen.
6 Wie lässt sich eine nachhaltige Ernährung im Alltag realisieren? Stelle die „7 Schritte zur nachhaltigen Ernährung" von der Webseite des Bayerischen Staatsministeriums für Ernährung, Landwirtschaft und Forsten (Webcode) zusammen. Erstelle dazu eine Mindmap.
7 Bereitet eine Pro-Kontra-Diskussion vor: Sind unsere Lebensmittel zu billig, um nachhaltig sein zu können? Verhindert der Preiskampf der Discounter und anderer Lebensmittelläden eine Entwicklung hin zu mehr Nachhaltigkeit?

Ernährungssicherheit: Was esse ich in 50 Jahren?

M1 Leon und seine Arbeitsgruppe arbeiten an einer Präsentation, in der sie die Ernährung der Zukunft vorstellen.

Leon und seine Mitschülerinnen und Mitschüler beschäftigen sich in einem Nachhaltigkeitsprojekt mit der Frage, wie es in Zukunft möglich sein wird, die geschätzten elf Milliarden Menschen zu ernähren und den Hunger weltweit endgültig zu besiegen. Im Laufe ihrer Recherchen stoßen sie auf einige interessante Artikel, die einige Antworten geben, aber vor allem neue Fragen aufwerfen:

Liegt die Zukunft unserer Ernährung im Wasser?

Immer neue Ideen zum Thema Nahrungsmittel aus dem Wasser werden entwickelt: von der Aquakultur* zur Fischzucht über die Nutzung von Algen in unserer Ernährung bis hin zum Unterwasseranbau von Kräutern und Gemüsen.

Essen wir in 50 Jahren noch Fleisch?

In Zukunft müssen immer mehr Menschen mit Nahrung versorgt werden, d.h. an unseren Nahrungsgewohnheiten muss sich etwas ändern, da wir weltweit nicht so viel Fleisch produzieren können und Getreide nicht mehr in dem Maß an Nutzvieh verfüttern können.

Kommt unser Fleisch bald aus dem Labor?

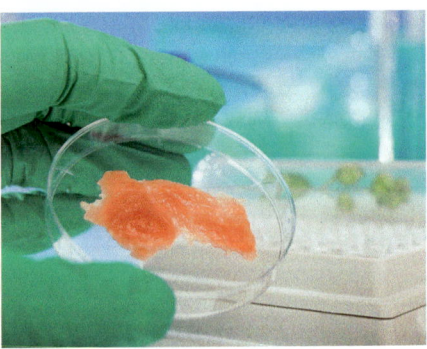

M2 Fleisch aus dem Labor

Erste Versuche, Fleisch aus Stammzellen* eines Rindes zu züchten, wurden bereits erfolgreich abgeschlossen. Wer aus deiner Lerngruppe würde solches Fleisch essen? Auch der 3D-Drucker wird als Lösung betrachtet. Aber woher kommt das Rohmaterial dafür?

---

* **Aquakultur oder Aquafarming:** Züchten von Fischen und anderen im Wasser lebenden Tieren, wie z. B. Muscheln oder Algen, in Teichen oder abgetrennten Bereichen im Meer oder in Seen.

* **Stammzellen** sind Körperzellen, aus denen verschiedene Zelltypen werden können.

Werden wir Insekten als Eiweißquelle in unseren Ernährungsplan aufnehmen?

In vielen Gegenden der Welt sind Insekten heute bereits fester Teil der Ernährung. Sie liefern wertvolle Eiweiße und sind relativ einfach und günstig in der Produktion.

M3 Insekten als Mahlzeit

Lebensmittel nicht verschwenden

In Deutschland wirft jeder von uns im Durchschnitt jährlich über 80 Kilogramm Lebensmittel in die Tonne. Ähnliches finden wir auch in anderen Industrienationen. Aktivisiten sehen eine Lösung darin, dass wir unsere Lebensmittel lieber essen sollen, statt sie zu verschwenden. Das ist nicht neu: In sogenannten „Hungerjahren", z. B. nach dem Zweiten Weltkrieg, wurde darauf geachtet, Kartoffeln so sparsam wie möglich zu schälen, aus Wurst wurde Gulasch gekocht usw.

Wie sieht unsere Ernährung in 50 Jahren aus?

Leons Arbeitsgruppe hat in einer Umfrage die Schülerinnen und Schüler wie auch die Lehrerinnen und Lehrer ihrer Schule dazu befragt, wie die Ernährung der Zukunft aussehen könnte. Hast du schon einmal darüber nachgedacht?

Wie siehst du das?

Was glaubst du, welche Lebensmittel wir in 50 Jahren verzehren? Bleibt alles so, wie es ist oder ändert sich etwas in unseren Ernährungsgewohnheiten?
Wer bereitet unser Essen zu? Wird es noch Küchen in unseren Wohnungen geben oder lassen wir uns von anderen versorgen? Schon jetzt spielen Lieferdienste, Fastfood und andere Anbieter von „schnellem Essen" sowie Gemeinschaftsverpflegung in der Schulmensa oder Betriebskantine eine wichtige Rolle. Wird dieser Trend weitergehen?
Wo kommen unsere Lebensmittel in Zukunft her? Kaufen wir in Zukunft weltweit um die Ecke oder online ein? Oder werden wir die Lebensmittel eher aus der Region beziehen?
Essen wir überhaupt noch? Oder schlucken wir nur noch hochkonzentrierte Pillen, die uns alle Nährstoffe liefern, die wir brauchen?

1 Erstelle Steckbriefe für die verschiedenen Nahrungsquellen der Zukunft, z. B. zu den Aspekten: Was? Wie funktioniert es? Vorteile? Nachteile? Überlege dir zu den Steckbriefen, welche der Nahrungsmittel du essen würdest und welche nicht. Begründe deine Meinung.

2 Vergleiche mit deinem Partner, welche Lebensmittel ihr essen würdet und was ihr ablehnt. Redet über die Gründe für eure Akzeptanz bzw. Ablehnung bestimmter Lebensmittel.

3 Führt eine Umfrage zum Thema „Essen in der Zukunft" durch. Befragt die Menschen zu ihren Vorstellungen, wie die Ernährung der Zukunft aussehen könnte. Überlegt euch dazu einen Fragekatalog. Erstellt ein Diagramm (z. B. ein Kreis- oder Säulendiagramm), um das Ergebnis darzustellen.

4 Findet Gründe dafür, warum wir in Zukunft nicht mehr so essen können wie heute. Beachtet dabei, dass in Zukunft viel mehr Menschen ernährt werden müssen. Recherchiert dazu auch im Internet (Webcode).

5 Führt eine Zukunftswerkstatt zum Thema durch (Webcode).

Gentechnik

WISSENSSPEICHER

* **Sequenzierung** bedeutet die Bestimmung der genauen Abfolge (Sequenzen) der DNA-Bausteine.

* **Resistenz** (von dem lateinischen Wort resistere = widerstehen) bedeutet, dass eine Pflanze gegenüber einzelnen Schädlingen oder klimatischen Bedingungen oder einem Spritzmittel unempfindlich ist.

Die ersten Schritte zur Veränderung von Pflanzen und Tieren

In den 1970er Jahren gelang es erstmals, das Erbgut (DNA) eines Bakteriums zu verändern. Ende der 70er fand man einen Weg zur Sequenzierung* von DNA. Damit wurde die gentechnische Veränderung von Organismen erst möglich. Bis dahin konnten Änderungen an Pflanzen oder Tieren nur durch Züchtung erreicht werden. Züchtung bedeutet, dass man von Generation zu Generation diejenigen Exemplare auswählt und vermehrt, die eine gewünschte Eigenschaft (z.B. Größe, Geschmack, Aussehen) in höherem Maße hat als die anderen „Geschwister". Das ist ein langwieriges, aber seit Jahrtausenden bewährtes Verfahren: Alle Haustiere und alle Nutzpflanzen sind auf diese Weise entstanden.

Was will die Gentechnik erreichen?

Mithilfe der Gentechnik will die Wissenschaft Pflanzen für die Lebensmittelproduktion entwickeln, die z.B. resistent gegen bestimmte Schädlinge sind oder die große Trockenheit oder Kälte aushalten können. Man hofft auf bessere Erträge, um so Hunger und Mangelerscheinungen bekämpfen zu können. Bei Tieren will man schnelleres Wachstum, bessere Fleischqualität und ebenfalls Resistenzen* gegen bestimmte Krankheiten erreichen. Gentechnisch veränderte Produkte sind aber auch ein riesiges Geschäft.

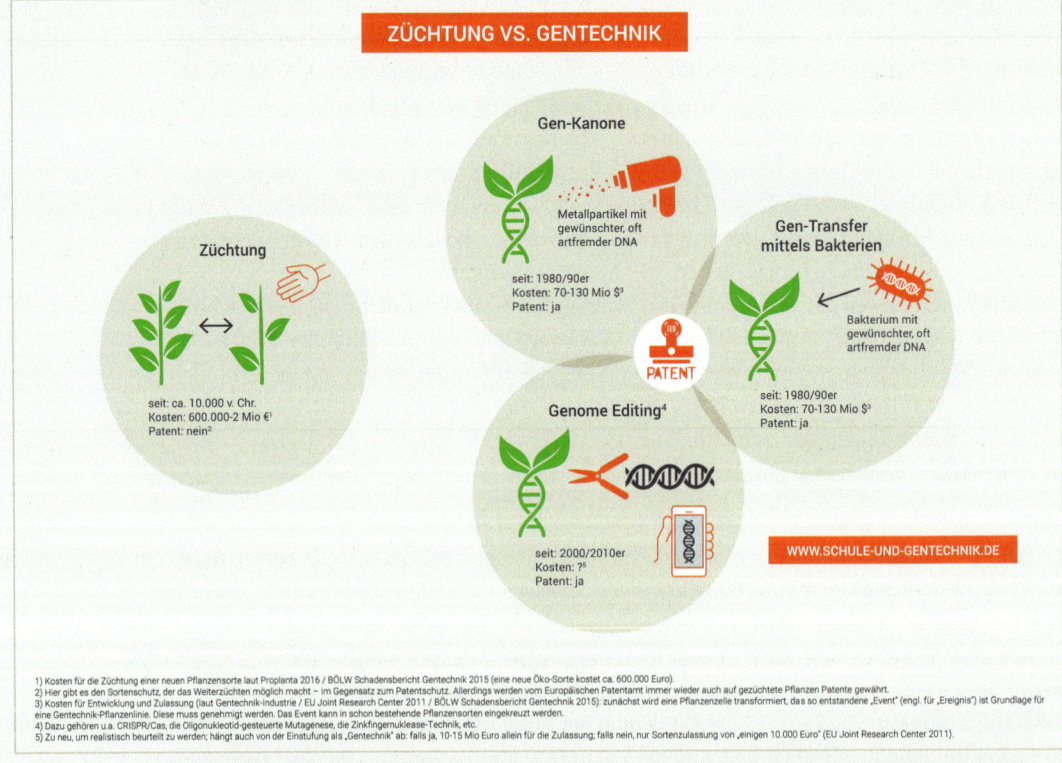

M1 Züchtung im Unterschied zur Gentechnik. Mit der Gen-Kanone „beschießt" man Gene mit anderen Genen und hofft auf eine Vermischung; die Technik ist nicht besonders genau, die Ergebnisse sind eher zufällig. Der Gentransfer ist schon etwas zielgerichteter, hier werden beispielsweise bestimmte Gene aus einem Bakterium in ein anderes Bakterium oder in eine Pflanze eingesetzt. Das Genome-Editing ist eine besonders fortschrittliche und präzise Technologie, mit der man jedes beliebige Gen exakt an der gewünschten Stelle in der DNA platzieren kann.

Gentechnik auf dem weltweiten Markt

Ende der 1990er Jahre waren die ersten gentechnisch veränderten Pflanzen bereit für die kommerzielle Vermarktung. Heute werden sie überwiegend (z. B. Genmais als Futtermittel) in Nord- und Südamerika sowie in Asien angebaut. In Deutschland ist kein kommerzieller Anbau von gentechnisch veränderten Pflanzen zugelassen.

Es existieren inzwischen zahlreiche gentechnisch veränderte Pflanzen mit sehr unterschiedlichen Eigenschaften, die ihnen genetisch eingebaut wurden. Gentechnisch veränderte Tiere gibt es noch nicht so viele. Seit 2017 ist in Kanada ist ein Lachs auf dem Markt, der durch genetische Manipulation doppelt so schnell schlachtreif wird wie ein herkömmlicher. Bei uns ist dieser Lachs nicht zugelassen.

Gentechnik ist Spitzentechnologie, d. h. dass nur große Forschungsinstitute und Großkonzerne die Kapazitäten für Forschung und Entwicklung in diesem Bereich haben. Die Entwicklung schreitet international sehr schnell voran.

Unterschiedliche Einsatzbereiche der Gentechnik

Grüne Gentechnik
Gentechnik in der Landwirtschaft. Ziele sind z. B. die effektive Nutzung von Anbauflächen oder die höhere Qualität von Lebensmitteln.

Rote Gentechnik
Wird in der Medizin eingesetzt. Hier stehen die Erforschung und Heilung von Krankheiten und die Herstellung von Medikamenten im Mittelpunkt. Beispiel: Insulin, das von genmanipulierten Bakterien erzeugt wird.

Weiße Gentechnik
Wird in der Industrie eingesetzt, um z. B. mit genmanipulierten Bakterien, Hefen oder Enzymen Herstellungsverfahren zu optimieren. Eingesetzt wird diese Technik z. B. bei Waschmitteln und der Herstellung von Hormonen.

Kritik an der Gentechnik

Neben den Befürwortern der Gentechnik mangelt es nicht an Kritikern, besonders in Deutschland und in Europa ist die Ablehnung gegenüber dieser Technologie sehr groß. GentechnikgegnerInnen sprechen von Gefahren wie Auskreuzungen auf verwandte Arten, von unwiderruflichen Eingriffen in die Natur, der Entstehung von Superunkräutern und unbeherrschbaren Bakterien. Man befürchtet, dass die künstlich hergestellten Lebewesen im Kontakt mit der Natur und mit dem Menschen unvorhersehbare und unkontrollierbare Wirkungen haben könnten.

Mit der Gentechnik sind wirtschaftliche Interessen verbunden, die über Patente abgesichert werden. Viele Menschen lehnen es strikt ab, dass auf Pflanzen oder Tiere Patente angemeldet werden können.

Ein wichtiger Kritikpunkt an der Gentechnik ist die Art des Umgangs der Gentechnikkonzerne mit den LandwirtInnen. Ein Beispiel: Ein Gentechnikkonzerne bietet in einem Land, das unter Dürre und Armut leidet, ein Supergetreide an, das kaum Wasser braucht, dafür gute Erträge liefert. Der Nachteil: Die LandwirtInnen können aus ihrer eigenen Ernte kein Saatgut für das kommende Jahr gewinnen, jedes Jahr aufs Neue müssen sie das Saatgut bei dem Konzern kaufen. Gerade in Entwicklungsländern ist das eine kaum tragbare finanzielle Belastung. Wenn sie sich einmal auf diese Konzerne eingelassen haben, geraten sie in deren Abhängigkeit.

M2 Es gab in den letzten Jahren immer wieder Proteste gegen Versuche, gentechnisch veränderte Pflanzen oder Tiere zu patentieren.

Was würdest du tun?

Würdest du gentechnisch veränderte Lebensmittel kaufen? Schließt du dich eher den Befürwortern oder den Kritikern der Gentechnik an? Eine schwierige Frage.

Internetrecherche: Gentechnik in Lebensmitteln

M1 Manche Lebensmittel tragen ein solches Label. Heißt das, dass andere Lebensmittel Gentechnik enthalten? Und wenn ja, was bedeutet das?

Linus und Nina sind sich nicht sicher, was es genau bedeutet, wenn auf einer Verpackung steht, dass ein Lebensmittel ohne Gentechnik sei. Wofür steht das Label und was heißt das für Lebensmittel, die nicht so ein Logo tragen?
Vielleicht kennst du die Situation? Wie kommst du an Informationen, die dir weiterhelfen können? Hier bietet sich eine Recherche im Internet an.
Mithilfe der Internetrecherche kannst du vielfältige Informationen über ein Thema erhalten. Allerdings ist es manchmal schwer, aus der unüberschaubaren Flut genau das herauszufiltern, was du brauchen kannst. Eine gewisse Systematik das Vorgehens ist also hilfreich. Eine erste Orientierung liefert häufig das Nachschlagen bei Wikipedia*.

1. Schritt: Was genau willst du herausfinden?
Überlege dir genau das Thema, über das du etwas erfahren willst, und notiere dir einige Suchworte. Welche Schlagworte bieten sich zur Internetsuche an?

2. Schritt: Welche Suchmaschine willst du benutzen?
Du kennst sicherlich Suchmaschinen wie Google oder Yahoo, weniger bekannt sind Bing, duckduckgo.com, metager.de oder ecosia.org. Die Suchmaschinen haben unterschiedliche Schwerpunkte, einige legen im Unterschied zu Google besonderen Wert auf den Datenschutz ihrer NutzerInnen, andere auf den Umweltschutz. Es gibt auch Suchmaschinen speziell für Kinder und Jugendliche, wie z. B. blinde-kuh.de und helles-koepfchen.de (Webcode). Diese Suchmaschinen zeigen nur altersgerechte Treffer an. Bei Themen, die nicht typisch für Jugendliche sind, bieten diese Suchmaschinen daher meistens nicht genügend Informationen.

3. Schritt: Gib ein oder mehrere Suchworte ein
Gib beispielsweise diese Suchworte ein: Gentechnik in Lebensmitteln. Die Anzahl der Treffer geht in die Hunderttausende. Um die Anzahl zu reduzieren, könntest du die Worte in Anführungsstriche setzen, also „Gentechnik in Lebensmitteln", dann erhältst du Treffer, die exakt diese Wortkombination enthalten (falls du das willst). Fast alle Suchmaschinen haben eine sogenannte „erweiterte Suche", z. B. „Einstellungen" bei Google. Hier kannst du deine Suche weiter eingrenzen, du kannst die Sprache, die Herkunft oder die Aktualität der Treffer bestimmen, die du angezeigt bekommen möch-

Fleisch, kein Lebensmittel wie andere

test, z.B. nur Seiten, die im letzten Monat aktualisiert wurden. Oder du kannst Begriffe ausschließen, die nicht auf deiner Trefferliste erscheinen sollen.

Tipp: Verzettele dich nicht! Setz dir ein Zeitlimit für die Suche im Internet! Wenn du nichts findest, probiere andere Suchworte aus, um zum Ziel zu kommen.

4. Schritt: Triff eine Auswahl aus den Suchergebnissen

Schreibe dir die gesuchte Informationen in deinen eigenen Worten heraus. Hier gilt: So ausführlich wie nötig, aber so kurz wie möglich.

Merke dir die Seiten, auf denen du recherchiert hast. Es genügt nicht, dass du dir den Suchbegriff und die Suchmaschine merkst. Speichere am besten das Datum und den Link – er beginnt immer mit http:// oder https:// – ab.

Tipp: Fasse deine Recherchergebnisse mit eigenen Worten zusammen. Mit der sog. „Copy-and-paste-Methode" (also einfach etwas von der Webseite kopieren und in deine Datei einfügen) kannst du schnell das Thema verfehlen oder gar unter Plagiatverdacht kommen.

5. Schritt: Werte die Informationen aus

Suche dir die Informationen, die du zur Beantwortung deiner Frage brauchst. Frage nach, wenn du etwas nicht verstehst oder lass es weg. Prüfe, wie alt die Information ist. Ist die Seite noch aktuell? Ist der Inhalt sachlich und ausgewogen? Schau genauer hin: Ist es eine gesponserte Seite? Du erkennst diese Seiten, z.B. steht „Anzeige" meist klein in einer Ecke.

Wer betreibt die Seite und zu welchem Zweck? Beispiel: Bei Greenpeace findest du v.a. Argumente „kontra Gentechnik", weil Greenpeace Gentechnik ablehnt. Bei Firmen, die Gentechnik anbieten, wirst du eher wenig Kritisches zum Thema lesen können. Überlege, wie du mit einseitiger Information umgehen kannst.

Gibt es überhaupt „gute Seiten"?

Ja, die gibt es: Informationen, die du auf den Internetseiten der Bundesregierung oder der Ministerien, der Verbraucherzentralen oder auch von der Deutschen Gesellschaft für Ernährung und der Bundeszentrale für Ernährung (BZfE) findest, sind überwiegend gut recherchiert, sachlich und neutral. Ebenso kannst du in den Online-Archiven bekannter Zeitungen recherchieren.

Gesteuerte Suche

Neben der freien Suche im Internet gibt es die gesteuerte Suche, bei der du einen bestimmten Link anklickst und Fragen zu der Internetseite beantworten sollst. Bei einer solchen Recherche kannst du davon ausgehen, dass alle gewünschten Informationen auch dort zu finden sind. Genaues Lesen ist aber dennoch nötig. Verstehst du auf der angegebenen Seite einzelne Begriffe nicht, dann versuche deren Bedeutung getrennt herauszufinden.

* **Wikipedia**
ist ein Onlinelexikon. Jeder kann mitarbeiten und Texte schreiben oder verändern. Durch interne Sicherheitsmechanismen wird weitgehend sichergestellt, dass Fehler oder Falschnachrichten höchstens kurz online stehen. Der Umfang, die Qualität, die Aktualität und die Tatsache, dass Wikipedia für Nutzer kostenlos ist, haben dazu geführt, dass es keine großen Lexika und Enzyklopädien in Buchform mehr gibt.
Dennoch solltest du dich bei deinen Recherchen nicht allein auf Wikipedia verlassen, sondern auch an anderer Stelle suchen. Die Informationen auf Wikipedia sind häufig nicht gut zum Lernen und Einprägen geeignet.

M 2 Auf der Internetseite „Schule und Gentechnik" (Webcode) findest du einen guten Überblick über das Thema Gentechnik in Lebensmitteln.

1 Essgeschichten 35

KAPITEL 2

Körpergeschichten

- Was denkst du über den Mann auf dem Bild?
- Wer ist die schönste Person, die du kennst? Was macht sie für dich so herausragend?
- Was denkst du: Ist Schönheit vererbbar oder kommt es nur darauf an, wie sehr man sich herausputzt? Ist das bei Jungs und Mädchen gleich?

Schönheitsideale: Was gefällt mir an mir?

M1 Jung, alt, klein, groß, dick, dünn, freudig, traurig – jeder Mensch ist anders und jeder ist auf seine Weise schön

Wer ist die Schönste im ganzen Land?

Diese Frage stellt sich nicht nur Schneewittchens Stiefmutter im Märchen. Du hast dich sicher auch schon einmal mit der Frage der Schönheit beschäftigt. Manche Stellen deines Körpers findest du sicherlich schön, und dann gibt es noch die Stellen, die dir nicht so gut gefallen. So geht es den meisten Menschen. Aber wie definiert sich Schönheit? Und wer sagt uns, was schön ist?

Was macht mich schön?

Ist dir schon aufgefallen, dass das, was heute als schön gilt, früher nicht unbedingt als schön angesehen wurde? Und was wir hierzulande als schön bezeichnen, muss in anderen Regionen der Erde nicht ebenfalls als schön gelten. Schönheit ist ebenso dem modischen Wandel unterworfen wie etwa die Kleidermode oder der Musikgeschmack. Und sie ist kulturell unterschiedlich. Die Medien spielen bei der Definition von Schönheit eine große Rolle. Das Aussehen von Models oder Stars wird von vielen als vorbildlich und nachahmenswert angesehen.

Außen hui, innen pfui?

Schönheit wird häufig voreilig in Zusammenhang mit dem Aussehen, dem Körper oder der Kleidung gebracht. Das ist aber längst nicht alles, was die Schönheit eines Menschen ausmachen kann. Innere Schönheit bezieht sich auf Charaktereigenschaften und Fähigkeiten, sie kann sich auf die Art beziehen, wie sich jemand bewegt oder lächelt. Wer fällt dir ein, den du besonders wegen seiner inneren Schönheit schätzt – unabhängig von seinem Äußeren?

Schönheit ist Geschmackssache

Jeder empfindet Schönheit anders. Es gibt sicher Personen, die du als schön bezeichnen würdest, deine Freundin findet das aber gar nicht. Verschiedene Aspekte können dich dazu veranlassen, jemanden als schön oder nicht schön wahrzunehmen, wie z. B. Verhalten, Einstellung, Stil, Kleidung, Alter, Hygiene, Ausstrahlung, Können, Stimme, Fitness, Intelligenz, Körpermaße u. v. m.

Schönheit

M2 Schönheit ist Ansichtssache

Was tust du für deine Schönheit?

Schönheit kann in vielen Bereichen beeinflusst werden, z.B. Kleidung, Frisur, Hygiene, Ernährung, Bewegung, Bildung, Können, Training, charakterliche Entwicklung, individuelle Fähigkeiten. Sich um diese Dinge zu kümmern, hat natürlich auch ganz andere Gründe, schöner zu werden kann aber ein Motiv sein.

Einige gehen über diese eher natürlichen Maßnahmen deutlich hinaus, sie gehen ins Sonnenstudio, nehmen Muskelaufbaupräparate oder Schlankmacher zu sich, lassen sich operieren, tätowieren, piercen, sie sind bereit sich zu verschulden, Verzicht und Schmerzen zu ertragen, und sie nehmen gesundheitliche Risiken in Kauf.

Wie weit bist du bereit zu gehen, um dem näherzukommen, was du selbst oder andere für schön halten?

1 Beschreibe in deinen Worten, wie wichtig dir Schönheit ist und was Schönheit für dich bedeutet.
2 Mache einen Steckbrief von einem Mitschüler: Zähle dazu alles auf, was du an seinem Äußeren und an seiner Persönlichkeit magst.
3 Was magst du an deinem Körper, was an deinem Charakter? Was gefällt dir eher nicht an dir?
4 Betrachte die Bilder in M1. Welcher ist in deinen Augen der schönste Mensch und warum?
5 Diskutiert im Plenum: „Wie wichtig ist Schönheit in unserer Gesellschaft für ein glückliches Leben?" Bereitet die Diskussion durch eine Internetrecherche vor.
6 Rollenspiel: Verteilt die Rollen für die Sprechblasen aus M2. Finde Argumente, die für deinen Rollen-Schönheitsbegriff sprechen und diskutiert über die verschiedenen Ansichten.
7 Setzt euch mit der Frage „Schönheit – um jeden Preis?" kritisch auseinander.
A) Recherchiert dazu, welchen Einfluss Werbung hat.
B) Beschreibt die Gefahren, die ein übertriebener Schönheitswahn mit sich bringen kann.

Kleidungsbotschaften: Was teile ich durch meine Kleidung mit?

kommunizieren
Abgeleitet aus dem Lateinischen, communicare = mitteilen

vestimentär
Abgeleitet aus dem Lateinischen, vestimentum = Kleidung

M1
„Man kann nicht nicht kommunizieren."
Paul Watzlawick

Kleidung macht den Unterschied

Dani geht fast nie ohne seine Lieblings-Basecap aus dem Haus. Er meint, es soll ruhig jeder gleich sehen, dass er auf Hip-Hop steht.

Ob im Kapuzenpulli, mit Hemd und Krawatte oder in zerrissenen Jeans, mit meiner Kleidung kommuniziere* ich. Das bedeutet, ich kann einerseits mit meiner Kleidung Botschaften senden, wie „Ich höre Hip Hop" oder „Lasst mich heute einfach in Ruhe". Andererseits leiten Menschen von meiner Kleidung Botschaften ab. Ob das, was ich mit meiner Kleidung ausdrücken möchte, aber auch mit dem übereinstimmt, was bei anderen ankommt, ist fraglich.

Der Begriff „Kleidung"

Der Begriff „Kleidung" bezeichnet im engeren Sinn die Gesamtheit der textilen Stücke, die den Körper bedecken. Im weiteren Sinne können dazu auch Accessoires wie zum Beispiel Hüte, Mützen oder Handtaschen, die Frisur, Piercings und Tätowierungen gezählt werden.

Infobox: Kleidungsbotschaften

Der Fachbegriff dafür, mit der Kleidung etwas zum Ausdruck zu bringen, lautet „vestimentäre* Kommunikation". Diese Art der Kommunikation bedarf keiner Worte, denn allein durch das Tragen von Kleidung gibt jeder etwas von sich an andere preis. Ebenso kommuniziert die Kleidung anderer Personen mit uns. Automatisch ordnen wir manche Menschen aufgrund ihrer Kleidung einer bestimmten Menschengruppe zu bzw. grenzen sie von einer anderen Gruppe ab (z. B. Punker, Hipster, Rocker, Skater). Anpassung und Abgrenzung – ich gehöre zu einer Gruppe oder grenze mich davon ab – sind Hauptmerkmale der vestimentären Kommunikation.

An deinem körperlichen Aussehen zwar langfristig Gewicht, Körperhaltung, Gestik und Mimik beeinflussen, doch vieles ist unveränderlich, wie die Körpergröße, der Knochenbau u. v. m. Mit deiner Kleidung und deinen Accessoires dagegen kannst du mitbestimmen, wie du nach außen wirkst, du kannst die Kommunikation mit deiner Umwelt lenken.

M2 Gedankenexperiment

Stell dir einmal folgende Situationen vor:

1. Du möchtest dein gespartes Geld bei der Bank anlegen und dieser Mann sitzt am Schalter:

2. Du musst am Blinddarm operiert werden und diese Ärztin soll den Eingriff vornehmen:

Beschreibe, was du warum in diesen Situationen denkst.

Schönheit

M 3 Drei Frauen, drei verschiedene Arten der vestimentären Kommunikation

M 4 Danis Wochenplan

1 Erkläre den Begriff „vestimentäre Kommunikation" in eigenen Worten.
2 Was ist der Unterschied zwischen Kleidung im engeren und Kleidung im weiteren Sinn?
3 Bildet eine Dreiergruppe. Übertragt die Placemat (M 5) auf ein Blatt Papier und tragt eure Namen ein.
   a. Betrachtet die Kleidung eurer MitschülerInnen.
   b. Beschreibt in Stichworten, was deine beiden MitschülerInnen tragen.
   c. Analysiert im Gespräch die mögliche Wirkung eurer Kleidung auf andere.
   Folgende Impulsfragen können euch helfen: Warum hast du dich heute für diese Kleidung entschieden? Möchtest du etwas mit deiner Kleidung ausdrücken, und wenn ja, was? Welche Rückschlüsse könnten andere von deiner Kleidung auf dich, deine Hobbys und deinen Lebensstil schließen?
4 Welche Botschaften könnten die drei Frauen (M3) senden wollen. Was denkst du über die drei Frauen?
5 Recherchiert im Internet nach Outfits, die zu den verschiedenen Terminen in Danis Wochenplan (M 4) passen. Gestaltet ein Plakat mit euren Outfits und präsentiert es anschließend vor der Lerngruppe.
6 Überlege, wie Dani seine Grundgarderobe (Jeans und T-Shirt) für die verschiedenen Anlässe möglichst kostengünstig verändern kann.
7 Diskutiert über das Zitat von Paul Watzlawick (M 1). In welchem Zusammenhang steht es mit dem Konzept der vestimentären Kommunikation?
8 Ist die vestimentäre Kommunikation immer zuverlässig? Kann man immer vom Äußeren auf den ganzen Menschen schließen?

M 5 Placemat

Fehlernährung: Esse ich „normal"?

M1 Was wir über die Ernährung zu uns nehmen, hat direkte Auswirkungen auf unseren Körper. Essen wir zu wenig oder die Qualität des Essens versorgt unseren Körper unzureichend, sprechen wir von Unterernährung. Mangelt es dem Körper an Energie, kann sich dies zum Beispiel durch Untergewicht, Müdigkeit, Konzentrationsschwäche oder Organstörungen bemerkbar machen. Nehmen wir zwar ausreichend oder gar zu viel Energie auf, essen aber einseitig, sprechen wir von Fehlernährung. Dann fehlen uns bestimmte Nährstoffe, z. B. Vitamine. Essen wir zu viel (Energie), dann werden wir „dick", also übergewichtig oder adipös.
Bei sog. Diäten hungern Menschen ganz bewusst, um abzunehmen. Es gibt aber auch Formen der Fehlernährung, die auf mangelndes Wissen zurückzuführen sind oder finanziellen Problemen geschuldet sind.

Wie esse ich richtig?

Aus dem Blickwinkel der Ernährungswissenschaft orientiert sich die richtige Ernährung an dem, was dein Körper an Grund- und Leistungsumsatz benötigt. Dies beinhaltet sowohl die Energie für Tätigkeiten, die dein Körper automatisch macht, wie Atmung oder Herzschlag, wie auch Energie für bewusste Tätigkeiten wie gehen, tanzen oder arbeiten.
Die Ernährungspyramide und die 10 Regeln der DGE können dir hilfreiche Tipps geben, wie du eine richtige Ernährung in deinem Alltag umsetzen kannst (Webcode).

Fehlernährung, was ist das?

Isst du lange Zeit zu wenig, zu viel oder zu einseitig, verändert dies deinen Körper. In solchen Fällen sprechen wir von Fehlernährung. Die Formen der Fehlernährung können wir in Überernährung und Unterernährung einteilen. **Unterernährung** liegt vor, wenn ein Mangel an einem oder mehreren lebensnotwendigen Nahrungsbestandteilen besteht. In diesem Fall wird z. B. der Energiebedarf des Menschen durch die Nahrung nicht gedeckt (siehe S. 18).
Bei **Überernährung** wird dem Körper mehr Energie in Form von Nährstoffen zugeführt, als er verbrauchen kann. Durch übermäßige Nahrungsaufnahme und wenig körperliche Betätigung setzt der Körper die überschüssige Energie in Fettdepots an. Eine Gewichtszunahme ist die Folge.

Woher weiß ich, ob mein Gewicht ok ist?

Durch Richtwerte wie den BMI kannst du dein Gewicht in Relation dazu setzen, was deinem Alter und deiner Größe angemessen ist. Probiere es mit einem BMI-Rechner aus (Webcode).

Essstörungen

Magersucht (Anorexie), Bulimie und Essattacken mit Kontrollverlust (Binge-Eating-Disorder) zählen zu den häufigsten Essstörungen. Diese entwickeln sich nicht von heute auf morgen, sondern von einem auffälligen Essverhalten zu einer krankhaften Störung, die im Extremfall bis zum Tod führen kann. Essstörungen sind psychosomatische Störungen. Das bedeutet, die körperliche Störung hat seelische Ursachen (z. B. ein krankhaft mangelndes Selbstwertgefühl). So kann etwa das vorherrschende Schönheitsideal, das in den Medien vorgeführt wird, großen Einfluss auf die Psyche junger Menschen.

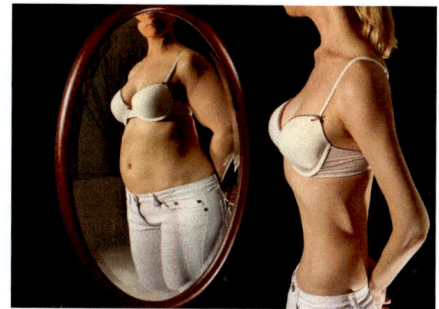
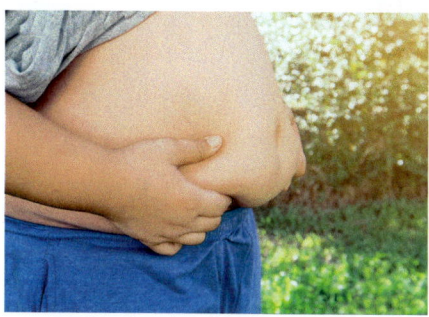

M 2 Verschiedene Arten der Fehlernährung können große Auswirkungen auf psychischer und körperlicher Ebene haben.

Wie kannst du helfen?

Du hast eine Freundin, bei der du Verhaltensweisen beobachtest, die auf eine krankhafte Fehlernährung hinweisen? Auf der Homepage der Bundeszentrale für gesundheitliche Aufklärung (Webcode) findest du weitere Informationen zu Essstörungen und Beratungsstellen, bei denen du dich melden und um Hilfe bitten kannst.

	Magersucht	Bulimie	Binge-Eating
Krankheitsbild			
Kennzeichen			
Folgen			

M 3 Tabelle Fehlernährung

1 Erkläre, was Fehlernährung ist und welche Formen wir unterscheiden können.
2 Informiert euch über die Essstörungen Magersucht, Bulimie und Binge-Eating-Disorder. Recherchiert hierfür auf der Homepage der Bundeszentrale für gesundheitliche Aufklärung (Webcode). Füllt die Tabelle (M 3) mit eurem erworbenen Wissen aus und tauscht euch darüber aus.
3 Sucht euch eines der Bilder aus M 2 aus und notiert, in welchem Zusammenhang dieses mit dem Thema Fehlernährung steht. Präsentiert eure Erklärung und diskutiert andere Interpretationen des Bildes.
4 Schaut euch gemeinsam einen Ausschnitt aus einer Modelserie an. Beschreibt das Aussehen der Models und Hinweise auf deren Essverhalten. Welche Botschaften leitet ihr daraus für euch ab? Bewertet diese Botschaften aus Sicht der Ernährungspyramide der DGE.
5 Bereitet eine Pro-Kontra-Diskussion vor: Sollen hier wie in Frankreich Gesetze gegen das Engagieren von Magermodels erlassen werden?

Gesundheitsförderung: Bin ich gut drauf?

M1 Gut Drauf, am besten gemeinsam

Wer gesund ist, ist gut drauf, und wer gut drauf ist, ist gesund

Laut Definition der Weltgesundheitsorganisation (WHO) ist Gesundheit ein Zustand des vollständigen körperlichen, geistigen und sozialen Wohlergehens, und nicht nur das Fehlen von Krankheit und Gebrechen.

Aaron Antonovsky entwickelte in den 1970er Jahren das Gesundheitsmodell der Salutogenese. In der Salutogenese lautet die Frage: Wie entsteht Gesundheit? „Gesund" oder „krank" ist nach dieser Vorstellung kein fester Zustand, sondern Gesundheit ist ein Prozess, den jede und jeder Einzelne beeinflussen kann.

Wir können also dazu beitragen, unsere Gesundheit zu stärken. Gut Drauf zeigt dir, wie das geht. Drei wichtige Säulen der Gesundheitsförderung sind: ausgewogene Ernährung, ausreichende Bewegung und Stressregulation. Und das alles soll auch noch Spaß machen.

M2 Gut Drauf ist eine lebensweltorientierte Aktion zur Gesundheitsförderung von Jugendlichen der Bundeszentrale für gesundheitliche Aufklärung (BZgA).

Schönheit

Eure Gut-Drauf-Aktion

Gut Drauf zeigt dir, wie du es in der Hand hast, gut drauf zu sein. Fangt damit in eurer Lerngruppe am besten gleich an ...
Ziel ist es, eine Gut-Drauf-Aktion zu planen und dann innerhalb von ca. zwei Schulstunden umzusetzen. Vorbereitungszeit: Ca. drei Schulstunden.
So können die einzelnen Schritte aussehen:

- Teilt euch in drei Gruppen auf.
- Jede Gruppe betreut einen der drei Themenbereiche (Ernährung, Entspannung, Bewegung)
- Jede Gruppe wählt einen GruppensprecherIn, der sich regelmäßig mit den anderen Gruppensprechern trifft, um alle Bereiche zu verbinden
- Besprecht: Was wollt ihr umsetzen?
- Wie wollt ihr es umsetzen? Was benötigt ihr für eure Umsetzung? Wie viel Zeit benötigt euer Teil? Wer organisiert was?

M 3 Mindmap Ideensammlung

Regeln für die GruppensprecherInnen

Für euch Gruppensprecher gibt es drei goldene Regeln:
1. Versucht die drei Teilbereiche zu verknüpfen
2. Jeder Bereich soll Spaß machen
3. Jeder soll beteiligt sein

> Tipp: Auf der Webseite von Gut Drauf findest du tolle Tipps (z.B. zu Schönheit oder cool sein), außerdem spannende Beispiele für Gut Drauf Aktionen an anderen Schulen (Webcode).

1. Nenne und beschreibe die drei Säulen des Gut-Drauf-Konzepts.
2. Schreibe auf: Welche Säule ist dir besonders wichtig? Welche Säule kommt bei dir etwas zu kurz?
3. Was ist Gesundheit nach der Definition der Weltgesundheitsorganisation (WHO)?
4. Findet ihr das Gut-Drauf-Konzept bereits in eurer Schule? Wie kann die Idee von Gut Drauf in eurer Schule umgesetzt werden? Entwickelt ein Gut-Drauf-Wunschplakat mit euren Ideen für eure Schule.
5. Plant eine gemeinsame Gut-Drauf-Aktion und führt diese durch. Lasst euch von der Mindmap inspirieren und findet eure Ideen der Umsetzung. Reflektiert anschließend eure Aktion: Was lief besonders gut? Wurden die drei Säulen erfolgreich umgesetzt? Waren sie miteinander verknüpft? Kannst du mehr Gut Drauf in deinen Alltag einbauen?
6. Finde mehr über Aaron Antonovskys Gesundheitsbegriff der Salutogenese heraus. Was würde Antonovsky zum Gut-Drauf-Konzept oder zu eurer Gut-Drauf-Aktion sagen?

Selbstdarstellung: Wie möchte ich gesehen werden?

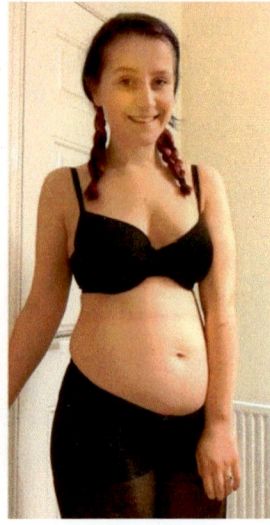

M1 Millys „vorgetäuschte" Transformation. Beide Bilder sind innerhalb weniger Augenblicke entstanden, durch eine leichte Drehung ihres Körpers erreicht sie ganz verschiedene Wirkungen.

* Ein **Makel** ist ein Fehler, der den Wert von etwas herabsetzt oder etwas als unvollkommen erscheinen lässt. Makellosigkeit bedeutet dementsprechend Fehlerlosigkeit oder Perfektion.

* **Likes und Shares:** Likes sind ein Weg, um mit einem Klick und ohne Worte Anerkennung in sozialen Netzwerken zu zeigen. Beiträge in sozialen Netzwerken können durch sogenanntes Teilen (Shares) verbreitet werden.

Ohne Makel*

Offen und nachdenklich zeigt sich Milly im Internet. Die bekannte Bloggerin hat ein Bild veröffentlicht, das kein Vorher-Nachher-Foto einer Gewichtsabnahme ist. Darunter schreibt sie, dass sie sich in ihrem Körper in beiden Ansichten wohlfühlt, dass keine mehr oder weniger wertvoll ist, dass keine der beiden sie mehr oder weniger zu einem Menschen macht. In unserer Gesellschaft gibt es verschiedene Ansichten darüber, was „gut" ist, „wie man sein soll" – oder was „Schönheit" bedeutet (siehe S. 38). Mit Schönheit werden häufig (aber nicht nur!) Schlankheit und Makellosigkeit* verbunden. Viele Menschen inszenieren sich deshalb möglichst perfekt, z.B. auf Bildern im Internet.

> I woke up like this, I woke up like this
> We flawless
> (dt.: Ich bin so aufgewacht,
> bin so aufgewacht / Wir sind makellos)

M2 Eine Liedzeile von Beyoncé:

Was bedeutet es, makellos zu sein?

Bilder im Internet

Für Likes, Shares* und positive Kommentare gehen manche Nutzer im Internet bis an die Grenzen (und auch teilweise darüber hinaus). Denn diese Funktionen wirken wie soziale Anerkennung: Wenn wir gelobt werden, fühlen wir uns glücklich. Einzigartige Momentaufnahmen sind in sozialen Netzwerken besonders beliebt. Die Stile verändern sich. Manche Stile bleiben, andere sind Trends (**M3**).

Ich bin ...

Selbstdarstellungen sind nicht erst seit den heutigen Selfies beliebt: Bereits in der Renaissance haben Künstler wie Albrecht Dürer (1471–1528) Selbstbildnisse von sich angefertigt (**M4**). Dürer ergänzte sein berühmtes Werk mit einer Inschrift. Auch in den sozialen Netzwerken werden Bilder häufig mit Texten und Hashtags versehen. Dabei spielen diese Fragen häufig eine wichtige Rolle:

- Wer bin ich?
- Wie will ich von anderen gesehen werden?
- Wer möchte ich (für andere) sein?

Körperbilder und Körperumgang

M 4 Ein über 500 Jahre altes „Selfie" von Albrecht Dürer in äußerst modischem Outfit. Rechts unter dem Fensterrahmen steht: „1498. Das malt' ich nach meiner Gestalt. Ich war sechs und zwanzig Jahr' alt. AD"

Spaß oder Straftat?

Neu ist dagegen, dass Bilder im Handumdrehen verschickt, geteilt und hochgeladen werden können. Morgens schnell ein Foto vom Make-Up gemacht, an der Haltestelle einen witzigen Videoclip erstellt und geteilt ... – Wie stehst du zum ständigen Dokumentieren des Alltags?

Manche Leute teilen auch ihre privatesten Momente öffentlich im Internet, z. B. durch das Hochladen von Urlaubsvideos auf Internetplattformen oder durch das Versenden von Nacktfotos in Nachrichtendiensten (Sexting*). Welche Folgen kann das haben?

> ### Wusstest du …?
> - Mit einigen Tricks lassen sich Bilder und Videos für immer speichern. Sie können weiterverbreitet werden, ohne jegliche Kontrolle des Urhebers.
> - Im Grundgesetz ist das Recht am eigenen Bild verankert: Ohne dein Einverständnis darf niemand ein Bild von dir veröffentlichen.
> - Bilder, Texte, Musik und andere Werke sind rechtlich geschützt (geistiges Eigentum). Damit ist es z. B. illegal, einen Urlaubsfilm mit Musik zu hinterlegen und ihn zu veröffentlichen, ohne über die entsprechenden Musikrechte zu verfügen.

* **Sexting** setzt sich aus „Sex" und „Texting" zusammen. Es ist das Reden über Sex in privaten Mitteilungen, häufig zusammen mit entsprechenden Bildern.

M 3 Welche Botschaften stecken hinter diesen Momentaufnahmen?

---

1. Was meinst du zu Millys Aussagen über sich selbst?
2. 👥 Überlege und diskutiert dann in der Lerngruppe, was im Zusammenhang mit Schönheit der Begriff „Makel" für euch bedeutet. Ist es überhaupt sinnvoll, von Makeln oder Makellosigkeit zu sprechen?
3. Recherchiere Informationen über die Bewegung „body positivity".
4. Erkläre die Liedzeile von Beyoncé (M2). Vergleiche sie mit deiner Definition von Schönheit.
5. 👥 Diskutiert: Welche Grenzen gibt beim Erstellen und Teilen von Bildern in sozialen Netzwerken?
6. 👥 Informiert euch über Persönlichkeitsrechte, das Recht am eigenen Bild und das Urheberrecht. Findet Beispiele aus eurem Alltag, wo diese Rechte eine Rolle spielen.
7. Eine Freundin berichtet dir, dass ein Bild von ihr in Umlauf gekommen ist, auf dem mehr von ihr zusehen ist als ihr lieb ist. Was könntest du ihr raten?

2 Körpergeschichten

Marketing: Wie stehe ich zum Körpermarketing?

M1 Patrick und seine Dana verdienen Geld durch Werbung mit ihren Körpern.

Dana und Patrick arbeiten als „Fitness-Couple": Sie sind rund um die Uhr online und nehmen ihre Follower überall hin mit, z. B. ins Training, in die Küche, in den Supermarkt etc. Geld verdienen sie mit Werbung: Beispielsweise zeigen Unternehmen vor und während ihrer Videos Werbung.

Auch wenn sie ein bestimmtes Produkt in die Kamera halten, bekommen sie dafür Geld. Als Vertragspartner einer Nahrungsergänzungsmittelfirma hat sich Patrick dazu verpflichtet, auch auf Messen die Produkte zu vermarkten (**M1**).

Körperkapital

Schon immer haben Menschen versucht, aus der Natur Profit zu schlagen – auch aus dem eigenen Körper. Ein Profit aus Körperkapital kann sich in verschiedenen Werten zeigen: beispielsweise in Form von Geld (ökonomischer Wert) oder in Form von Anerkennung bzw. Zuneigung (soziokultureller Wert). Viele Menschen versuchen deshalb, ihr eigenes Körperkapital* zu steigern. Gleichzeitig zielt eine ganze Industrie darauf ab, Körperbilder zu beeinflussen, um mehr zu verkaufen. Das lohnt sich unterschiedlich für verschiedene Interessensgruppen.

M2 Nutzbarkeit des Körperkapitals

Auf verschiedenen Wegen wird Körperkapital nutzbar gemacht:
- *Körperarbeit:* Arbeit mit und am Körper zur Steigerung der Gesundheit, Fitness, Attraktivität und des Wohlbefindens
- *Körperideale:* den „perfekten" Körper erreichen und erhalten
- *Illusion und Täuschung:* sich mit dem Konsum einer Ware dem Körperideal annähern, die Wahrnehmung des eigenen Körpers lenken

Kann ich Körperkapital kaufen?

Um das eigene Körperkapital (und den daraus möglichen Profit) zu steigern, investieren Menschen in ihren Körper
- Zeit (z. B. Körperpflege und Beauty, Trainingseinheiten)
- Kraft (z. B. Auftreten, Charme, Durchhaltevermögen, Willen)
- Geld (z. B. für Kosmetika, Mitgliedsbeiträge, Personal Training, Nahrungsergänzungsmittel, Transplantationen, Schönheitsoperationen).

---

* **Körperkapital:** Dein Körper ist eine Ressource, d. h. du kannst ihn als Mittel nutzen, um Ziele zu erreichen.

Körperbilder und Körperumgang

Verschiedene Industrien versprechen, dass ihre Ware notwendig ist und helfen könne, ein bestimmtes Körperideal zu erreichen.

> Erreich deine Traumfigur mit Skinny-Tea!

> Ultimativer Muskelaufbau für Hardgainer!

Die Versprechen sind häufig nichts als eine Illusion. Und auch im Fall, dass Werbeversprechen wahr werden: Ist das alles?

Außen UND innen

Obwohl du in deinem Körper geboren wurdest, ist er nichts unveränderlich Gegebenes. Vielmehr kannst du deinen Körper gestalten, formen und auch verletzen. In der Werbung und in vielen anderen Kontexten wird der menschliche Körper auf sein Äußeres begrenzt. Kein Wunder, denn „Sex sells!*" Was aber ist mit den menschlichen Anteilen, die nicht äußerlich sind? Wie stehen dein Ich und dein Körper zueinander?

Weil sie sich als zu dick empfand, begann die Bloggerin Doris K. eine Reduktionsdiät und trieb viel Sport. Die Veränderung ihres Körpers dokumentierte sie in ihrem Blog. Doch dann wurde sie beim Sport immer wieder ohnmächtig. Die Diagnose lautete: ein Herzfehler. Doris erzählt: „Ich hatte super Muskeln, sah total gut aus, aber trotzdem war ich eigentlich nicht glücklich. Dann wurde ich auch noch krank und musste ins Krankenhaus."

Auch wenn es in der Werbung so scheint: Lebensglück, Attraktivität und Erfolg sind eben nicht an einen schlanken, einheitlich schönen Körper geknüpft. Als Doris das erfahren hat, hat sie ihr Leben verändert. Worauf kommt es dir in deinem Leben an?

* **Sex sells** (engl. für „Sex verkauft (sich)"): Der Spruch steht für die Marketingstrategie, Produkte in der Werbung neben leichtbekleideten Personen zu platzieren. Beispiel: **M1**

M3 Die Bloggerin Doris K.

---

1 Wo sind dir schon Werbeanzeigen wie von Dana und Patrick begegnet?

2 Inwiefern kannst du deinen Körper als Kapital in folgenden Situationen nutzen: bei der Alltagsbewältigung (Schulweg, Einkauf, Freizeit), in der Disko, beim Vortragen einer Präsentation, im Bewerbungsgespräch? Tauscht euch zu zweit aus. Vergleicht in der Lerngruppe.

3 Überlege Beispiele aus deinem Leben zu **M2**.
   a. Welche *Körperarbeit* unternimmst du?
   b. Zeichne dich selbst: Vor drei Jahren, heute, in drei Jahren. Was hat sich verändert? Möchtest du etwas verändern?
   c. Hast du schon einmal etwas konsumiert, um ein bestimmtes Körperideal zu erreichen? Was war Illusion, was hat gewirkt?
   d. Was hast du schon einmal gemacht, um die Wahrnehmung deines Körpers für dich und andere zu lenken?

4 Rollenspiel: Versetzt euch in verschiedene Perspektiven (Verbraucher, Unternehmer, Körperindustrie). Wie könnt ihr die drei verschiedenen Wege (**M2**) nutzen, um aus Körperkapital zu profitieren (z. B. ökonomisch, gesundheitlich, soziokulturell)?

5 Begründe: Siehst du deinen Körper als dein Kapital an? Welche Folgen ergeben sich für dich aus deiner Antwort?

Digital Storytelling: Alltagsgeschichten

Was ist Digital Storytelling?
Ein digitaler Kurzfilm, der Geschichten aus dem Leben erzählt und mit anderen teilt. Der kurze Erzählfilm bringt in zwei bis drei Minuten die Geschichte auf den Punkt. Oft reichen dafür 200 bis 300 Wörter aus. Es geht darum, deine Geschichte mit deiner ganz persönlichen Sicht auf die Dinge zu erzählen. Eine Aufzählung von Fakten ist also nicht das, was eine gute Geschichte ausmacht.

> *„Short, personal multimedia tales told from the heart."*
> Daniel Meadows

Sieben Schritte zu deiner Digital Story
Schritt 1: Thema festlegen
Themenbeispiele: Was ist Liebe? (Webcode) oder: digitale Einkaufswelt

Dreh deine eigene Geschichte: Interessant ist, wie du deinen Alltag meisterst. Uns interessiert zum Beispiel:
- Deine Hose hat ein Loch. Wie hast du sie selbst geflickt?
- Du kommst nach Hause und hast keine Lust auf Tiefkühlpizza. Was tust du, wenn deine Eltern noch arbeiten?
- Du bist Langschläfer. Wie kommst du trotzdem pünktlich zur Schule?
- Du bekommst Taschengeld. Wie bekommst du es hin, am Ende des Monats noch etwas kaufen zu können?
- Deine Eltern sind krank und du hast einen kleinen Bruder oder eine kleine Schwester. Wie schaffst du es, Teile der Elternarbeit zu übernehmen?
- Du hast kein eigenes Zimmer. Wo findest du die Ruhe für deine Hausaufgaben?
- ...

Schritt 2: Storycircle
Erzähle allein oder im Tandem deine oder eure Geschichte. Finde die Kernaussage und die dazugehörigen Knackpunkte. Alles, was hier erzählt wird, fällt unter Vertrauensschutz, es ist nur für dich bzw. dich und deinen Tandempartner bestimmt.

Schritt 3: Skript schreiben
Die Kunst ist, dass du möglichst viel von deiner Geschichte in zwei Minuten mit wenigen Worten erzählen kannst. Dahinter steckt einiges an Arbeit! Vielleicht hast du darin Übung aus Zeiten, als die SMS noch viel Geld gekostet haben.

> **Wichtig:** Überlege und entscheide, was du von deiner Geschichte anderen preisgeben willst und was nicht.

Schritt 4: Storyboard erstellen

Das Storyboard ist dein Drehbuch in einer Abfolge von Bildern, die du grob selbst skizzierst. Überlege dir die Dramaturgie. Viele gliedern ihre Story in drei Abschnitte: Ausgangssituation – Veränderung – Endsituation. Überlege, wie du deine Sicht mit Emotionen verknüpfst und wie du diese „sichtbar" machen kannst.

Beispiel für ein Storyboard		
Szene Nr.	Skizze	Notizen zu Geschehen (Personen, Handlung mit Zeit und Ort) und Dialog
1		Bei mir zuhause ist meine beste Freundin Toni. Sie weiß nicht, was sie zu Toms Geburtstagsparty anziehen soll. Sie ist ziemlich aufgeregt, weil sie in Tom verknallt ist und nicht weiß, wie sie seine Aufmerksamkeit auf sich ziehen soll. Überlege dir einen Dialog zwischen den beiden Freundinnen.
2		Wir machen eine Shoppingtour. Leider kommen wir mit leeren Taschen zurück, weil alles, was uns gefällt, zu teuer ist.
4		Überlege, was die beiden noch tun könnten …
9		Toni und ich auf der Party von Tom. Toni sieht hinreißend aus …

Schritt 5: Medien finden

Die **Bilder** kannst du selbst zeichnen, fotografieren oder als Collage zusammenstellen. Mit der **Musik** wird Stimmung gemacht. Probiere es aus, indem du unterschiedliche Musik wählst und auf dich wirken lässt.

Schritt 6: Story digital erstellen

Nachdem du alles vorbereitet hast, füge die Einzelteile zu deiner digitalen Geschichte zusammen.

Schritt 7: Teilen

Entscheidet in eurer Lerngruppe, wie und mit wem ihr eure digital Stories teilen wollt.

> **Hinweis:** Wenn du deine Story öffentlich posten willst, musst du auf die Urheberrechte bei den Bildern und bei der Musik achten.

Schritt 8: Rückschau und Feedback

Gebt euch eine Rückmeldung nach einem Bewertungskatalog, den ihr zum Beispiel zu Beginn des Projekts gemeinsam festgelegt habt.

> „Story is the vehicle we use to make sense of our lives in a world that often defies logic."
> Tweet of Jim Trelease

Sonnencreme: Wie schütze ich mich?

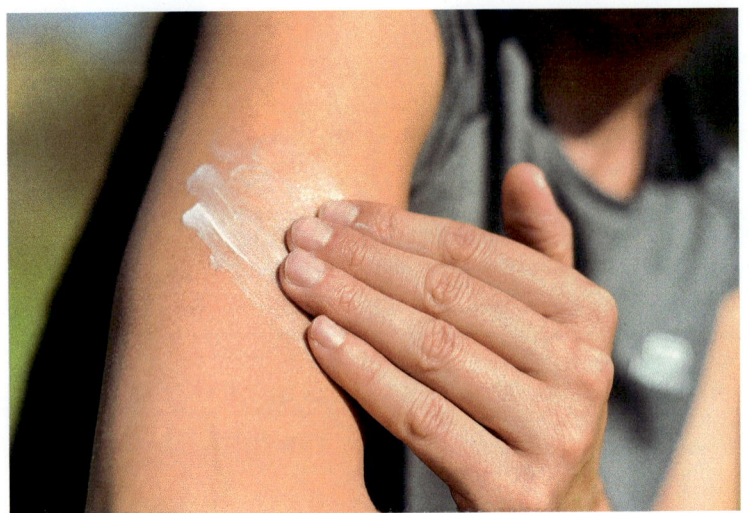

M1 Sonnencreme schützt die Haut vor Sonnenbrand.

Schade, die Sommerferien sind vorbei. Dafür kann Petro endlich seine Freunde wieder regelmäßig sehen. Gleich am ersten Schultag trifft er Ines. „Sag mal, du bist ja gar nicht braun geworden, du warst doch im Urlaub?" „Ja, wir waren in Spanien und dort lag ich auch jeden Tag am Strand. Aber ich habe mich gut eingecremt, wer will schon Hautkrebs bekommen?" Was denkst du: Muss man unbedingt von der Sonne braun werden?

Ariane, die dazugekommen ist, meint: „Sonnenbräune oder nicht, ist mir eigentlich egal, ich finde wichtig, dass meine Haut gepflegt aussieht. Darauf lege ich Wert. Die Haut ist doch schließlich unser größtes Organ. Oder?"

Sonnencreme ist für Ariane nicht so wichtig. Aber ihre Haut pflegt sie regelmäßig. Vor Kurzem hat sie einen Artikel über problematische Stoffe in Kosmetika gelesen. Deshalb achtet sie bei der Auswahl von Cremes und Lotions auf Qualität und Inhaltsstoffe.

Ariane informiert sich zum Beispiel bei der Stiftung Warentest und Ökotest. Außerdem recherchiert sie im Internet nach Vergleichsportalen.

Infobox: Lichtschutzfaktor

Der Lichtschutzfaktor gibt an, wievielmal länger man sich mit Sonnencreme in der Sonne aufhalten kann, ohne einen Sonnenbrand zu bekommen, als ohne.

Für den Schutz vor Sonnenbrand werden der Sonnencreme Substanzen beigefügt, die UV-Strahlen ausfiltern (UV-Strahlen = Ultraviolette Strahlen gehören zum für das menschliche Auge nicht sichtbaren Anteil der Sonnenstrahlung. Sie sind es, die Sonnenbrand und weitere Schädigungen der Haut verursachen).

Als Regel gilt, die Eigenschutzzeit, also die Zeit, die man sich ohne Sonnenschutz in der Sonne aufhalten kann, beträgt für Menschen mit heller Haut ca. zehn Minuten, für Menschen mit dunklerer Haut bis ca. 60 Minuten.

M2 Mit Hilfe der Formel in dieser Abbildung kannst du berechnen, wie lange du nach dem Eincremen mit Sonnencreme in der Sonne bleiben kannst.

Körperbilder und Körperumgang

Infobox: Nanopartikel

Sehr viele Kosmetikartikel enthalten Nanopartikel, beispielsweise sind in vielen Sonnencremes Nanopartikel aus Zinkoxid. Sie dienen als UV-Filter und sorgen dafür, dass sich die Creme besser auf der Haut verteilen lässt.
Nanopartikel sind kleiner als klein, nur zwischen einem und hundert Nanometern. Ein Nanometer ist ein Millionstel Millimeter lang, das ist tausendfach kleiner als der Durchmesser eines menschlichen Haars. Oder anders gesagt: Ein Nanopartikel verhält sich zur Größe eines Fußballs etwa wie ein Fußball zur Größe der ganzen Erde. Das Besondere an Nanopartikeln ist, dass sie in dieser Größenordnung andere Eigenschaften zeigen als größere Teile desselben Stoffes.
Die gesundheitlichen Risiken von Nanomaterialien sind unklar, so gab es die Vermutung, dass Nanopartikel in die Lunge gelangen und Entzündungen auslösen oder Allergien verstärken könnten. Wenn Produkte Nanopartikel enthalten, muss das auf der Verpackung vermerkt sein.

Ingredients: Aqua, Octocrylene, C12-15 Alkyl Benzoate, Glycerin, Ethylhexyl Salicylate, Butyl Methoxydibenzoylmethane, Titanium Dioxide (nano), Acrylates Copolymer, Tocopheryl Acetate, Carnosine, Simmondsia Chinensis Seed Oil**, Dimethicone, VP/Hexadecene Copolymer, Silica, Hydrogen Dimethicone, Acrylates/C10-30 Alkyl Acrylate Crosspolymer, Caprylyl Glycol, Caprylhydroxamic Acid, Sodium Hydroxide, Tetrasodium EDTA. ** Inhaltsstoffe aus kontrolliert biologischem Anbau

M 3 Beispiel für die Angabe der Inhaltsstoffe auf einer Tube Sonnencreme.

1 Erkläre mit einer Kurznachricht (wie bei Twitter oder in einer SMS) einer Freundin, was Lichtschutzfaktor bedeutet.
2 Welche Vergleichsportale (siehe S. 78) kennt ihr aus dem Internet? Wie unterscheiden sich die dort zu findenden Vergleiche von den Testberichten der Stiftung Warentest oder Ökotest?
3 Informiere dich über das Angebot an verschiedenen Sonnencremes und vergleiche sie. Welche wählst du für deinen nächsten Urlaub aus? Begründe!
4 Sind in deinen Produkten Nanopartikel enthalten? Welche Bedenken gibt es gegen Nanopartikel?
5 Wie aufwendig sind deine Kosmetika verpackt? Wie entsorgst du die Verpackungen?
6 Erkundet in Drogerien, wie aufwendig Sonnencremes verpackt sind. Vergleicht die Größe (Volumen) der Verpackung mit der Menge der Creme.
7 Du willst FreundInnen über Problemstoffe in Kosmetikartikeln informieren. Erstelle einen Text für dein Social-Media-Profil.

Manipulation: Wie durchschaue ich Bilder im Internet?

Vor der Aufnahme (Inszenieren I)

Bevor Gina ein Schminkvideo filmt, stellt sie die Beleuchtung optimal ein und wählt ein passendes Outfit.

Während der Aufnahme (Inszenieren II)

Tuğba und Mira wählen für ihre Selfies einen von oben geneigten Kamerawinkel.

Nach der Aufnahme I (Retuschieren)

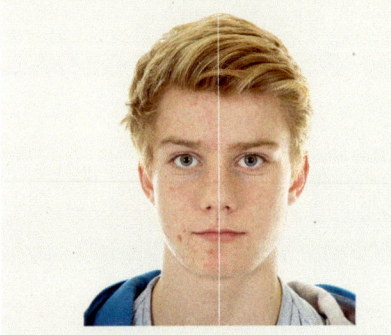

Der Fotograf glättet Mathieus Haut mit einer Bildbearbeitungssoftware.

Nach der Aufnahme II (platzieren)

Die Bildunterschrift bestimmt, was dieses Foto zeigt (Aufgabe 1).

M1 Vor, während und nach der Aufnahme können Bilder verändert werden.

„Ein Bild sagt mehr als tausend Worte!" Bilder enthalten Informationen, die u. a. Gefühle in uns auslösen können. Wir leben in einer Welt voller Bilder und begegnen ihnen täglich und nahezu überall, z. B. im Fernsehen, in sozialen Netzwerken, auf Plakaten, in den Nachrichten usw. Doch bist du sicher, dass du deinen Augen trauen kannst?

Wo beginnt Manipulation*?

Nicht erst im Computerzeitalter werden Bilder technisch verändert (**M2**). Es ist heutzutage aber zunehmend schwieriger, Manipulationen zu erkennen. Wo ziehst du eine Grenze zwischen Gestaltung (akzeptabler Veränderung) und Manipulation?

M2 Auf diesem Bild von Lenin aus dem Jahr 1920 war ursprünglich neben ihm auf der Treppe auch Leo Trotzki zu sehen. Da dieser unter Stalin in Ungnade fiel, wurde er aus dem Bild herausretuschiert.

Eine Frage der Sichtweise:
(+) **Optimierung:** das Verbessern z. B. eines Bildes
(0) **Bildveränderung:** das digitale oder mechanische Verändern eines Bildes
* (-) **Bildmanipulation:** die Veränderung eines Bildes mit der Absicht, andere zu täuschen

Körperbilder und Körperumgang

M3 Gestaltung oder Manipulation?

- die Gesichtsform durch Schminke drastisch verändern?
- auf einem Gruppenfoto den Bauch einziehen?
- nach der Aufnahme eines Bewerbungsfotos Rötungen im Gesicht retuschieren?
- auf Fotos vom roten Teppich Schweißflecken von Stars retuschieren?
- Magermodels auf Fotos noch dünner machen?
- Personen aus Fotografien entfernen?
- sich mit Echtzeit-Animationstechnik im Video als eine andere Person ausgeben?

Die Computertechnik schreitet rasend schnell voran, dementsprechend auch die technischen Möglichkeiten der Bildmanipulation. So lassen sich inzwischen bewegte Bilder und gesprochene Sprache von einer Person rein computertechnisch erzeugen, ohne dass ein Unterschied zu real aufgenommenen Fernsehbildern erkennbar ist, und das in Echtzeit (Webcode).

Infobox: Bildmanipulationen erkennen

In vielen Fällen ist es äußerst schwierig, nachträgliche Veränderungen an einem Foto zu erkennen. Halte Ausschau nach:

Fehlern im Bild
z. B. gebogene Wände, Wiederholungen von Mustern und Elementen, Licht und Schattenfall, …

Unrealistischen Darstellungen
z. B. der Kopf eines Menschen auf den Körper eines Tieres montiert (Fotomontage), …

Versionen
z. B. exakt gleiche Körperhaltung auf anderen Bildern, Verwendung an anderen Stellen (Rückwärts-Bildersuche im Internet), …

Kontext
z. B. Spaßseiten, Satiremagazine, Überschriften, …

---

1. Das Bild **M1** (unten rechts) erscheint in zwei verschiedenen Artikeln. Unter dem Bild steht:
   a. „Cool bleiben: Ein feiner Wassernebel hilft gegen die Hitze" oder
   b. „Alles nur Fake? Vor dem Shooting trägt das Fitness-Model einen Ölfilm auf."
   Ist das schon eine Manipulation?

2. Sammelt Fotos und gebt ihnen eigene Überschriften. Vergleicht in eurer Lerngruppe: Welche Rolle spielt der Kontext für die Bedeutung eines Fotos?

3. Erkläre **M1** in eigenen Worten: Wie können Bilder verändert werden?

4. Aus Fehlern lernen: Sammelt Bilder, die offensichtlich manipuliert wurden (z. B. „Photoshop fails"). Erklärt, woran ihr erkennt, dass die Bilder manipuliert worden sind.

5. Recherchiert Informationen zur Video-Echtzeit-Animation von Gesichtern (Real-time Face Reenactment).

6. Wo beginnt für dich Manipulation (**M3**)? Was bedeuten die Begriffe für dich: Bearbeitung, Manipulation, Optimierung? Tauscht euch zu zweit aus und grenzt die Begriffe voneinander ab. Diskutiert gemeinsam in eurer Lerngruppe.

7. Nimm Stellung zu der Aussage: „Es sollte gesetzlich vorgeschrieben sein, dass bearbeitete Bilder gekennzeichnet werden müssen!"

8. Seid kreativ und experimentiert: Mit welchen Methoden könnt ihr euch ganz unterschiedlich in Szene setzen (vorher, während und nach der Aufnahme (**M1**), z. B. durch Kameraperspektive, Lichtverhältnisse, Bekleidung)? Was verändert sich?

Leistungsoptimierung: Wie hole ich am meisten heraus?

„Ich mache das für mich: Mein Hobby ist mehr Leistung."

„Energydrinks sind die Schminke für den Alkohol."

„Hauptsache gefeiert – Wenn ich tanzen gehe, komme ich ohne Schlaf aus."

„Energydrinks sind Teil meines Lifestyles."

„Wer will nicht länger durchhalten können?"

... (Schreibe deine Meinung auf!)

M1 Mit verschiedenen Stoffen zu mehr Leistung?!

---

* **Insektizide** sind Stoffe, die Insekten vertreiben oder töten. Zum Beispiel produziert der Kaffeestrauch Koffein zum Schutz vor gefräßigen Insekten.

* **unbedenkliche Koffeinmenge**
Eine Koffeinmenge von drei Milligramm Koffein pro Kilogramm Körpergewicht gilt in der EU als unbedenklich.

Müde, lustlos, ohne Energie: An manchen Tagen fühlt sich Masha so, als sei ihr Akku einfach leer. Dann greift sie zu einem Energydrink. Etwa 60 Prozent der deutschen Jugendlichen zwischen zehn und 18 Jahren konsumieren Energydrinks.

Die Nacht zum Tag machen
Insbesondere auf Partys dürfen Energydrinks für Masha nicht fehlen: Durch ihre anregende Wirkung kann sie auch nach einem anstrengenden Tag lange durchhalten und bis in die Morgenstunden feiern. Für die Wirkung sind bestimmte Inhaltsstoffe in Energydrinks verantwortlich, die den Körper aufputschen, z.B. Zucker, Koffein oder Taurin.
Kleine Dosen enthalten etwa so viel Koffein wie eine Tasse Kaffee – im Trend liegen die größeren Dosen (0,5 Liter). Ohne es zu merken, überschreitet Masha die unbedenkliche Koffeinmenge*.

Was ist Koffein?
Koffein ist ein natürlicher Stoff (Alkaloid), der von Pflanzen gebildet wird als Insektizid*. Gleichzeitig ist Koffein der anregende Hauptwirkstoff im Kaffee. Koffein kommt allerdings nicht nur in Kaffee vor, sondern auch Tee- und Mateblättern oder in Guaraná-Samen.

Sport und Doping
„Warum hier aufhören?" Auf dem Weg zu ihrem Traumkörper hat Cara Hilfsmittel genutzt. Nahrungsergänzungsmittel (NEM) waren für sie schnell nicht mehr genug. Mit anabolen Wirkstoffen hat sie ihren Hormonhaushalt verändert.

Infobox: Doping

Doping bedeutet die Verwendung von unerlaubten Substanzen oder die Nutzung von unerlaubten Methoden zur Steigerung und zum Erhalt der Leistung.

Sportverbände schließen AthletInnen von Wettbewerben aus, die gedoped haben. Wusstest du, dass Doping nicht nur etwas mit Skandalen in den Nachrichten zu tun hat? Schon der Konsum von Enerydrinks kann zum Ausschluss vom sportlichen Wettbewerb führen, weil Athleten Koffein nur eingeschränkt konsumieren dürfen.

Mehr leisten – ohne Doping

Um mehr aus herauszuholen, musst du nicht dopen. Folgende Tipps können dir helfen, deine Leistung ohne verbotene Mittel und Methoden zu steigern:
- Schlafe gut und genügend.
- Dusche morgens kalt.
- Trinke ausreichend Wasser.
- Gehe an die frische Luft.
- Bewege dich.
- Mache aktive Pausen.
- Ernähre dich ausgewogen und abwechslungsreich.
- Esse dich fit.

M 3 Mögliche Folgen von Doping

Gesundheitliche Folgen	Soziale Folgen	Finanzielle Folgen	Rechtliche Folgen	Sportliche Folgen
Nebenwirkungen (physisch und psychisch)	Negativ-Image durch Betrug	Rückzahlung von Förderungen und Preisgeldern	Ausschluss von Wettkämpfen (allein oder eines ganzen Teams)	Ausschluss vom Team
Irreparable Gesundheitsschädigungen und Folgeschäden		Auflösung von Sponsorenverträgen		Ausschluss von der Trainingsstätte
Todesfälle		Schulden		Verlust des Anschlusses an andere

1. Findet heraus, welche Zutaten in verschiedenen Energydrinks enthalten sind.
2. Masha ist nicht schwanger, ist gesund und wiegt 50 kg bei einer Größe von 165 cm. In ihrer Dose sind 473 ml Getränk enthalten. Beurteile, ob der Verzehr für Masha als „unbedenklich" gelten kann.
3. Werte deinen Koffein-Konsum aus (Webcode: Check deine Dosis).
4. Energydrinks werden häufig zusammen mit Alkohol konsumiert. Warum ist das problematisch? Begründe.
5. Sammelt Werbeanzeigen für Energydrinks. Was fällt euch auf?
6. Informiere dich über mögliche gesundheitliche Folgen von Energydrinks (Webcode).
7. Cara macht Sport in ihrer Freizeit. Überlegt, was Cara am Doping reizt.
8. Informiere dich über mögliche Folgen des Konsums von anabolen Substanzen. Was würdest du Cara empfehlen?
9. Erkläre, warum die oben genannten Tipps dabei helfen, wacher und fitter zu werden.

Dienstleistungstest: Welches Fitnessangebot passt für mich?

M1 Ein Fitnesstrainer weist Merle in ihren Trainingsplan ein.

* **Fitness** meint eine gute körperliche Verfassung oder Leistungsfähigkeit. Jede sportliche Aktivität kann Fitnesstraining sein, auch Bewegung im Alltag (z. B. Treppensteigen).

* **Dienstleistung** nennt man im Wirtschaftsleben eine Arbeit, bei der jemand gegen Geld seine Tätigkeit anbietet, aber keine Güter oder Produkte herstellt (z. B. Trainer, Friseurin, Berater, Ärztin, Verkäufer, Anwältin u.v.m).

Schau doch mal bei der Stiftung Warentest oder bei Men's Health, nach welchen Kriterien dort Fitnessstudios getestet wurden (Webcode).

Welche Sportart passt zu mir?

Merle möchte etwas für ihre Fitness* tun.
Kicken, tanzen, pumpen, es gibt so viele Angebote! Merle ist verwirrt – das alles, um fit zu werden? Ihre Sportlehrerin meint, eine wichtige Voraussetzung ist die Wahl der passenden Sportart. Ob im Wasser, in der Luft, am Boden; im Team, zu zweit oder alleine: Sport solle Spaß machen, gut tun und gesundheitsförderlich sein.

Angebote vergleichen

Waren- und Dienstleistungstests helfen dir dabei, verschiedene Angebote zu vergleichen. Wichtig ist, vergleichbare Bedingungen zu schaffen. Beispielsweise: „Wir testen Mitgliedschaften in kommerziellen Fitnessstudios" oder „Unser Test: Grundkurse im Standardtanz an Tanzschulen". Beschränkt euch auf für euch wesentliche Beurteilungskriterien.

Servicewert

Bei Dienstleistungstests kommt es auf immaterielle Güter wie Beratungsqualität oder Service an: An wen kann ich mich wenden? Wie viele Ansprechpartner habe ich? Welche Leistungen erbringen sie? Wie erbringen sie diese Leistungen? Wer erklärt und zeigt mir Übungen? Wer kontrolliert meine Ausführung und korrigiert mich?
Beispiele für Testkriterien: Personal (Trainer/in, Empfang, Anzahl), Kompetenzen, Höflichkeit, Glaubwürdigkeit, Zuverlässigkeit, Kommunikation, Kontaktbequemlichkeit etc.

Eignungswert

Welche Voraussetzungen muss ich erfüllen (z.B. Alter, Geschlecht)? Welche Ziele strebe ich an und wie hilft mir das Angebot, meine Ziele zu erreichen? Welche Anforderungen habe ich an das Angebot, damit ich es tatsächlich nutze? Bei räumlich gebundenen Dienstleistungen ist es oft ratsam, sich auf regionale Angebote einzuschränken (z.B. im Umkreis von fünf Kilometern).
Beispiele für Testkriterien: Alltagstauglichkeit, Öffnungs- und Trainingszeiten, Entfernung, Ausstattung (Räume, Geräte, Material, Wellness, z.B. Sauna), Intervalle von Trainings- und Ernährungsplänen etc.

Ökonomischer Wert
Wie hoch ist mein Budget und passt das Angebot zu meinem finanziellen Rahmen? Welche Leistungen sind im Preis enthalten? Wie setzt sich der Preis zusammen? Kostet ein Probetraining Geld?
Beispiele für Testkriterien: Leistungsumfang (Betreuung, Duschen, Getränke, Wellness), Preistransparenz, Aktionen und Rabatte etc.

Emotionaler Wert
Spricht mich das Angebot an? Warum, warum nicht? Wie ist das Studio erreichbar für mich? Wie ist die Gestaltung und die Atmosphäre? Wie stehen meine Freunde zu diesem Angebot? Was assoziiere ich damit?
Beispiele für Testkriterien: Umfeld, Lage, Atmosphäre, Beliebtheit, Zugehörigkeit, Werbung und Wirklichkeit, Design, Assoziationen etc.

Rechtlicher Wert
In der Regel ist die Nutzung eines Studios an einen Vertrag gekoppelt. Im Vertrag werden u.a. die Art und der Umfang der Dienstleistung geregelt und das Verfahren in verschiedenen Fällen. Zum Beispiel wenn sich das Leistungsangebot ändert (Kurse, Öffnungszeiten o.ä.), wenn sich dein Alltag bzw. deine Rahmenbedingungen ändern (z.B. Umzug, Arbeitszeiten) oder wenn du dich dort verletzt.
Beispiele für Testkriterien: Geschäftsbedingungen, Vertragslaufzeit, Preistransparenz, Haftung, Personenschaden, Diebstahl, Hausordnung, Kündigungsrecht, Videoüberwachung (Dauer und Speicherung) etc.

M 2 Verschiedene Arten von fitnessbezogenen Dienstleistungen

Digitale Dienstleistungen (Konsum)	Digitale Dienstleistungen (Prosum)	Analoge Dienstleistungen (Interaktion)
Fitnessangebote als „Input only" (ohne Austausch) **Beispiel:** Internet-Gyms, Fitness-Videos (Internet, DVDs), digitale Trainingspläne, Bloginhalte etc.	Fitnessangebote als Input-Output („Briefwechsel") **Beispiel:** virtuelle Fitnessprogramme, bei denen die Nutzer eigene Inhalte teilen (z. B. Fotos, Videos, Trainingslogs)	Wechselseitiger Austausch, Möglichkeit zur Interaktion mit allen physisch Anwesenden **Beispiel:** physisch betretbares Fitnessstudio
Beispiele für Prüfpunkte: Inhalte, Formales, Nutzerfreundlichkeit, Bedienung	*Inhalte, Formales, Nutzerfreundlichkeit, Bedienung, Datensicherheit*	*Inhalte, Formales, Lage, Verkehrsanbindung, Personal, Ausstattung*

1. Welche Angebote kennt ihr, um eure körperliche Fitness zu steigern? Erstellt eine Mindmap, in der folgende Begriffe vorkommen: nicht-organisierter Sport, kommerzielle Sportanbieter, Sportvereine und -verbände, öffentliche Sportverwaltung.
2. Tauscht euch aus: Welche Angebote habt ihr schon einmal in Anspruch genommen? Welche regelmäßig? Was würdet ihr gerne einmal ausprobieren?
3. Ermittelt in einer Umfrage an eurer Schule das beliebteste Fitnessangebot für Jungen und Mädchen!
4. Zeichne auf einer Karte ein, wo du Fitnessangebote in deiner Region findest.
5. Plant einen Dienstleistungstest: Was sind eure Qualitätsmerkmale? Führt den Test durch und bewertet verschiedene Fitnessangebote in eurer Region.
6. Geht es (noch) besser? Entwerft ein Konzept für eine Fitness-Dienstleistung, die für euch perfekt wäre.
7. Vergleicht verschiedene professionelle Testanbieter. Achtet auch deren (Un-)Abhängigkeit, Ziele und Interessen der Testanbieter, Vorgehensweise, Schwerpunktsetzung bei den Kriterien.

Nahrungsergänzungsmittel

Nahrungsergänzungsmittel (NEM) werden meist in arzneimitteltypischer Form dargeboten (z.B. als Kapseln, Tabletten oder Pulver). Sie ...
- zählen rechtlich zu den Lebensmitteln (nicht zu den Arzneimitteln!),
- sind dazu bestimmt, die allgemeine Ernährung zu ergänzen,
- enthalten Nährstoffe in konzentrierter Form (z.B. Vitamine, Mineralstoffe, Spurenelemente) oder sonstige Stoffe mit ernährungsphysiologischer Wirkung.

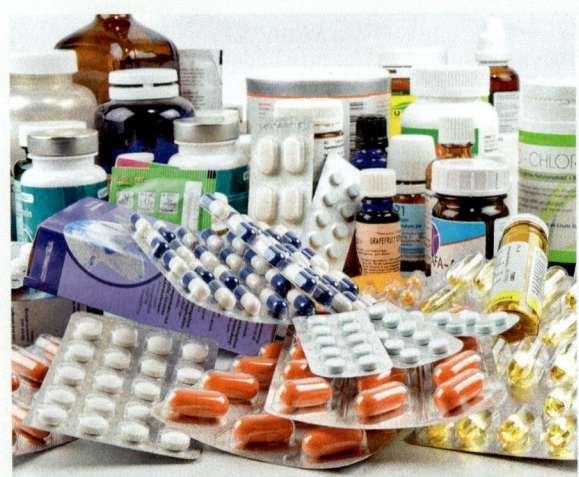

M1 Typische NEM aus dem Handel

NEM sind kein Ersatz für eine ausgewogene Ernährung!

35 Prozent der Deutschen kaufen Nahrungsergänzungsmittel (NEM). Dabei sind NEM für gesunde Menschen nicht notwendig. In einigen wenigen Lebenssituationen kann die Ergänzung der Ernährung mit NEM Sinn machen (z.B. um Neuralrohrdefekte bei Neugeborenen vorzubeugen, kann die Einnahme von Folsäure bei Schwangeren sinnvoll sein). Bei den meisten Menschen in Deutschland bestehen jedoch Risiken wie eine Überversorgung oder andere unerwünschte gesundheitliche Effekte. NEM sind kein Ersatz für eine ausgewogene Ernährung!

* Anstelle eines Gesamtwertes finden sich Werte für verschiedene Unterformen wie Nicotinsäure (4 mg).

** Für Kinder und Jugendliche nicht geeignet.

*** Starkes Risiko der Überversorgung!

M2 Das Bundesinstitut für Risikobewertung hat 2018 Höchstmengen an Vitaminen und Mineralstoffe in NEM für Personen ab 15 Jahren genannt.

Vitamine	Empfohlene Tageshöchstmenge in NEM	Mineralstoffe	Empfohlene Tageshöchstmenge in NEM
Vitamin A*	200 µg	Eisen	6 mg
Vitamin D	20 µg	Kupfer*	1 mg
Vitamin E	30 mg	Kalium	500 mg
Vitamin K	80 µg	Selen	45 µg
Vitamin C	250 mg	Chrom	60 µg
Vitamin B6	3,5 mg	Calcium*	500 mg
Vitamin B12	25 µg	Magnesium	250 mg
Vitamin B1	keine Mengenbegrenzung erforderlich	Zink*	6,5 mg
Vitamin B2		Mangan	0,5 mg
Pantothensäure		Silizium	50 mg
Biotin		Molybdän	80 µg
		Bor	0,5 mg**
Folsäure	200 µg (400 µg für Frauen mit Kinderwunsch und im 1. Drittel der Schwangerschaft)	Jod	100 µg (150 µg für schwangere & stillende Frauen)
Niacin	kein Gesamtwert angegeben*	Fluorid***	kein Zusatz in NEM

Hinweis: Achtung Doping! NEM können mit Dopingsubstanzen verunreinigt sein, die nicht auf der Packung angegeben sind. Informationen bietet die „Kölner Liste®" (Webcode).

Kennzeichnung von Nahrungsergänzungsmitteln

Grundsätzlich gelten für NEM dieselben Kennzeichnungsvorschriften wie für Lebensmittel. Es gibt jedoch noch zusätzliche Vorschriften (M3).

M 3 Kennzeichnung von NEM

1. Bezeichnung „Nahrungsergänzungsmittel"
2. charakteristische und sonstige (Nähr-)Stoffe
3. Zutatenliste
4. empfohlene Verzehrmenge
5. Warnhinweis
6. Hinweis auf ausgewogene Ernährung
7. Hinweis auf Kinder
8. Nährwertangaben und Bedarfsdeckung
9. Mindesthaltbarkeitsdatum
10. Mengenangabe
11. Herstelleradresse

Zusatzstoffe

Alle verwendeten Zusatzstoffe müssen in der Zutatenliste genannt werden. Oft findest du hier komplizierte chemische Namen oder E-Nummern zusammen mit einem Klassennamen (z. B. „Süßungsmittel") – Doch was steckt dahinter? Finde mehr heraus mit der App „E-Nummern-Finder" vom BZfE/aid. Scanne den QR-Code (rechts) z. B. mit einer QR-Code-Scanner-App auf deinem Smartphone.

Gesundheitsbezogene Angaben (Health Claims)

Auf Lebensmitteln findest du häufig nährwert- und gesundheitsbezogene Aussagen (sog. „Health Claims"). Diese Angaben behaupten oder wecken Erwartungen, dass mit dem Konsum des Lebensmittels Vorteile verbunden seien (z. B. „fettarm", „low carb" oder „Verbesserung der Leistungsfähigkeit"). Das dient vor allem Werbezwecken und ist für Verbraucherinnen und Verbraucher häufig verwirrend. In der EU gilt deshalb seit 2007 die Health-Claims-Verordnung für die Werbung mit Gesundheitsversprechen auf Lebensmitteln.

M 4 Auf Verpackungen, im Internet oder in der Werbung begegnen wir Health Claims. Nicht alle drei der hier abgedruckten Health Claims sind in jedem Fall erlaubt. Sie müssen u. a. auf der Positivliste der EU stehen, ihre Wirksamkeit muss nachgewiesen sein und das angebotene Lebensmittel muss ein ausgewogenes Nährwertprofil haben.

Neuartige Lebensmittel (Novel Food)

Lebensmittel, die in der Europäischen Union vor dem 15. Mai 1997 nicht in nennenswertem Umfang von Menschen verzehrt wurden, gelten rechtlich als „neuartige Lebensmittel". Bevor sie verkauft werden dürfen, müssen sie zunächst geprüft und zugelassen werden. Das betrifft beispielsweise Chiasamen, Baobao, mit Hochdruck pasteurisierte Fruchtzubereitungen, Pflaumenkernöl oder Insektenburger.

Konsum-geschichten

- Warum kaufe ich was wozu und mit welchen Folgen für mich und andere?
- Wofür hast du im vergangenen Jahr eine größere Summe ausgegeben? Welche Gedanken hast du dir vor dem Kauf, beim Kauf und nach dem Kauf gemacht? Wie hast du dich dabei gefühlt?

Konsum: Welche Folgen hat mein Einkauf?

M1 Mit unseren Kaufentscheidungen bestimmen wir das Angebot mit und haben so ein klein wenig „Veränderungsmacht".

Nicht kaufen oder kaufen?
Gesellschaft, Umwelt und Wirtschaft sind eng miteinander verwoben. Unser Einkauf ist auch wirtschaftliches Handeln, er hat immer auch Auswirkungen auf Gesellschaft und Umwelt. Aber haben so kleine Beträge wie das Einkaufsverhalten eines Einzelnen tatsächlich Auswirkungen auf die Wirtschaft und Umwelt?
Ein Einzelner allein richtet nicht viel aus, viele Einzelne dagegen können eine Masse bilden, die sehr wohl Einfluss auf Händler und Hersteller hat. So nimmt der Verkauf von Bio-Lebensmitteln in Deutschland stetig zu – ein Effekt, der die zunehmende Nachfrage widerspiegelt.

Moral beim Konsum
Stell dir vor, du willst alles richtig machen und beim Einkaufen nur Produkte auswählen, die „moralisch OK" sind. Ganz schön schwer, oder? Wie sollst du herausfinden, welche Waren besonders nachhaltig* sind? Ein Hilfsmittel bei der Produktauswahl sind Siegel, die den Herstellern für Produkte verliehen werden, die bestimmte Eigenschaften haben.

Welches Siegel findest du gut?
Du hast im AES-Unterricht bereits verschiedene Produktsiegel kennengelernt. Such dir erstmal einige wenige aus und versuche, beim Einkaufen auf Produkte mit diesem Siegel zurückzugreifen.

Jeder nach seinen Möglichkeiten
Wer nicht viel Geld zu Verfügung hat, kann nicht alles „bio" kaufen. Allerdings hat jemand, der insgesamt nur wenig Geld ausgibt, höchstwahrscheinlich eine bessere Konsumbilanz als ein Vielverdiener. Denn er kauft nicht so viel, fliegt weniger und fährt auch nicht so viel Auto.

Weniger ist mehr
Wer nichts kauft, spart am meisten: Es liegt auf der Hand, dass Konsumverzicht nicht nur die Umwelt, sondern auch den Geldbeutel schont. Sinnvoller Konsumverzicht bedeutet jedoch nicht, seinen Lebensstandard schmerzhaft einzuschränken, sondern vor allem auf unnötige Einkäufe zu verzichten.

* **Nachhaltige** Entwicklung bedeutet, dass wir heute so leben, dass die Chancen zukünftiger Generationen in ihrer Bedürfnisbefriedigung nicht eingeschränkt werden.

Clever konsumieren

Warum kaufen wir so viel?
Im Einzelhandel – egal ob stationär oder online – gibt es viele Tricks, die unser Unterbewusstsein auffordern, zuzugreifen. Sehen wir ein Sonderangebot mit der Angabe „50 Prozent reduziert!", denken wir uns: „Super, echt Geld gespart!" Unser kritisches Denken ist dabei wie ausgeknipst. Beliebt ist auch der „fast ausverkauft"-Trick. Die Furcht, ein Produkt nicht mehr zu bekommen, setzt uns unter Zugzwang und wir entschließen uns zum Kauf. Wenn du solche Tricks kennst, kannst du durch Nachdenken unnötige Spontankäufe vermeiden.

Weniger ist häufig besser
Hier sind einige Tipps, die helfen, unnötige Spontankäufe zu vermeiden:
(1) Schreibe dir einen Einkaufszettel und kaufe konsequent nur das, was wirklich draufsteht.
(2) Zahle bar, da gibt man weniger Geld aus als mit der Bankkarte.
(3) Falls du etwas siehst, was du spontan gern kaufen möchtest: Schreibe den Wunsch auf und überlege zwei Tage später, ob du es noch immer haben möchtest und es dich vollständig überzeugt.
(4) ... (Welche Tipps kannst du ergänzen?)

M 2 Infobox: Externalisierung von Umweltkosten

Wer etwas billig verkaufen will, muss selber einsparen, um die Ersparnis an seine Kunden weitergeben zu können. Gespart wird häufig an den Produktionskosten im Ausland. Dort sind die Löhne niedriger und die Umweltauflagen laxer. Wenn eine Firma z.B. Stoffe mit gesundheits- und umweltschädlichen Stoffen färbt, leidet darunter die Bevölkerung im Produktionsland. Weder die Firma noch die Käufer der Produkte kommen für diese Folgen auf. Die Kosten trägt die Allgemeinheit des Produktionslandes.

Mein Konsumtagebuch

Was habe ich gekauft? Zeitschrift „XX"	Wo und wann habe ich gekauft? Am Bahnhofskiosk, am 7.03. ...
Warum habe ich es gekauft? Welches Bedürfnis befriedige ich damit? Ich entspanne mich etwa zwei Stunden lang und überbrücke die Wartezeit beim Zahnarzt.	
Wie würde mein Alltag ohne dieses Produkt aussehen? Ich müsste etwas anderes lesen, z.B. die Uralt-Zeitschriften des Arztes oder ein Buch.	
Was passiert nach meinem Konsum mit dem Produkt? Ich gebe es an meinen Bruder weiter, danach kommt es ins Altpapier. Kein Umweltproblem.	

M 3 Moritz hat den Kauf einer Zeitschrift in sein Konsumtagebuch eingetragen.

---

1 Lies die Gedankenblasen in **M 1**. Welche Überlegungen sind für dich persönlich am wichtigsten?

2 Erklärt euch gegenseitig, was der Begriff „Externalisierung von Umweltkosten" (**M 2**) bedeutet.

3 Welche Siegel kennt ihr? Wie sehen sie aus? Könnt ihr sie vielleicht sogar aus dem Gedächtnis aufzeichnen? Was bedeuten sie? Überprüft euer Wissen anhand einer kurzen Recherche im Internet. Erstellt anschließend ein Infoplakat, für das ihr „Steckbriefe" von den einzelnen Siegeln entwerft.

4 Nachhaltigkeit ist ein Überbegriff für ein ganzes Bündel von Überlegungen. Was versteht ihr darunter? Denkt zurück: Habt ihr in der zurückliegenden Woche etwas gekauft, das wenig nachhaltig war? Welche Nachteile hatte das Produkt für Umwelt, Gesundheit usw.?

5 Um Handlungsweisen zu überdenken, hilft es, sie strukturiert aufzuschreiben. Führt in der Lerngruppe eine Woche lang ein individuelles Konsumtagebuch (**M 3**), in dem ihr eure Käufe eintragt und überlegt, warum ihr ein Produkt gekauft habt und wie es sich nachnutzen oder entsorgen lässt.

6 Informiert euch über verschiedene Verhaltensweisen, die nachhaltigen Konsum fördern, z. B. beim „nachhaltigen Warenkorb" (Webcode). Welche findet ihr gut? Einigt euch auf die wichtigsten zehn und erstellt einen Aufruf für die Schülerzeitung.

Wettbewerb: Welches Siegel ist für mich das Beste?

M1 Philipp überlegt, welche Schokolade er kaufen soll.

*Monokultur: Wenn auf einer landwirtschaftlichen Fläche ausschließlich eine Pflanze angebaut wird, nennt man dies eine Monokultur. In Monokulturen überleben nur die Lebewesen, die sich von dieser einen Pflanze ernähren können. Die Bestände von Insekten und anderen Tieren, die sich nicht von dieser Pflanze ernähren können, verringern sich oder sterben in diesem Gebiet sogar aus. Es nimmt also nicht nur die Vielfalt der Pflanzenwelt, sondern auch die der Tierwelt ab.

Philipp steht vor dem Schokoladenregal möchte sich eine süße Versuchung gönnen. Allerdings ist ihm klar, dass Schokolade nicht gleich Schokolade ist.

Oft hört man von Kindern, die auf Kakaoplantagen schuften oder sogar versklavt werden. Oder von Monokulturen*, die in den Anbaugebieten das Ökosystem belasten. Oder von Plantagenbesitzern, die nur einen Hungerlohn an die Arbeiter zahlen können, weil sie selbst nur wenig Geld von Großhändlern bekommen. Philipp möchte bei seinem heutigen Schokoladeneinkauf sichergehen, dass er eine nachhaltige Schokolade kauft.

Philipp weiß aber auch, dass es Organisationen und Unternehmen gibt, die die Herstellung von Schokolade auf Anbau- und Arbeitsbedingungen hin kontrollieren. Werden die dazu aufgestellten Kriterien erfüllt, bekommt die Schokolade das Siegel der Organisation oder des Unternehmens.

Wenn Philipp also eine Schokolade möchte, die unter fairen Arbeitsbedingungen hergestellt wurde und bei deren Herstellung gleichzeitig die Umwelt geschont wird, muss er nur nach einer Schokolade mit einem solchen Siegel greifen. Und da beginnt das Problem!

Philipp kann sich beim Auswählen der Schokolade kaum vor Siegeln retten. „So viele Siegel, aber welches zeigt am besten, ob die Arbeiter gut bezahlt werden und die Umwelt geschont wird?"

Wie wird Philipp dieses Problem lösen? Er hat beschlossen, aus seinem Schokoladeneinkauf einen Wettbewerb zu machen. Um den Wettbewerb etwas einzugrenzen, wählt er nur Schokoladentafeln aus, die ein Siegel haben, und Sorten, die ihm schmecken.

Dazu möchte er eine Art Videoblog erstellen, um so anderen Konsumenten, die in derselben Situation sind, eine Hilfe zu geben.

Clever konsumieren

Philipps Warentest

„Ich habe einiges über die Missstände bei der Schokoladenherstellung gelesen. Deswegen will ich eine Schokolade mit einem Siegel, das mir garantiert, dass bei diesem Produkt diese Missstände nicht existieren. Dazu gehört:
- Die Plantagenarbeiter werden fair bezahlt.
- Es arbeiten keine kleinen Kinder auf den Plantagen.
- Es bestehen keine Monokulturen und
- Pestizide und giftige Chemikalien werden nicht eingesetzt.

Jetzt recherchiere ich, was genau die Siegel bedeuten, was dafür überprüft und wie das Siegel vergeben wird. Falls ich auf den Webseiten der Organisationen nicht genügend Informationen finde, versuche ich dort mal anzurufen, oder ich stelle meine Fragen per E-Mail."

Philipps Ergebnisse

Nach der Recherche wertet Philipp seine Informationen aus. Dafür fertigt er eine Tabelle an. Für jedes Kriterium kann ein Siegel 0 bis 2 Punkte erhalten, je nachdem, wie gut das Siegel dieses Kriterium erfüllt. Philipp hat folgende Tabelle erstellt:

M2 Philipp dreht ein Video von seinem Warentest.

Das Siegel bestätigt, dass …	Natürlich und Fair	100 % Natur Pur!
Plantagenarbeiter gut bezahlt werden,	2	1
Kinderarbeit auf den Plantagen verboten ist,	0	2
Monokulturen verboten sind und	2	0
Pestizide und giftige Chemikalien nicht eingesetzt werden.	1	1
Punkte gesamt	5	4

1 Beschreibe Schritt für Schritt, wie Philipp bei seinem Wettbewerb vorgeht.
2 Wählt drei unterschiedliche Warengruppen aus (z. B. Unterhaltung und Elektronik, Kosmetik, Bekleidung und Schuhe, Lebensmittel usw.) und recherchiert nach Siegeln für diese Warengruppen (Webcode). Was fällt auf?
3 Wie kann es sein, dass Philipp dem gelben Siegel für die Überprüfung „Bezahlung der Plantagenarbeiter" zwei Punkte gibt und dem grünen Siegel nur einen Punkt?
4 Philipp entscheidet sich trotz der geringeren Punktzahl für das grüne Siegel. Woran könnte das liegen? Begründe.
5 Vergleicht zwei Siegel einer Warengruppe nach der Vorgehensweise von Philipp.
6 Recherchiert im Internet nach dem Begriff „Green Washing" und schreibt ein Wiki zu diesem Begriff (siehe S. 90). Überlegt auch, was Green Washing mit Siegeln zu tun haben könnte.

Umweltfreundliche Textilien: Welche bevorzuge ich?

Ein ausgeglichener Kampf?
Stell dir vor, Polyester und Baumwolle stehen sich in einem Boxring gegenüber. Es geht um den Titel des Öko-Champions. Beide Faserstoffe messen sich in drei Runden. In der ersten Runde soll herausgestellt werden, wer bei der Rohstoffgewinnung umweltfreundlicher ist. Runde zwei soll klären, wer bei der Pflege in Sachen Umweltfreundlichkeit die Nase vorn hat und in der dritten und letzten Runde dreht sich alles um die Entsorgung.
Bist du bereit, dich diesem Duell der beiden Faserstoffe über drei Runden zu stellen?

1. Runde – Rohstoffgewinnung
Die Baumwollfaser wird aus der Baumwollpflanze gewonnen. Somit ist die Baumwollfaser ein nachwachsender Rohstoff und immer verfügbar. Allerdings benötigt die Pflanze sehr viel Wasser. Um zum Beispiel ein T-Shirt aus Baumwolle (ca. 250 Gramm) herzustellen, benötigt man ungefähr 2500 Liter Wasser – stelle dir also rund 15 Badewannen voller Wasser vor. Beim Baumwollanbau wird viel gedüngt und Pestizide gespritzt. Bei deren Herstellung wird sehr viel CO_2 ausgestoßen.
Polyester wiederum wird aus dem fossilen Rohstoff* Erdöl hergestellt. Um aus Erdöl ein Polyestergarn herzustellen, wird viel Energie in Form von Strom benötigt. Andererseits braucht man für die Herstellung von Polyester nur wenig Wasser. Außerdem gibt es mittlerweile auch Polyesterfäden aus recycelten PET-Flaschen.
Welcher Faserstoff hat diese Runde nun gewonnen? Du entscheidest!

2. Runde – Pflegeeigenschaften
Ob man ein T-Shirt bügeln muss oder nicht, spielt nicht nur zeitlich eine Rolle, auch der Stromverbrauch kann sich durch das Bügeln deutlich erhöhen. Ebenso entscheidend ist, ob du deine Wäsche zum Trocknen in einen Trockner gibst oder ob du sie an der Leine aufhängst.
Welcher Faserstoff benötigt für die Pflege also weniger Strom? Und wie bedeutsam ist die Tatsache, dass bei jedem Waschgang sehr viele Mikrofasern aus Polyesterstoffen ausgewaschen werden und ins Abwasser gelangen? (Webcode zum Thema „Mikroplastik aus der Waschmaschine")

3. Runde – Entsorgung
Ein T-Shirt aus Baumwolle einfach auf den Kompost werfen oder aus einem Polyester T-Shirt Spielzeug oder Plastikflaschen herstellen? Das gibt es! Aber ist diese Lösung auch praktikabel? Und welche Art der Entsorgung ist aus Sicht der Umwelt besser?
Gibt es am Ende einen Sieger?

---

* **Fossiler Rohstoff:** „Erdöl wird immer knapper." Diesen Satz hast du sicher schon gehört. Dass Erdöl knapp wird, liegt daran, dass es Millionen von Jahren gedauert hat, bis aus Pflanzenresten unter hohem Druck Erdöl entstanden ist. Erdöl ist also ein Fossil aus der Urzeit. Dieser Rohstoff wächst nicht einfach nach, wie zum Beispiel Holz.

M1 Zwei Versuche zur Pflege

Was trocknet schneller?

Nimm einen Stoff aus reiner Baumwolle und einen Stoff aus 100 % Polyester.

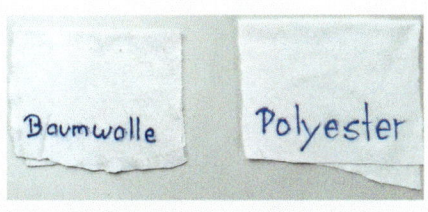

Trockne beide Stoffe gleichzeitig für fünf Sekunden mit einem heißen Föhn.

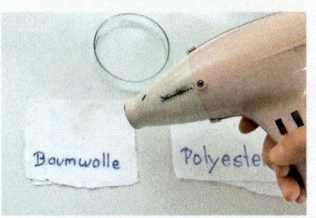

Beträufle beide Stoffe mit ungefähr drei Tropfen Wasser.

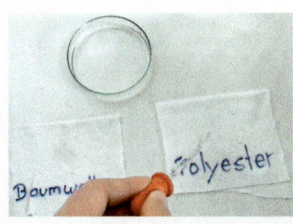

Nimm ein Löschpapier um herauszufinden, welcher Stoff schneller trocknet.

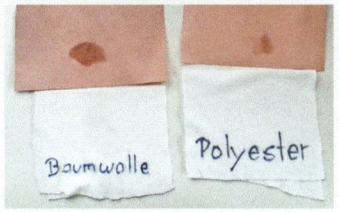

Was knittert stärker?

Zerknülle ein Stück Baumwollstoff und ein Stück Polyesterstoff für mindestens zehn Sekunden fest in der Hand.

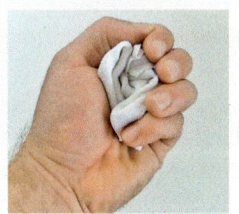

Streiche beide Stoffe einmal mit deiner Hand glatt aus.

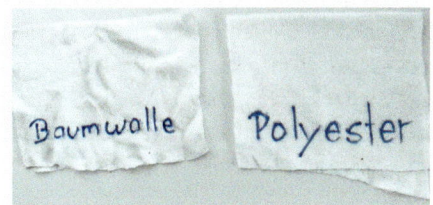

1. 1. Runde: Beschreibe die Vor- und Nachteile beider Faserstoffe in der Rohstoffgewinnung.
2. 2. Runde: Führt in Partnerarbeit die Versuche wie bei M2 durch und notiert eure Ergebnisse.
3. Führt weitere Versuche zu Pflegeeigenschaften von Faserstoffen durch, erstellt eine Versuchsbeschreibung und haltet euer Ergebnis fest.
4. 3. Runde: Wohin mit deinem T-Shirt, wenn es ausgedient hat? Recherchiert im Internet nach Möglichkeiten, wie Kleidungstücke entsorgt werden können. Welche Unterschiede gibt es bei der Entsorgung zwischen Baumwolle und Polyester?
5. Betrachte deine Ergebnisse aus den vorherigen Aufgaben (1–4). Finde den „Öko-Champion"! Welcher Faserstoff ist aus ökologischer Sicht besser? Begründe!
6. Diskutiert in der Lerngruppe eure Ergebnisse aus Aufgabe 5. Wie verändern sich die Ergebnisse, wenn man Bio-Baumwolle statt konventioneller Baumwolle nehmen würde?
7. Finde weitere Kriterien, die zum Vergleich zwischen Baumwolle und Polyester dienen können. Bedenkt dabei auch Ausrüstungsverfahren (Färben, Mercerisieren, Antipilling, Fleckschutz u.a., die z.B. die Trageeigenschaften verändern)
8. Erstellt in der Lerngruppe einen Wettkampf zwischen mehreren Faserstoffen (siehe S. 68) und findet einen „Öko-Champion".

Obsoleszenz: Wie lange kann ich mein Lieblingsgerät nutzen?

Wieso gehen Glühbirnen nach einem Jahr kaputt?

Mein neuer Laptop hat gar kein CD-Laufwerk mehr. Was mache ich jetzt mit meinen CDs?

Wieso will niemand meine Spielkonsole reparieren?

Welche neuen Apps und Features brauchst du?

M1 Produkte gehen kaputt oder veralten – das steigert den Konsum

---

* **Obsoleszenz,** die (geplante) Alterung oder der Verschleiß von Produkten, sodass diese nicht mehr gebräuchlich bzw. überflüssig werden

* **Disposables** sind Bestandteile eines Produkts, die regelmäßig ausgetauscht werden müssen, z. B. Druckerpatronen oder Bürsten für elektrische Zahnbürsten.

Hast du dich schon einmal geärgert, weil der Akku in deinem Smartphone fest eingebaut ist und sich deshalb nicht austauschen lässt? Oder dass ein Gerät kurz nach Ablauf der zweijährigen Garantiezeit nicht mehr funktioniert?

Globalisierte Konsumwelt

Dank der Globalisierung und industrieller Massenproduktion können wir zahllose kostengünstige Produkte aus aller Welt kaufen. Gebrauchsgegenstände, die früher viele Jahre oder gar Jahrzehnte lang genutzt wurden, werden immer schneller und häufiger durch neue ausgetauscht, z. B. elektronische Geräte, Kleidung oder Möbel. Das entspricht einerseits unseren Konsumwünschen (wir haben gern das neueste Handymodell oder die neue Modefarbe) und der schnell voranschreitenden Technik. Andererseits haben die Hersteller ein großes Interesse daran, möglichst viel zu verkaufen. Was sind die Folgen dieses schnelllebigen Konsums kostengünstiger Produkte für Mensch und Umwelt?

Kaufen für die Müllhalde?

Wir werden zum Kauf ermuntert, weil unsere Produkte immer schneller veralten oder kaputtgehen. Diese meist künstlich herbeigeführte verkürzte Nutzungsdauer heißt „geplante Obsoleszenz"*. Die Gründe, die den erneuten Kauf eines Produktes notwendig machen oder auch nur uns notwendig erscheinen, sind vielfältig:
– minderwertige Materialien, Konstruktionsfehler
– kein Vertrieb von Ersatzteilen
– verschlechterte Leistung durch Software-Updates
– Inkompatibilität durch technologische Neuentwicklungen
– Disposables*
– Geschmacksänderungen, Produkteinführungszyklen
– Werbebotschaften, Positionierung und Präsentation von Produkten
– Markenbindung, neue Funktionen

Werkstoffliche Obsoleszenz	**Funktionale Obsoleszenz**
Schwachstellen begrenzen Lebensdauer	Überholung durch neue Technologien
z. B. überhitzte Akkus, verklebte Gehäuse, ablösende Klebstoffe, hohe Brüchigkeit, geringe Abriebfestigkeit, …	z. B. veränderte Schnittstellen, Treibersoftware passt nicht mehr zum neuen Betriebssystem, …
Ökonomische Obsoleszenz	**Psychologische Obsoleszenz**
Neukauf ist kostengünstiger als Reparatur	Missfallen durch Geschmacksänderung
z. B. hohe Reparaturkosten, teure Ersatzteile, niedrige Anschaffungskosten bei neuen Produkten, …	z. B. neue Produktgeneration, Modefarben, angesagte Schnitte, …

M 2 Verschiedene Arten von Obsoleszenz

Fahrlässige Obsoleszenz bezeichnet die Tatsache, dass ein Produkt so konstruiert wurde, dass es früher verschleißt oder an Leistungsfähigkeit abnimmt als nötig. Es wird in Kauf genommen (fahrlässig), dass das Produkt nur zeitlich begrenzt verwendungsfähig ist.

Verbraucherinformation

Bei Kaufentscheidungen spielt die Gebrauchsdauer häufig eine wichtige Rolle (z. B.: Wie lange soll mein Sweater halten – welchen Preis bin ich bereit dafür zu zahlen?). Das Problem: Beim Kauf weißt du in der Regel nicht, welche Gebrauchsdauer du von einem Produkt erwarten kannst. Bewertungen im Internet und Vergleichsportale geben auch keine zuverlässige Orientierung, denn diese sind häufig z. B. durch Trolle manipuliert oder vertreten bestimmte Interessen.

Unabhängige Prüfinstitute wie die Stiftung Warentest oder Vereine wie die Verbraucherzentralen bieten dir zuverlässige Informationen zu Produkten. Andere Informationsangebote sind z. B. die Ökodesign-Richtlinie zur Brenndauer von Lampen oder die iFixit-Scorecard zur Reparierbarkeit von Elektrogeräten.

Deine Rechte

Die Verbraucherinnen und Verbraucher sind ein Stück weit geschützt durch Garantie und Gewährleistung.

Gewährleistung: Sie ist gesetzlich vorgeschrieben. Zwei Jahre haften Hersteller dafür, dass ein bereits beim Kauf beschädigtes Produkt repariert oder ausgetauscht wird. Oft wird auf Kulanz auch der Kauf rückabgewickelt und wir bekommen das Geld zurück. Dafür müssen wir aber – anders als bei der Garantie – nachweisen, dass der Schaden bereits beim Kauf bestanden hat.

Garantie: Für ihre Produkte können Hersteller freiwillig eine Garantie einräumen. Die Dauer und Bedingungen bestimmen die Hersteller selbst. Verbraucherinnen und Verbraucher können wählen, ob sie die Gewährleistung oder Garantie nutzen wollen, solange beide noch laufen.

1 Ordne die Beispiele aus **M 1** den Arten von Obsoleszenz (**M 2**) zu.
2 Ist euch das auch schon passiert? Sammelt Beispiele für die verschiedenen Arten von Obsoleszenz (**M 2**). Wie wird dabei der Bedarf zum Neukauf geweckt?
3 Recherchiert Fälle von geplanter Obsoleszenz und präsentiert die fahrlässigsten Beispiele als Wanted-Poster (ein historisches Beispiel: das Glühbirnenkartell).
4 Erstellt eine Liste der Güter, die ihr täglich nutzt. Vergleicht gemeinsam und überlegt, welche Nutzungsdauer ihr von den Produkten erwartet.
5 Gegen Obsoleszenz: Findet Positiv-Beispiele und präsentiert sie in eurer Lerngruppe (z. B. Verringerung und Vermeidung von Abfall durch Disposables, Haltbarkeitsdauer, Reparierbarkeit etc.).
6 Führt in der Lerngruppe eine Pro-Kontra-Diskussion durch zur Frage: Sollte auf allen Produkten eine Mindestnutzungsdauer ausgewiesen werden?
7 Recherchiere: Was musst du bei der Gewährleistung beachten?
8 Sucht Gegenstände, die ihr nicht mehr gebraucht. Was könnt ihr tun, um ihre Nutzungsdauer zu verlängern? Plant in eurer Lerngruppe ein Angebot und führt es durch (z. B. Repair-Café, Tauschbörse, regionale Angebote).

Alternative Fasern

Klassiker
Die echten Klassiker unter den Fasern gibt es zum Teil schon seit tausenden von Jahren. Ob bei den antiken Ägyptern, Babyloniern oder Chinesen, schon immer waren Fasern aus Wolle, Leinen oder Seide beliebt, und auch heute noch sind sie in unseren Kleiderschränken zu finden.

M1 Unterteilung der Faserstoffe:

Naturfasern		Chemiefasern	
Pflanzliche Fasern	Tierische Fasern	Zellulosische Fasern	Synthetische Fasern
Pflanzliche Fasern werden aus verschiedenen Pflanzenteile gewonnen, wie Stängeln, Stamm, Rinde oder Samen. Beispiele: Baumwolle, Leinen, Hanf, Brennnessel	Tierische Fasern werden aus der Wolle, den Haaren oder aus anderen Substanzen vom Tier gewonnen. Beispiele: Schafwolle, Kamelhaar, Seide	Durch chemische Verfahren kann Zellulose von Pflanzen getrennt werden. Aus der gewonnenen Zellulose wird dann eine Faser hergestellt. Beispiele: Viskose, Modal, Acetat	Synthetische Fasern bestehen aus Polymeren, die im Labor zum Beispiel aus Erdöl oder Altplastik hergestellt werden. Beispiele: Polyester, Elastan

Beispiel: Baumwolle
Aus Baumwolle wird schon seit über 5000 Jahren Kleidung hergestellt, in Europa erstmals seit ca. 1300 v. Chr. Ob ein Kleidungsstück aus Baumwolle besteht, erkennst du an dem Etikett. Dort erkennst du auch, dass Baumwolle meistens sehr heiß gewaschen und gebügelt werden kann. Baumwolle fühlt sich auf der Haut sehr weich an und ist sehr robust. Deshalb wird sie gern zur Herstellung von Arbeitskleidung, Alltagskleidung, Unterwäsche oder Handtüchern verwendet.

Ob du qualitativ hochwertige Baumwolle in den Händen hast, erkennst du an verschiedenen Siegeln. Bei der Baumwollgewinnung wird die Umwelt sehr belastet (hoher Wasserverbrauch und sehr hoher Einsatz von Pestiziden). Wenn du Bekleidung aus Baumwolle kaufen willst, die die Umwelt weniger belastet, kannst du dich an einem entsprechenden Bio-Label orientieren.

Es sind immer wieder Menschen, die Impulse für Veränderungen geben. So auch der in Ägypten geborene Ibrahim Abouleish, der vor rund 40 Jahren mit seinem SEKEM-Projekt ein wirtschaftlich florierendes Unternehmen für den nachhaltigen Baumwollanbau gegründet hat. Informiere dich über sein nachhaltiges Geschäftsmodell. (SEKEM-Projekt, Webcode).

Newcomer

Heutzutage ist es ganz normal, dass ein Pullover aus Polyacryl, ein Hemd aus Viskose oder ein Sportshirt aus Polyester besteht. Dabei gibt es die Chemiefasern erst seit etwas mehr als hundert Jahren. Das mag vielleicht auf den ersten Blick eine lange Zeit sein, im Vergleich zur Geschichte der Menschheit sind die Chemiefasern aber absolute Newcomer und haben die Naturfasern mengenmäßig auf dem Faserweltmarkt bereits überholt.

Beispiel: Polyester

Seit 1947 wird die Polyesterfaser industriell hergestellt und ist aus unserem Kleiderschrank nicht mehr wegzudenken. Schau doch mal in deinem Kleiderschrank nach, wie viele deiner Kleidungsstücke aus Polyester bestehen. Die Polyesterfaser hat innerhalb weniger Jahrzehnte die Baumwolle vom Thron der am meisten verwendeten Fasern gestoßen.

Textilien aus Baumwolle und aus Polyester

Ein sehr großer Anteil aller Textilien besteht aus einem Gemisch verschiedener Fasern. Auch hier erkennst du am Etikett, zu welchem Anteil sich Polyester oder andere Fasern in deinem Kleidungsstück befinden.

Polyester kann zum Teil heiß gewaschen und gebügelt werden. Dies gilt aber nicht für alle Kleidungsstücke aus Polyester. Je nach Herstellungsart kann es vorkommen, dass man das Kleidungsstück auch nur bei 30 oder 40 Grad waschen darf. Aufgrund der hohen Elastizität von Polyester muss das Kleidungsstück nur selten gebügelt werden. Dazu ist die Faser sehr reißfest und kann deshalb auch für Arbeits- und Sportbekleidung eingesetzt werden. Da meistens feine und weiche Polyesterfasern verwendet werden, fühlt sich die Kleidung auf der Haut weich an.

Die Produktion von Polyesterfasern benötigt viel Strom. Außerdem wird Polyester meistens aus Erdöl hergestellt, und das muss erst unter hohem Aufwand gewonnen werden und ist zudem nur begrenzt auf unserer Erde verfügbar. Mittlerweile gibt es einige wenige Unternehmen, die aus alten Plastikflaschen und anderen Abfällen Polyester gewinnen. Polyesterkleidung ist nicht biologisch abbaubar und kann als Mikroplastik in die Umwelt gelangen. Manche Hersteller bemühen sich um umweltfreundlichere Produktion, informiere dich z. B. über die Firma Seaqual (Webcode).

Trinkflaschen aus PET und Kleidung aus Polyester sind chemisch fast identisch.

Exoten

Schon immer waren Menschen erfinderisch, wenn es um Kleidung ging. Wie du bereits bei den Newcomern gesehen hast, lassen sich sogar aus Erdöl Textilfasern herstellen. Aktuell wird an „intelligenten Textilien" geforscht, die z. B. die Farbe wechseln oder leuchten können, die Strom erzeugen oder die Gesundheit überwachen, indem sie Informationen zu Körperfunktionen (etwa Herzschlag oder Körpertemperatur) an das Smartphone weiterleiten und so Leben retten können.

Fasern aus Kuhmilch sind noch ein Beispiel für eine sehr ausgefallene Idee zur Herstellung von Fasern. Ähnlich wie Wolle oder Seide besteht die Faser, die aus Milchresten gewonnen wird, aus Eiweiß. In diesem Fall aus dem Eiweiß Casein, das getrocknet und unter Zugabe anderer Rohstoffe wie Bienenwachs, Weizenkleie und Wasser zu einem Garn weiterverarbeitet wird. Die Hersteller dieser Fasern beschreiben ihr Produkt als sehr weich und hautfreundlich.

Die Erfindung von Fasern aus Kuhmilch ist nicht ganz neu. Bereits 1930 wurden erste Fäden aus Milchresten hergestellt, allerdings wurden dazu viele Chemikalien benötigt.

Onlineshopping: Kann ich das zurückschicken?

M1 Online bestellen, zuhause probieren und was nicht passt, wieder zurückzuschicken – das ist bequem.

Caro und Julia sind Azubis und kaufen gerne schicke Kleidung. „Wenn man im Büro arbeitet, ist es wichtig, dass man businessmäßig aussieht, erklärt Caro. Früher sind die beiden regelmäßig von Laden zu Laden gezogen. „Da haben wir ab und zu wirklich tolle Einzelstücke gefunden. Aber inzwischen haben eine Menge Läden dort geschlossen", ergänzt Julia.

Deshalb haben sich die Freundinnen mittlerweile aufs Bestellshopping verlegt. „Im Internet können wir uns ganze Outfits zusammenstellen. Wir sehen genau, welche Farben und Größen vorrätig sind und bekommen Vorschläge, mit welchen Accessoires wir die Kleidungsstücke ergänzen könnten. Die Kleider bestellen wir immer in drei Größen: in unserer normalen Größe, eine Nummer drunter und eine Nummer drüber. Meistens passt ein Teil – die beiden anderen schicken wir wieder zurück." „Was nicht passt oder doof ausschaut, kommt gleich wieder in die Schachtel", ergänzt Julia. „Das Zurückschicken mit dem beigelegten Retourenformular ist gar kein Problem."

M2 Widerrufsrecht bei Fernabsatzverträgen

Kannst du wirklich alles „ganz einfach" wieder zurückschicken? Online-Käufe sind nach § 312 BGB sog. „Fernabsatzverträge". Das bedeutet, dass sich Käuferin und Verkäufer beim Kauf nicht direkt begegnen. Weil der Käufer die Ware nicht vor Ort prüfen kann, wird ihm ein Widerspruchsrecht eingeräumt. Innerhalb von 14 Tagen nach Vertragsabschluss kann er den Kauf rückgängig machen und die Ware zurückschicken. Viele Onlinehändler bieten jedoch freiwillig eine verlängerte Rückgabefrist an.

Den Widerruf muss die Kundin ausdrücklich erklären und kann dazu oft das bereitgestellte Formular verwenden. Die Ware nur kommentarlos in eine Schachtel zu stecken und zurückzuschicken, genügt nicht.

M3 Wer zahlt das Rückporto?

Wenn der Händler den Käufer darauf hinweist, dass er die Versandkosten nicht übernimmt, muss die Käuferin sie bezahlen. Allerdings verzichten die meisten Onlinehändler darauf, weil sie es sich mit ihren Kunden nicht verderben wollen. Vor Vertragsabschluss ist es wichtig, die AGB* auf einen entsprechenden Hinweis hin zu lesen.

---

* **AGB** ist die Abkürzung für die allgemeinen Geschäftsbedingungen. Häufig sind sie lang, klein geschrieben und kompliziert formuliert, niemand liest sie gern. Aber darin sind für Verbraucherinnen entscheidende Dinge festgehalten, z. B. Umtauschrecht, Fristen, Kündigungsmöglichkeiten u.v.m.

Was passiert mit den zurückgeschickten Paketen?

Die meisten Versandhändler, vor allem wenn sie Kleidung verkaufen, lassen die zurückgeschickte Ware von externen Firmen prüfen, bei Bedarf reinigen und neu verpacken. Diese Firmen betreuen meist gleich mehrere Versandhäuser. Dieser Geschäftszweig heißt „Retourenmanagement". Der Markt ist groß und für die Firmen ein Millionengeschäft, denn täglich werden in Deutschland mehrere hunderttausend Pakete zurückgeschickt.

Caro hat sich letzte Woche ein dunkelblaues Etuikleid in drei Größen schicken lassen. So richtig überzeugt hat sie keines der drei Kleider. Deswegen steckt sie nach kurzem Überlegen alle drei zurück in den Versandkarton. Eine Mitarbeiterin im Retourenzentrum packt die Kleider aus, vermerkt, dass sie noch tadellos in Ordnung sind: Die Reißverschlüsse schließen anstandslos, alle Etiketten sind noch vollständig, die Kleider sind fleckenfrei und riechen nicht unangenehm. Eine Kollegin schweißt die Teile einzeln in Plastikfolie ein, und dann geht es zurück ins Warenlager des Onlineversenders. Nicht immer funktioniert das so reibungslos wie bei Caros Kleidern. Manchmal müssen die Kleidungsstücke erst noch gewaschen oder gereinigt und getrocknet werden.

Dieser Boom des Zurückschickens ist sicherlich ein Segen für die Paketdienste.

M4 Und zurück! Mehr als die Hälfte aller in der Bundesrepublik im Versandhandel bestellten Kleidungsstücke wird retourniert.

Andererseits hat der Onlinehandel auch Nachteile: Die stationären Läden können häufig nicht mehr mithalten und müssen schließen, z.B. wegen hoher Ladenmieten, das Herumfahren von Millionen von Tonnen Paketen ist teuer, auch für die Umwelt, und auch das Vergnügen des Shoppens geht verloren.

Mehr als die Hälfte aller bestellten Kleidungsstücke geht zurück

Wieviel ein zurückgeschicktes Paket die Händler kostet, darüber gibt die Branche keine Auskunft. Letztlich werden alle Kosten auf alle Kaufenden verteilt. Einige Versandhändler sind wegen der hohen Zahl an Retouren bereits finanziell ins Schlingern geraten. Schließlich muss nicht nur das Retourenzentrum, sondern auch das Porto für jedes Paket bezahlt werden. Schätzungen gehen davon aus, dass 50 bis 70 Prozent aller in Deutschland bestellten Kleidungsstücke zurückgeschickt werden.

1. Wer in eurer Lerngruppe hat schon online eingekauft? Berichtet von euren Erfahrungen.
2. Wie funktioniert die Widerspruchsregelung für „Fernabsatzverträge"? Erstellt einen Info-Flyer und verwendet dazu die Informationen aus **M2** und **M3**.
3. Sammelt Argumente für und gegen Onlineshopping. Erstellt eine Pro- und Kontra-Liste. Einige Argumente könnt ihr aus dem Text erschließen. Fallen euch weitere ein? Recherchetipp: „Oh du fröhliche Paketdienstzeit" (Webcode).
4. Rollenspiel: Caro und Julia unterhalten sich mit ihrer Freundin Sabine. Sabine steht dem Onlinehandel kritisch gegenüber. Erstellt für die drei Mädchen jeweils Rollenkarten, auf denen die verschiedenen Argumente in Stichworten aufgelistet sind.
5. Rechercheauftrag: Frage eine ältere Person, z.B. deine Eltern oder Großeltern, wie vor der Zeit des Internets eine „Katalogbestellung" funktioniert hat. Finde heraus: Was bleibt, was verändert sich durch den Onlinehandel für die befragte Person?

Datenhandel: Wem gehören meine Daten?

M1 Klara und Yasmin

Klara und ihre Freundin Yasmin sitzen am Küchentisch und lernen Englischvokabeln. „Post für dich!", ruft Klaras Bruder und legt zwei Kataloge auf den Tisch. „Hey, dieselben Kataloge habe ich gestern auch bekommen!", erklärt Yasmin, „dabei bekomme ich nur sehr selten Post." – „Ob das Zufall ist?" fragt Klara. „Vielleicht haben wir die Kataloge bekommen, weil wir neulich an diesem Preisausscheiben teilgenommen haben", meint Yasmin.

Hauptgewinn – für Datenhändler

Nur eine von tausenden Einsenderinnen gewinnt (vielleicht) ein Schmuckset. Den Hauptgewinn erzielt der Veranstalter des Preisausscheibens. Sein Nutzen ist viel größer als der der Kundinnen. Sie haben ihm für die vage Hoffnung auf ein „wertvolles" Schmuckset ihre Namen und Adressen „geschenkt". Der Veranstalter kann daraufhin die so erlangten Daten entweder selber nutzen oder verkaufen.

Ein einfacher Adressdatensatz kostet bei einschlägigen Händlern etwa ein bis zwei Euro. Nicht viel Geld, findest du? – Hochgerechnet auf die etwa 40 Millionen Haushalte in Deutschland ist das ein gutes Geschäft! Und mit umfangreicheren Datensätzen lässt sich noch bedeutend mehr verdienen.

Datenerhebung anhand von Kundenkarten

Viele sind sehr freigiebig mit ihren Daten und sorgen so dafür, dass die über sie gespeicherten Informationen immer umfangreicher werden. Zum Beispiel dann, wenn sie sie gegen Rabatte oder Treuepunkte „eintauschen". Auf diesem Prinzip beruhen die Kundenkarten, die manche Leute gleich stapelweise in ihren Geldbörsen mit sich tragen. Kunden-, Rabatt- oder Clubkarten liefern den Datenhändlern schon sehr viele Informationen über die einzelne Person, ob sie noch zur Schule geht, wieviel Geld sie wann wofür ausgeben kann und will.

Übrigens: Die Kosten für Rabatte, Treuepunkte und auch für die Datenauswertung werden vom Handel auf den Preis der Produkte, d.h. auf alle Kunden umgelegt. Außerdem hat sich herausgestellt, dass bei vielen Produkten, die nur an treue Kunden mit Mitgliedskarte verkauft werden, meist nichts gespart ist. Vergleichbare Produkte lassen sich oft „ganz normal" zum gleichen oder sogar günstigeren Preis erwerben.

Suchmaschinen und Soziale Netzwerke: die ganz großen Datensammler

Die Suchmaschinen, Sozialen Netzwerke oder Onlinekaufhäuser (z. B. Google, Facebook, Whatsapp, Amazon usw.) wissen noch bedeutend mehr über jeden Einzelnen. Sie wissen z. B. aufgrund deines Surfverhaltens, für welche Themen und Produkte du dich interessierst. Oder wissen genau, wo du bist und warst. (Falls du z. B. GoogleMaps auf deinem Smartphone installiert hast, gib doch mal unter „Zeitachse" ein beliebiges Datum ein. Du siehst, Google weiß auf den Meter und die Minute genau, wo du dich aufgehalten hast, und das an jedem Tag, seit du diese App hast.)

Die großen Datensammler (das betrifft auch die Sozialen Netzwerke) wissen also sehr viel von dir, und sie verkaufen viele dieser Daten weiter. Das Ziel des Datensammelns ist zunächst die sog. personalisierte Werbung. Den Firmen wird durch die vielen Daten ermöglicht, ihre Werbung gezielt den Kundinnen und Kunden zu zeigen, die schon an ähnlichen Produkten Interesse gezeigt haben.

Leben in der „Echokammer"

Das Sammeln von Nutzerdaten über persönliche Interessen und das Surfverhalten betrifft aber nicht nur Produkte, sondern auch Informationen und Meinungen. Wenn du bei einer Suchmaschine ein Suchwort eingibst, erhältst du nicht zwangsläufig dieselben Treffer wie dein Nachbar. Deine Treffer richten sich auch danach, was du dir in den letzten Wochen und Monaten angesehen hast.

Wenn du dir online Videos ansiehst, in denen eine bestimmte politische Meinung vertreten wird, erhältst du daraufhin zahlreiche Vorschläge für Videos mit ähnlicher Ausrichtung. Viele Nutzerinnen und Nutzer bewegen sich innerhalb dieser Blase und verfestigen so ihr Weltbild. Das kann dazu führen, dass sie gar keine anderen Meinungen mehr akzeptieren. Insbesondere Menschen, die die traditionellen Informationsmedien ablehnen, laufen Gefahr, nur noch Webinhalte als richtig zu akzeptieren, die ihre Sicht der Dinge bestätigen, sie bleiben in ihrer „Echokammer".

M2 Das Internet weiß mehr über dich als du denkst.

1. Wer von euch hat schon einmal an einem Preisausschreiben teilgenommen? Wie schätzt ihr die Gewinnchancen bei verschiedenen Verlosungsaktionen ein?
2. Welchen Nutzen könnte Klara von ihren Kundenkarten haben? Überlegt anhand eurer eigenen Erfahrungen.
3. Klara benutzt häufig Rabatt- und Kundenkarten. Erstelle eine Mindmap, auf der deutlich wird, welche Informationen sie dadurch preisgibt.
4. Klara hat gar kein Problem damit, dass über sie und ihre Familie massenhaft Daten gespeichert werden. „Ich habe nichts zu verbergen", erklärt sie, „und die vielen Werbeblätter und Postsendungen werfe ich einfach ungelesen weg." Teilst du ihre Meinung? Diskutiere mit deinem Nachbarn.
5. Sammelt eine Woche lang alle Kassenbons von euren Einkäufen. Um anonym zu bleiben, werft sie gesammelt in einem Umschlag mit einem Codewort in eine Box in eurer Lerngruppe. Welche Informationen könnte ein Datensammler damit über euch gewinnen? Erstellt für jede Person eine zielgruppenorientierte Werbung.
6. Berechnet den Käufernutzen, der sich durch verschiedene Rabattaktionen für den Kunden ergibt. Wieviel kostet z. B. eine Pfanne, die im Supermarkt zum Aktionspreis nur an Rabattkunden abgegeben wird, im „normalen Handel"? Recherchiert die Preise und erstellt ein Infoplakat oder eine Powerpoint-Präsentation.
7. „Der beste Datenschutz für dich bist du selbst!" – Nimm Stellung zu dieser Aussage.

Vergleichsportale: Finde ich das günstigste Angebot?

M1 Laura recherchiert online nach einem guten Angebot

* **Vermittlungsprovision**
Das ist ein prozentualer Anteil am Umsatz oder am Verkaufspreis eines Produkts, den derjenige bekommt, der einem Händler oder Dienstleister ein Geschäft vermittelt, also Kunden und Unternehmer zusammenbringt.

* **technikaffin** ist, wer eine Vorliebe für Technik hat

* **Personalisierte Preise**
Noch wenig verbreitet, aber möglich sind personalisierte Preise. Die Spuren, die wir im Internet hinterlassen, werden ausgewertet, um den höchsten Preis, den wir bereit sind zu zahlen herauszufinden. Damit zahlen nicht alle den gleichen Preis für ein Produkt oder eine Dienstleistung. Beispielsweise sucht jemand schon lange nach einem Produkt, hat er Preisvergleichsportale benutzt, wie teuer ist sein Smartphone usw. – diese Informationen fließen in die Preisberechnung ein.

Laura möchte sich ein Smartphone kaufen. Sie weiß schon genau, welches Modell sie haben will. Ihre Freundin Elif hat exakt dieses Telefon und weiß, was es vor einigen Monaten gekostet hat. „Wahrscheinlich ist dieses Modell inzwischen billiger geworden", vermutet sie. „Schauen wir doch mal im Internet nach!" Die beiden stoßen auf ein Vergleichsportal, das damit wirbt, über 5000 Online-Shops nach dem günstigsten Preis zu durchsuchen. Und tatsächlich listet die Seite 15 verschiedene Anbieter auf.

Sie glauben nun das günstigste Angebot gefunden zu haben und Laura bittet ihren Vater, das Smartphone für sie zu bestellen. „Lass uns mal erst in den Elektromarkt gehen", meint der: „Wenn das Gerät im Elektromarkt wesentlich teurer ist, können wir es immer noch im Internet bekommen."

Im Fachhandel billiger?

Und tatsächlich gibt es Lauras Wunschtelefon dort – es ist sogar drei Euro billiger als beim günstigsten Anbieter auf der Internetseite des Vergleichsportals. Erstaunt blickt Laura auf die Übersicht, die sie bei Elif ausgedruckt hatte.

Ein Verkäufer bemerkt ihre Verwunderung und sagt: „Diese Vergleichsportale gaukeln den Kunden häufig nur vor, dass sie ganz neutral das günstigste Angebot finden. Aber diesen Dienst bieten sie natürlich nicht umsonst an. Sie vereinbaren mit den Händlern eine Vermittlungsprovision*. Anbieter, die sich nicht darauf einlassen, erscheinen nicht in diesen Listen. Es kann also durchaus sein, dass die besten und günstigsten Angebote im Internet gar nicht auftauchen."

Wer viel Geld hat, zahlt mehr

Viele Vergleichsportale sind mit Vorsicht zu genießen. Unterschiedliche Kunden können unterschiedliche Preise für ein und dasselbe Produkt angezeigt bekommen. Wenn du z. B. schon einige teure Geräte gekauft hast, gehen die Anbieter davon aus, dass du viel Geld hast und auch bereit bist, für andere Dinge mehr Geld auszugeben. Du siehst dann eher die teureren Angebote. Genauso ist das bei der Buchung von Flügen oder Hotelzimmern. Bei Hotelzimmern wird ein höherer Preis angezeigt, wenn jemand mit dem Handy sucht und schon nahe am Zielort ist. Das nennt man dann einen personalisierten Preis*.

Elif meint: „Es war schon gut, dass wir erst im Internet die Preise verglichen haben. Aber es war auch gut, dass du mit deinem Vater trotzdem noch in den Markt gefahren bist." „Ja, genau", sagt Laura, „und vor Ort einzukaufen hat ja auch noch andere Vorteile ..." (Es ist natürlich nicht immer so, dass Produkte im Elektromarkt günstiger sind als im Internet, es gibt hier keine Regel. Und natürlich sind Preisrecherchen im Internet nicht nur auf Vergleichsportalen möglich.)

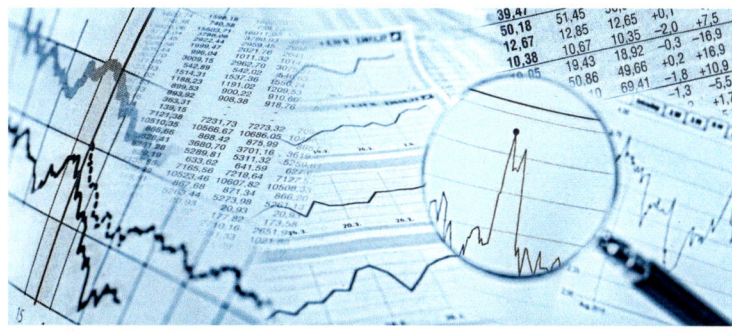

M 2 Manche Preise ändern sich mehrmals täglich.

Provisionen dafür, dass der „günstigste Preis" angezeigt wird

In sehr vielen Fällen sind Vergleichsportale keine neutralen Informationsquellen, sondern sie zeigen nur solche Produkte an, für die sie von den Anbietern Provisionen erhalten. Wenn ein Unternehmen sich nicht darauf einlässt, so eine Provision zu zahlen, wird sein Produkt, das vielleicht das beste ist, in dem Vergleich möglicherweise überhaupt nicht angezeigt.

Variable Preise

Neben den personalisierten Preisen gibt es auch noch andere Formen der variablen Preise. Tankstellen z.B. ändern ihre Preise mehrmals täglich, zu Stoßzeiten ist das Benzin teurer. Beim sog. „Dynamic Pricing" werden automatisch mehrere Faktoren wie Tageszeiten, Konkurrenzpreise u.v.m. berechnet und so wird der Preis kurzfristig und häufig geändert.

Infobox: Vergleichsportale

Die Vielzahl von Einkaufsmöglichkeiten erschweren Verbraucherinnen und Verbrauchern den Überblick. Eine datenbankgestützte Recherche, wie sie Vergleichsportale anbieten, verspricht Hilfe. Untersuchungen von ÖKO-TEST und Stiftung Warentest zeigen allerdings, dass diese Vergleichsportale eher enttäuschend sind und nur bedingt zur Preis- und Markttransparenz beitragen. Das Hauptproblem ist die Abhängigkeit der Portale von Provisionen, über die wir meist nichts erfahren.

1 „Vergleichsportale sind weder objektiv noch überparteilich!" Wie lässt sich diese Aussage anhand der im Text genannten Argumente begründen?

2 Habt ihr euch schon einmal bei einem Vergleichsportal im Internet über den Preis von Produkten und Dienstleistungen informiert? Berichtet von euren Erfahrungen.

3 Wählt in der Lerngruppe ein Produkt oder eine Dienstleistung aus, die ihr vergleichen wollt, und führt eine Preisrecherche durch. Informiert euch dazu bei verschiedenen Vergleichsportalen, bei Internetkaufhäusern, auf der Homepage der einzelnen Anbieter und falls möglich im Einzelhandel. Was stellt ihr fest? Wer ist wirklich günstiger?

4 Im Text auf dieser Seite stehen einige Beispiele für individuelle oder zeitliche Preisanpassungen. Recherchiert weitere Beispiele. Welche Handlungsempfehlungen lassen sich daraus ableiten? Erstellt einen Info-Flyer. Besucht dazu auch die Seiten der Verbraucherkommissionen der Länder.

5 Laura findet, dass ein eventueller Preisvorteil nicht der einzige Grund ist, beim lokalen Einzelhandel einzukaufen. Welche Vor- und welche Nachteile hat der Einkauf im Laden vor Ort im Vergleich zum Internet-Shopping? Bereitet dazu eine Pro-Kontra-Diskussion vor.

Global einkaufen: Was mache ich, wenn etwas schiefgeht?

M1 Inga möchte gern eine bunte Handyhülle haben, so eine einfarbige Hülle findet sie langweilig.

* **Gewährleistung**
In Europa gelten die gesetzlichen Gewährleistungsrechte. In den ersten sechs Monaten nach dem Erhalt der Ware muss der Händler eine mangelhafte Ware umtauschen oder reparieren. Die Gewährleistung gilt zwei Jahre. Nach einem halben Jahr müssen Käufer nachweisen, dass das Produkt schon beim Kauf einen Schaden hatte.

* Der **Zoll** ist eine Bundesbehörde, die Menschen- und Warenströme an den Außengrenzen Deutschlands kontrolliert.

Eine Handyhülle aus China

Inga hat zum Geburtstag von ihren Eltern ein neues Smartphone bekommen. Schon im Elektromarkt, in dem sie sich das Gerät ausgesucht hat, schaut sie sich nach einer passenden Handyhülle um. „Also, ehrlich gesagt sind mir die alle viel zu langweilig, alle einfarbig!", sagt sie zu ihrem Vater. Der Verkäufer rät: „Es gibt so viele verschiedene Handytypen, da können wir nur wenige Modelle im Laden vorrätig haben. Schau dich doch einfach im Internet um, da gibt es eine Riesenauswahl."

Schnell findet Inga im Internet eine tolle Hülle mit einem originellen Muster für wenig Geld. Auf der Webseite eines großen Online-Versenders erteilt sie den Auftrag und wartet nun auf ihr Paket. Sie wartet ziemlich lange – drei Wochen –, denn die Hülle wird nicht durch das Online-Versandhaus, sondern durch einen Händler aus China geliefert.

Endlich liegt der wattierte Umschlag im Briefkasten. Mit großer Erwartung zieht Inga die Hülle aus dem Paket. Die Hülle aus „Kunstleder" ist steinhart und das Handy passt auch gar nicht hinein. So eine Enttäuschung!

„Was mach ich denn jetzt?", fragt sie ihre Eltern. „Erkundige dich mal, ob hier die Gewährleistung* gilt. Du musst es reklamieren und die Hülle zurückschicken." Aber wohin? Auf dem Bestellportal des Onlinehändlers erfährt Lily, dass sie bei Waren aus dem Ausland direkt mit dem Händler verhandeln muss. Es gibt in diesem Fall keinen Retourenschein.

Es entspinnt sich ein mehrtägiger E-Mail-wechsel mit „Lily" aus China.

> Lily aus China schreibt:
> „Wenn möglich, lassen Sie mich sehen, die Löcher der Gegenstände und die Beschriftung beigefügt. Bitte keine Sorge. Übrigens können Sie mir sagen, das spezifische Modell Ihres Mobiltelefons?
> Hoffnung für Ihr Verständnis."

Inga macht ein Foto, auf dem man sehen kann, dass die Hülle für ihr Handy wirklich zu klein ist. „Lily" bietet ihr daraufhin eine Gutschrift an. Inga soll sich doch bitte eine neue Hülle aussuchen und die alte zum Sonderpreis von 2 Euro behalten. „Muss ich darauf eingehen?", fragt sich Inga. Sie hat keine Lust, noch einmal drei Wochen auf eine Hülle zu warten, die dann vielleicht wieder nicht passt.

Mit ihrer Frage wendet sich Inga an Herrn Prechtl. Er ist der Vater ihrer Klassenkameradin und arbeitet beim Zoll*. Herr Prechtl erklärt Inga, dass es beim Zoll eine Hotline gibt, bei der man sich über die zollrechtlichen Bestimmungen informieren kann. Qualifizierte Auskünfte erteilen die Verbraucherzentralen und auch die Europäischen Verbraucherzentren (EVZ), die es in allen EU-Ländern gibt (Webcode). Sie beraten Verbraucher bei Problemen beim Handel mit Waren innerhalb der EU, leiten die Fälle an ihre Kollegen im Ausland weiter und treten als Vermittler auf. Dieser Service ist kostenlos.

Konsumentenrolle

M 2 Wareneinkauf außerhalb der EU

Wenn du eine Ware in einem Land außerhalb der EU-Land kaufst, hast du genauso wie innerhalb Deutschlands das Recht, sie umzutauschen. Du musst aber meistens das Porto bezahlen – das ist bei einem Postpaket teuer und übersteigt häufig den Warenwert.
Oft denken sich die Firmen – vor allem aus Fernost – besondere Gebühren aus, die der Kunde bezahlen soll, z. B. ein spezielles Einzelverpackungsentgelt. Außerdem werden gerade aus China Fälschungen von Markenprodukten angeboten, bei deren Kauf man sich strafbar macht, auch wenn man nichts davon weiß. Besonders gern werden Handtaschen, Schuhe und Kleidungsstücke gefälscht. Viele Pakete werden beim Grenzübertritt vom Zoll geöffnet und kontrolliert.

Wenn du Ware direkt aus dem Ausland bestellst, musst du Steuern zahlen. Im Normalfall 19 oder 7 Prozent Mehrwertsteuer. Nur Waren unter einem Wert von 22 Euro kosten bei der Einfuhr keine Mehrwertsteuer. Wenn die Ware einen Wert von über 150 Euro hat, fallen zusätzlich Zollgebühren an.
Außerdem gibt es noch Waren, die man aus verschiedenen Gründen gar nicht kaufen darf. Verboten sind lebendige Tiere, die aus der Wildnis entnommen wurden oder vom Aussterben bedroht sind. Auch Schuhe oder Geldbörsen, die aus Schlangen- oder Krokodilleder hergestellt wurden, sind nicht erlaubt. Und natürlich ist die Einfuhr von Drogen, Waffen oder Munition verboten.

Die Europäische Schlichtungsstelle in Kehl (Webcode) hilft weiter bei Problemen mit dem Einkauf im europäischen Ausland und mit europäischen Online-Händlern. Ziel ist eine Schlichtung, also eine „gütliche Einigung".

M 3 An vielen Grenzen oder an Flughäfen weist dieses Schild auf eine Zollstelle hin. Hier finden die Zollabfertigung und Zollkontrollen statt.

---

1 Hast du oder jemand, den du kennst, schon einmal etwas aus dem Ausland bestellt? Berichte von deinen Erfahrungen.

2 Wie hätte Inga klüger handeln können? Hast du einen Tipp für sie?

3 Besucht verschiedene Internetplattformen und findet heraus, woran man Warenanbieter aus dem Ausland erkennt. Werden Hinweise für Kunden gegeben?

4 Fasse die Informationen von Herrn Prechtl (M 2) zu einem Info-Flyer für Mitschülerinnen und Mitschüler zusammen.

5 Informiert euch auf der Webseite des Zolls über die Regelungen im innereuropäischen Warenverkehr. Erstellt ein Infoplakat, auf dem ihr die Regelungen für die verschiedenen Warengruppen darstellt. Hätte Inga in der EU eingekauft, hätte sie dann ein Recht auf Gewährleistung? Recherchiert dazu bei der EVZ.

6 Bereitet ein Experteninterview vor zu einem Besuch in einer Verbraucherzentrale und schreibt über eure Erfahrungen einen Bericht für die Schülerzeitung.

7 Liegt eure Schule in der Nähe eines Flughafens? Auch dort gib es eine Zollstelle. Was müssen Reisende beachten? Erkundigt euch vor Ort und verarbeitet euer Wissen zu einem Info-Flyer.

8 Erstellt Erklärvideos (siehe S. 122) rund um die Aufgaben des Zolls, z. B. zu den Fragen: Welchen Sinn haben Ein- und Ausfuhrzölle? Warum gelten für unterschiedliche Länder unterschiedliche Zollbestimmungen? Was ist ein Freihandelsabkommen?

Gebrauchtkäufe: Was muss ich beachten?

M1 Mit seinem Mountainbike hat Till auch gern Touren unternommen.

Till ist wütend. Jeden Tag fährt er mit seinem Mountainbike zu seinem Ausbildungsbetrieb. Und als er heute Morgen sein Fahrrad aus dem Unterstand holen will, ist es nicht mehr da. Sein dickes Kettenschloss – einfach durchgezwickt! Nach Dienstschluss fährt seine Mutter mit ihm zur Polizei. Mit dabei hat er den Kassenbon des Fahrradladens, in dem er sein Bike vor einem halben Jahr gekauft hat, und die Code-Nummer, mit der das Rad gekennzeichnet ist. „Viel Hoffnung kann ich dir leider nicht machen, dass du dein Fahrrad wieder bekommst", sagt die freundliche Polizeibeamtin. „Die Aufklärungsquote bei Fahrraddiebstählen liegt bei unter zehn Prozent."

Till braucht Ersatz

Till hatte lange für sein Bike gespart, für ein Rad in der Qualität des alten fehlt ihm momentan das Geld. Seine Mutter schlägt vor, erst mal ein gebrauchtes Fahrrad zu kaufen. Sie entdeckt eine Kleinanzeige in der Tageszeitung. 50 Euro soll ein gebrauchtes Hollandfahrrad kosten, das im Nachbarort bei einem älteren Herrn zu besichtigen und abzuholen ist. Davon ist Till nicht so begeistert.

Gebrauchte Waren bei Ebay

Also schaut er mal bei Ebay nach. Da stehen massenhaft Räder zum Verkauf; er findet eines, das seinem gestohlenen Rad sogar recht ähnlich ist. Auch der Preis würde passen. Der Anbieter „PowerRobby" wohnt jedoch in Greifswald, dort wäre das Rad abzuholen. Till stellt fest, dass es bis dorthin 900 km sind. Dann liest er, dass PowerRobby das Rad gegen einen Mehrpreis von 50 Euro auch verschicken würde. „Aber dann kann ich es ja gar nicht anschauen und probefahren", sagt er. „Auf den Bildern sieht das Rad ja super aus. Aber was ist, wenn es mir gar nicht passt oder kaputt ist? Gibt es da Garantie darauf? Und was ist, wenn das Rad beim Transport beschädigt wird?"

Gewährleistung und Garantie

„So genau weiß ich das auch nicht", gibt Tills Mutter zu. „Da müssen wir jemanden fragen, der sich damit auskennt." In der Beratungsstelle der Verbraucherzentrale bekommen die beiden Auskunft. Till lernt als erstes den Unterschied zwischen Gewährleistung (siehe S. 80) und Garantie* kennen.

---

* **Garantie** ist eine vom Hersteller oder Händler freiwillig gewährte Erweiterung der Gewährleistung. Ein Autohersteller kann z. B. werben mit „fünf Jahre Garantie gegen Durchrosten". Damit verlängert er den gesetzlichen Gewährleistungszeitraum von zwei Jahren freiwillig um drei Jahre, bezogen auf Rostschäden. Eine Garantie muss immer gesondert vereinbart werden.

„Wenn du etwas von einem Unternehmer kaufst, dann beträgt die Gewährleistungsfrist automatisch zwei Jahre ab Kaufdatum", erklärt die Beraterin. „Bei gebrauchter Ware darf der Unternehmer die Gewährleistungsfrist auf ein Jahr verkürzen, muss dir das aber sagen. Wenn du etwas von einer Privatperson kaufst, dann kann sie die Gewährleistung ganz ausschließen."

„Das bedeutet, das Fahrrad, das ich mir schicken lassen will, kann auch kaputt sein und ich muss es trotzdem bezahlen?", fragt Till ungläubig.

„Nein", entgegnet die Beraterin. „So weit geht das Recht des Verkäufers nicht. Wenn er dich nicht vorher darauf hinweist, dass z. B. die Bremse kaputt ist, dann musst du das Fahrrad nicht nehmen. Denn wer ein Fahrrad kauft, muss davon ausgehen, dass er damit auch fahren kann. Wenn der Verkäufer von einem Mangel weiß und ihn gegenüber dem Kunden verschweigt, dann ist das eine arglistige Täuschung. Solche Geschäfte kommen erst gar nicht zustande."

„Falls das Fahrrad auf dem Transport kaputt gehen sollte, macht es ebenfalls einen Unterschied, ob du von einem Gewerbetreibenden, also von einem Unternehmer, oder von einem Privatmann gekauft hast. Im ersten Fall trägt der Unternehmer das Versandrisiko, im zweiten Fall du. Du kannst aber auch das Fahrrad für einen geringen Aufpreis beim Transport versichern.

Till bekommt sein Fahrrad wieder

Noch bevor Till und seine Mutter ein gebrauchtes Ersatzfahrrad kaufen, bekommen sie einen Anruf von der Polizei. Tills Rad wurde gefunden. Irgendjemand hat es auf einem Waldweg „entsorgt". „Codierte Fahrräder lassen sich schlecht weiterverkaufen", erklärt der Polizist, „Und deines wollten die Diebe offensichtlich loswerden!"

Infobox: Fahrradcodierung

Ein Fahrrad wird codiert, indem eine Kombination aus Buchstaben und Zahlen in den Rahmen eingestanzt wird. Die Codierung lässt sich fast nicht entfernen. Sie zeigt eindeutig, wem das Fahrrad gehört und erschwert damit für Diebe den Weiterverkauf. Diebe werden dadurch abgeschreckt. Fahrradwerkstätten, die Polizei oder der ADFC (Allgemeiner Deutscher Fahrrad-Club) bringen die Codierung an, das kostet etwa 10 bis 20 Euro.

M2 Der Aufkleber zeigt die Codierung des Fahrrads an.

1. Erklärt den Unterschied zwischen Gewährleistung und Garantie in einem Erklärvideo.
2. Informiert euch, wo man in der Nähe eurer Schule Fahrräder codieren lassen kann. Erkundigt euch auch bei der Polizei – vielleicht veranstaltet sie eine Codierungsaktion in eurer Schule.
3. Erstellt einen Info-Flyer zum Thema: „Was muss ich beim Kauf gebrauchter Waren beachten?"
4. Überlegt, welche Waren sich dazu eignen, gebraucht verkauft zu werden und welche nicht. Begründet eure Einschätzungen, erstellt dann eine Stichpunktliste und vergleicht sie im Anschluss mit den Ergebnissen der anderen Gruppen.
5. Habt ihr schon einmal etwas bei Ebay verkauft oder gekauft? Berichtet von euren Erfahrungen. Überlegt, ob es sinnvoll wäre, mehr Gebrauchtwaren zu kaufen und zu verkaufen.

Sharing Economy: Mit wem kann ich was teilen?

M1 Robin hat sich eine Bohrmaschine geliehen, er hätte sie auch mieten oder kaufen könnnen.

* **Mieten:** Wenn du etwas mietest, gibst du es nach Gebrauch wieder an den Eigentümer zurück, musst dafür einen vereinbarten Mietpreis bezahlen (§ 535 BGB).

* **Leihen:** Wenn du dir etwas (aus-)leihst, dann darfst du das, was einem anderen gehört, kostenlos benutzen und gibst es ihm später wieder zurück (§ 598 BGB). Ein „Leihwagen" ist also im Grunde immer ein Mietwagen.

* **Teilen:** Wenn du etwas teilst, bekommt jeder einen Anteil von einem Ganzen. Du kannst eine Pizza mit deiner Freundin teilen, dann ist sie hinterher wahrscheinlich verspeist. Du kannst aber auch immaterielle Dinge teilen, z. B. dein Wissen mit deinem Sitznachbarn. In vielen Fällen ist das, was geteilt wird, das Geld für eine Miete oder eine Anschaffung, z. B. Wohnung, Werkstatt, Büro, Boot, Wohnmobil, Ferienhaus, Bücher, Kleidung, oder auch für eine Investition (Crowdfunding).

Vom Mieten, Leihen und Teilen …

Robin und Lisa ziehen in ihre erste gemeinsame Wohnung. Viele Freunde und Verwandte haben mitgeholfen, Kartons in den **gemieteten*** Transporter zu packen und anschließend in den dritten Stock zu tragen. Robin hat sich für einige Arbeiten von seinem Onkel einen Bohrschrauber **ausgeliehen***. „Du kannst ihn so lange behalten, wie du ihn brauchst", hat Onkel Rainer gesagt und ihm das Köfferchen in die Hand gedrückt.
Onkel Rainer hat seinem Neffen den Bohrschrauber ohne Bedenken geliehen. Er kennt Robin und weiß, dass der das Gerät pfleglich behandeln wird. Robin hätte den Bohrschrauber aber auch für Geld im Baumarkt mieten können.
Auch die Verwandten und Freunde haben unentgeltlich Kisten geschleppt. Hätten Robin und Lisa professionelle Möbelpacker beauftragt, wäre das ganz schön teuer geworden. Für Robin ist klar: Wenn in drei Wochen sein Arbeitskollege Torben umzieht, ist er in der Pflicht, ebenso zu helfen. Der Freundschaftsdienst ist also quasi ein Gegengeschäft. Wie du mir, so ich dir!

Infobox: Sharing Economy

Der Begriff wird abgeleitet vom englischen „to share" = teilen. Es geht darum, Dinge, die einem selber gehören, anderen, auch Fremden, gegen eine Gebühr für einen begrenzten Zeitraum zur Verfügung zu stellen. Juristisch handelt es sich also um Mietverträge.
Im Internet gibt es viele Sharing-Plattformen, auf denen AnbieterInnen und Nutzer zusammenkommen können. Der Plattform-Betreiber erhebt für diesen Service eine Gebühr.
Privatpersonen können dort nicht nur Gegenstände, sondern auch ihre Arbeitsleistung gegen Bezahlung zur Verfügung stellen.

Torben findet Sharing prima

Robins Kollege Torben nutzt gleich mehrere Sharing-Plattformen. „Ich wohne in einer Stadt und brauche dank des Carsharings kein eigenes Auto. Für weitere Fahrten leihe ich mir eines aus. Ich habe dann nicht nur die Wahl unter mehreren verschiedenen Fahrzeugen, sondern spare auch Geld. Ein eigenes Auto wäre aber

84

nicht nur teurer, Carsharing ist auch umweltfreundlicher." Auf einer weiteren Sharing-Plattform hat Torben sich auch schon Arbeitsleistung gemietet – eine Malerin, die das Kinderzimmer neu gestrichen hat und seine Putzfrau, die einmal pro Woche für einige Stunden in die Wohnung kommt.

Lisa ist nicht überzeugt
„Und das mit der ‚verliehenen' Arbeitsleistung finde ich erst recht nicht gut. Du nimmst damit Betrieben, die ihre Mitarbeiter versichern und Rentenbeiträge einzahlen, die Arbeit weg.
Und was ist, wenn mal was passiert, z. B. wenn die Malerin von der Leiter fällt und sich das Bein bricht? Außerdem verdienen diese Leute nur wenig Geld und können sich nicht darauf verlassen, dass sie regelmäßig arbeiten können. Das sind über das Internet organisierte Tagelöhner, wie im 19. Jahrhundert. Sie haben ein minimales Einkommen, können nicht planen, nicht sparen, haben keinerlei Sicherheit. Stell dir mal vor, jeder arbeitet so – da entgehen dem Staat hohe Steuereinnahmen."

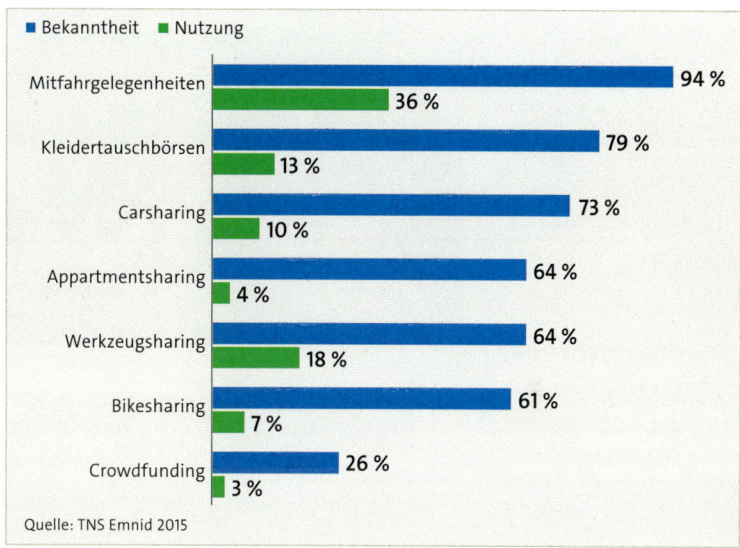

M2 Bekanntheit und Nutzung von Sharing-Angeboten

1 Lisas Freundin erzählt, sie seien mit einem „Leihauto", das sie in Spanien bei einer Firma geliehen haben, durch Europa getourt. Erkläre, warum der Begriff „Leihauto" in diesem Zusammenhang juristisch falsch ist.

2 Torben sagt: „Ich brauche nur ab und zu ein Loch in der Wand und keine Bohrmaschine, die die meiste Zeit nur herumliegt." Was meinst du? Lohnt es sich für Robin, eine eigene Bohrmaschine zu kaufen?

3 Erstellt eine Liste mit Gegenständen, die gemietet werden können. Schreibe Gründe dazu, warum sie zum Teilen geeignet sind.

4 Informiert euch über die Angebote verschiedener Sharingplattformen (Webcode) und recherchiert Risiken und Chancen aus eurer Perspektive: Präsentiert eure Ergebnisse mit einer Powerpoint-Päsentation.

5 Frau Hansen ist Inhaberin eines kleinen Reinigungsunternehmens. Auf die Sharing-Plattformen, bei denen auch Arbeitsleistung „vermietet" wird, ist sie nicht gut zu sprechen. Vergleicht das Arbeitsverhältnis einer fest angestellten Reinigungskraft mit der online buchbaren Hilfskraft. Wieviel sparen Kunden, in deren Haushalten geputzt wird? Welche Vorteile und Nachteile hat das jeweilige Arbeitsverhältnis für die Mitarbeiterinnen? Erstellt einen Info-Flyer. Vielleicht könnt ihr auch eine Reinigungskraft in eurer Schule interviewen.

6 Welche Fragen und Probleme können bei Sharingangeboten aus eurer Sicht auftreten? Informiert euch dazu z. B. bei eurer Verbraucherzentrale über die Rechtslage.

7 Recherchiert, welche Daten auf einer als Beispiel ausgewählten Sharingplattform von wem wie geschützt und wie sie gesammelt, gespeichert und weitergegeben werden dürfen.

Foodblog: Welchen nutze ich wofür?

> Auch bei Foodblogs interessiert mich mehr als nur das Essen. Wie verbringt der Blogger den Alltag?

> Video-Rezepte kann ich super nachmachen.

> Ich erkenne schon am Namen, ob ein Blog was taugt oder nicht.

> Was ultra nervt: Wenn Posts keine echten Beiträge sind, sondern Werbung!

> …

> Heute gibt es so viele Nachmacher und Langweiler. Am besten ist ein Blog mit kreativen Rezepten, wo immer Neues erfunden wird.

> Wichtig ist zu wissen, wer hinter einem Blog steckt! Wieso bloggt sie oder er? Was kann ich von dieser Person lernen?

> Ohne Bilder geht gar nichts! Sie müssen Hunger und Lust auf das Essen machen.

> Regelmäßige Posts sind das A und O für erfolgreiche Foodblogs!

> Passen die Rezepte zu deiner Ernährung? Für welche Menü- oder Speisenart suchst du Rezepte? (Gebäck, Süßspeisen, Snacks, Hauptspeise etc.)

> Meistens weiß ich schon grob, wonach ich suche. In einem Blog muss ich mich mit wenigen Klicks zurechtfinden und Rezepte filtern können. Hilfreich ist ein schlichtes Design.

M1 Adi und seine Schwester lesen ganz unterschiedliche Meinungen zu Foodblogs.

---

* Der Begriff **Blog** ist die Kurzform von „**We**b" (Internet) und „**Log**" (für Logbuch). Gemeint sind Webseiten, auf denen eine Person Aufzeichnungen führt, ähnlich wie in einem Tagebuch. Die Beiträge („Posts") behandeln meistens ein bestimmtes Themengebiet, z. B. Rezepte, Reisen, Lifestyle etc.

Adi hat Lust auf Neues: Er nimmt sich vor, öfter mal neue Rezepte auszuprobieren. Er recherchiert im Internet und ist überwältigt: Mit so vielen Blogs* rund um Essen und Ernährung hat er nicht gerechnet. Allein das Scrollen durch die Online-Rezepte würde Jahre dauern. Er überlegt: „Wie kann ich den besten Foodblog für mich finden?"
Seine Familie und seine Freunde haben unterschiedliche Meinungen dazu, was einen guten Foodblog ausmacht.

M2 Macht den Test: Welchem Foodblog gebt ihr fünf Sterne?

Neues in der Küche
Auch wenn es zahllose kostenlose Rezeptsammlungen im Internet gibt, werden noch immer große Mengen an Kochbüchern verkauft. Was denkst du: Woran liegt das? Wird sich das in Zukunft ändern?
Bei Blogs ist übrigens einiges anders als bei gedruckten und handgeschriebenen Kochbüchern: z. B. kannst du im Handumdrehen ein Rezept teilen – sogar weltweit. Was außerdem ist anders? Neu ist nicht gleich neu, es lassen sich unterschiedliche Stufen bzw. Qualitäten des Neuen unterscheiden:

I. Ersetzung (Substitution)	II. Erweiterung (Augmentation)

Technik ersetzt Arbeitsmittel direkt, ohne funktionale Änderung (z. B. du kannst Rezepte nicht nur in Kochbüchern suchen, sondern auch im Internet).	Technik ersetzt Arbeitsmittel direkt und Funktionen werden verbessert (z. B. du kannst ein Video dazu anschauen, wie ein Rezept Schritt für Schritt zubereitet wird.)
III. Änderung (Modifikation)	**IV. Neubelegung (Redefinition)**
	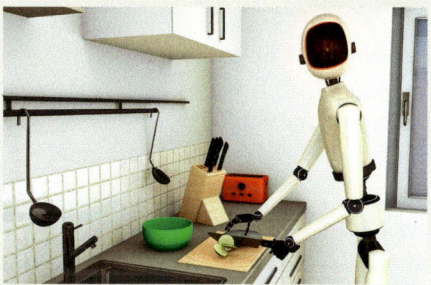
Technik ermöglicht eine Neugestaltung von Aufgaben (z. B. jeder und jede kann eigene Rezepte, Bilder und Videos davon weltweit teilen – in Echtzeit oder für später).	Technik ermöglicht Neues, das vorher unvorstellbar war.

M3 Vier Stufen der Veränderung: Neue Technologien haben das Potenzial, grundlegend zu verändern, wie und was wir lernen – auch in der Küche.

1. Was ist dir wichtig, wenn du Rezepte recherchierst? Ergänze die Kommentare aus **M1**.
2. Leite Kriterien für „gute" Blogs aus den Aussagen ab und erstelle daraus eine Liste.
3. Wie wichtig sind dir die Kriterien, die Adis Freunde umschreiben? Beurteile die Kriterien (0 = unwichtig, 1 = eher unwichtig, 2 = wichtig, 3 = sehr wichtig).
4. Tauscht euch in der Lerngruppe aus. Überarbeitet die Liste mithilfe eurer eigenen Kriterien. Bedenkt: Sollten eurer Meinung nach Gesundheit und Nachhaltigkeit auf Foodblogs thematisiert werden?
5. Plant in der Lerngruppe einen Dienstleistungstest (siehe S. 58) zu Foodblogs.
6. Untersucht die von euch gewählten Blogs nach Genderfood (siehe S. 13). Was fällt euch auf? Wie wird der Blog vermarktet? (siehe S. 87)
7. Führt euren Dienstleistungstest durch. Welcher Foodblog ist der beste für dich?
8. Recherchiert professionelle Foodblog-Awards. Nach welchen Kriterien wird getestet? In welchen Kategorien? Wie setzt sich die Jury zusammen?
9. Wähle ein Rezept von deinem Gewinner-Blog aus. Begründe deine Wahl. Was daran spricht dich an? Vergleicht in eurer Lerngruppe. Bereitet die Rezepte zu und tauscht euch über eure Erfahrungen dabei aus (z. B. Hindernisse, Unterstützung, Aufbau, Erwartung und Realität).
10. Sammelt Unterschiede zwischen Blogs und Kochbüchern. Begründet, auf welcher Stufe (I bis IV) in **M3** ihr Foodblogs einordnen würdet. Beschreibt, wie ihr euch die Weitergabe von Rezepten in 10, in 50 und in 100 Jahren vorstellt.

Geschäftsmodelle von Apps

WISSENSSPEICHER

M1 Beim Warten an der Bushaltestelle, zum Verbinden oder zum Organisieren: Apps sind für viele kaum mehr aus dem Alltag wegzudenken.

* Die Abkürzung „**App**" steht für „Application" (engl. für „Anwendung"). Gemeint sind Anwendungssoftwares, also z. B. Programme für Computer, mobile Endgeräte wie Smartphones und Tablets oder Web-Anwendungen. Zu den Anwendungsbereichen von Apps gehören beispielsweise Webbrowser, Messenger, Bildbearbeitung oder Textverarbeitung.

* **Freemium** ist ein Kunstwort aus „free" und „premium" und steht für Geschäftsmodelle, die kostenlose und kostenpflichtige Angebote kombinieren.

Um eine App* zu entwickeln, werden passende Programmierkenntnisse, Mittel und Zeit benötigt. Das alles kostet Geld: Wer bezahlt, wie und warum? Wer hat etwas davon, wenn ich eine kostenlose App nutze?

Wie wird mit Apps Geld verdient?

Hinter Apps können ganz verschiedene Geschäftsmodelle stecken. So rechnen sich einige Apps für die Anbietenden direkt, zum Beispiel wenn sie einen finanziellen Ertrag einbringen durch Gebühren, In-App-Käufe oder Abonnements (**M2**).

M2 Ertragsmodelle von Apps				
Gebührenfrei	Freemium*			Gebührenpflichtig
Free App	*Demo-App*	*In-App-Käufe*	*In-App-Abos*	*Kauf-pro-App*
Die App wird kostenlos zum Download angeboten. Finanziert werden solche Apps häufig über Werbeanzeigen.	Zwei Versionen für eine App: kostenlose Demoversion und gebührenpflichtige Vollversion. Der Hintergedanke: Nach der Demo kaufen Nutzerinnen und Nutzer hoffentlich die Vollversion.	Die App kann gebührenfrei heruntergeladen werden. Neue Inhalte und neue Funktionen sind kostenpflichtig.	Die App kann gebührenfrei heruntergeladen werden. Inhalte und Funktionen werden als Abonnement bezahlt.	Die Nutzerinnen bzw. Nutzer bezahlen einmalig eine Gebühr für den Download und die Nutzung der App.

- Nur 1 Spot bis zum nächsten Video!
- 30 Tage kostenlos testen
- Barcode-Scanner nur 0,79 €!
- Spielen ohne Warten! Jetzt nur 0,99 € / Monat!
- Kaufen für 6,99!

Was ist das Produkt?

Das Ertragsmodell gebührenfreier Apps funktioniert auch gut als gesamtes Geschäftsmodell. Die Strategie ist relativ einfach (**M 3**).

1. Aufmerksamkeit anlocken

Unterhaltsame und nützliche Inhalte sind für Verbraucherinnen und Verbraucher verlockend. Sie ziehen deren Aufmerksamkeit auf die App. Solche Inhalte sind beispielsweise lustige Filme, spannende Spiele oder funktionelle Software.

2. Das eigentliche Produkt verkaufen

Achtung: Die App ist nicht das Produkt (sie ist ja gebührenfrei)! Die App-Anbietenden bieten darüber ihre eigentlichen Produkte an, beispielsweise:
- Werbeplätze für Anzeigen (z. B. Aufmerksamkeit von Nutzerinnen und Nutzern)
- Personendaten (Kontodaten, Adresse, Größe, etc.)
- Nutzerprofile (Bevölkerungsgruppe, Milieu etc.)
- Verhaltensvorhersagen (z. B. Wann reagiert er auf Beiträge? Wann klickt sie auf Werbung und kauft ein?)

3. Ertrag erhalten

Die App bringt einen indirekten Ertrag ein. Sie wird nicht verkauft: Vielmehr werden Daten zu Geld gemacht, die mithilfe der App gewonnen wurden.

M 3 Ein gängiges Geschäftsmodell gebührenfreier Angebote

Daten

Heute sind oft riesige Datenmengen (englisch: Big Data)* verfügbar, die mit herkömmlichen Methoden der Datenverarbeitung nicht ausgewertet werden können. Das Wissen über die Technologien zur Auswertung von riesigen Datenmengen ist vielen Verbraucherinnen und Verbrauchern im Alltag oft nicht präsent, z.B. müssen riesige Datenmengen beim Abrufen von Wetter- oder Verkehrsinformationen verarbeitet werden. Häufig erstellen wir die Daten selbst, z.B. durch das Benutzen von tragbaren Geräten, das Eingeben von Suchanfragen in Internet-Suchmaschinen oder durch das Sammeln von Treuepunkten beim Einkauf. Grundsätzlich gilt in Deutschland das „Recht auf informationelle Selbstbestimmung, d.h. jede und jeder darf selbst über die Verwendung seiner personenbezogenen Daten* bestimmen. Im Alltag ist es für Verbraucherinnen und Verbraucher aber fast unmöglich, den Überblick über die gespeicherten Daten zu behalten.

*** Big Data** ist ein Wort für riesige Datenmengen, ein Begriff, der heute im Zusammenhang mit der Digitalisierung häufig verwendet wird.

*** Personenbezogene Daten** sind Einzelangaben über persönliche oder sachliche Verhältnisse einer bestimmten oder bestimmbaren natürlichen Person (z. B. Geburtsdatum, Standort, Größe, Augenfarbe, Einkommen, Fahrzeug).

Aufmerksamkeit als Ressource

Viele Daten über Verbraucherinnen und Verbraucher entstehen erst durch die Nutzung von Dienstleistungen, z.B. indem sie einer App ihre Aufmerksamkeit zuwenden. Allerdings ist Aufmerksamkeit eine begrenzte Ressource. Mit einigen Strategien und Mechanismen kann die Aufmerksamkeit gezielt gelenkt werden (**M 4**).

M 4 Spielmechanismen zur Steigerung der Aufmerksamkeit
- Punkte, Level, Abzeichen
- Geschenke, Überraschungen
- Push-Mitteilungen
- Mini-Games im Game
- Verknüpfen mit Sozialen Netzwerken
- Vergleich, Wettbewerb, Ranglisten
- …

Ein Wiki: Wissen online teilen

*Wikipedia hat als Online-Nachschlagewerk in den letzten Jahren das gedruckte Lexikon im Wohnzimmerregal bei den meisten von uns ersetzt. Wenn du mehr über Wikipedia wissen willst: Das kannst du selbstverständlich auch auf Wikipedia erfahren, es gibt dort Artikel über die Entstehung, Funktionsweise u. v. m.

Was ist ein Wiki?

Das weltweit bekannteste Wiki ist sicherlich Wikipedia*. Es ist aber bei Weitem nicht das einzige.

Die Grundidee eines Wikis ist, dass wir als Nutzer und Nutzerin („User") nicht nur die Inhalte einer Internetseite lesen, sondern selbst daran mitarbeiten können. Ein Wiki ist hervorragend dafür geeignet, für eine Gruppe von Menschen, z.B. eine Lerngruppe, Informationen zusammenzutragen (Texte, Bilder, Videos) und für alle zugänglich und aktuell zu halten. Ein Wiki kann öffentlich im Internet für alle sichtbar sein, es kann aber auch so eingerichtet werden, dass nur angemeldete Nutzer und Nutzerinnen lesen und ggf. schreiben können.

Kennst du weitere Wiki-Seiten? Schaut euch doch einmal ein Beispiel für ein Wiki an: Studierende an der Pädagogischen Hochschule in Karlsruhe und Ludwigsburg haben das Thema „Vom Korn zu Brot" (Webcode) in einem Wiki aufbereitet.

Tipp: Dieses Wiki ist gleichzeitig ein tolles Nachschlagewerk für das Thema „Vom Korn zum Brot".

Erstellt euer eigenes Wiki!

Für euer eigenes Wiki sind zwei Dinge erforderlich: eine Wikisoftware (z.B. Mediawiki oder Dokuwiki, beide sind kostenlos) und eine Internetadresse (z.B. www.AES-Schulwiki.de). Eine Internetadresse könnt ihr bei einem sog. Webhoster bekommen. Es gibt unüberschaubar viele Webhoster, sie unterscheiden sich teilweise erheblich in Preis,

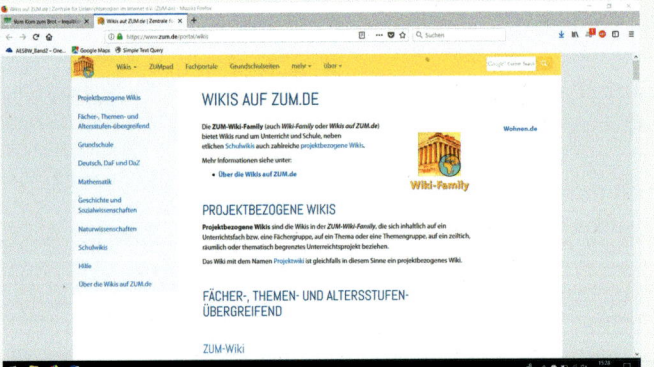

Leistung und Nutzerfreundlichkeit (siehe S. 60 Dienstleistungstest). Es ist auch möglich, ein Wiki auf einer bereits bestehenden Webseite zu installieren.

Für den AES-Unterricht ist ein sog. ZUM-Wiki gut geeignet, das für Unterrichtszwecke entwickelt wurde. ZUM steht für den Verein „Zentrale für Unterrichtsmedien im Internet e. V." (Webcode).

Anmeldung

Nachdem die Webadresse und die Wikisoftware bereitstehen (am besten macht das eure Lehrperson oder ihr bittet die Computer-AG an eurer Schule um Unterstützung), melden sich alle Teilnehmenden als Nutzer oder Nutzerin an (Webcode).

Schreiben im Wiki

Nun kann es losgehen. Es ist sinnvoll, eine Struktur anzulegen (also Kapitel und Unterkapitel), die aber natürlich im Laufe des Arbeitsprozesses immer wieder angepasst werden kann.

Das Schreiben in einem Wiki ist etwas gewöhnungsbedürftig, weil in dem Bereich, in dem du arbeitest, allerlei ungewohnte Zeichen stehen, z.B. viele spitze Klammern, Gleichheitszeichen und andere. Diese Zeichen geben an, ob ein Wort z.B. zu einer Überschrift oder zu einer einfachen Textpassage gehört, ob der Text fett oder kursiv gesetzt ist usw. Dein Text sieht in deinem Arbeitsbereich etwas anders aus, als er später auf der Webseite erscheint (**M 2**).

Einkaufswelten

> **M 2 Der Unterschied zwischen Quelltext und späterer Ansicht**
>
> **Beispiel für einen Quelltext:**
> =='''Lern- und Informationsangebote''' (Ergebnisse aus dem Kooperationsseminar der PH LB und PH KA aus dem Jahr 2014) ==
> Im Sommersemester 2014 erarbeiten die Studierenden der PH Karlsruhe und Ludwigsburg ein neues Spieleformat für die Entdeckung der Wertschöpfungskette „Vom Korn zum Brot".
> Hierfür wird die Entwicklungsplattform ‚"Tidy City"' des Fraunhofer Instituts in Kombination mit einer Smartphone-App (Android) verwendet.
>
> **Derselbe Text in der späteren Ansicht im Wiki:**
>
> **Lern- und Informationsangebote** (Ergebnisse aus dem Kooperationsseminar der PH LB und PH KA aus dem Jahr 2014)
>
> Im Sommersemester 2014 erarbeiten die Studierenden der PH Karlsruhe und Ludwigsburg ein neues Spieleformat für die Entdeckung der Wertschöpfungskette "Vom Korn zum Brot". Hierfür wird die Entwicklungsplattform **Tidy City** des Fraunhofer Instituts in Kombination mit einer Smartphone-App (Android) verwendet.

Du kannst während des Schreibens zwischendurch prüfen, wie der Text im Internet erscheint. Drücke dazu den Button „Vorschau".

Speichern

Willst du deinen Text speichern, musst du ebenfalls zunächst
1. „Vorschau" drücken, dann
2. prüfen, ob alles so ist, wie du es willst,
3. „Speichern" drücken.

Links

An einigen Stellen kann es sinnvoll sein, mithilfe eines Links auf ein anderes Kapitel im Wiki oder auf eine externe Webseite zu verweisen. Einen Link zu erzeugen, ist in einem Wiki relativ einfach. Einen internen Link, also einen Link innerhalb eures Wikis kannst du herstellen, indem du die Überschrift des Link-Ziels in doppelte eckige Klammern setzt [[Überschrift des Kapitels]]. Um einen externen Link zu erzeugen, verwendest du einfache eckige Klammern: [http://www.beispiel.de].
Tipp: Wenn ein Link in roter Schriftfarbe angezeigt wird, bedeutet das, dass das Ziel so nicht existiert. (In diesem Fall prüfe, ob die Schreibweise exakt richtig ist.)

Medien einbinden

Ein Wiki enthält aber nicht nur Texte, es können auch Bilder, Videos oder PDF-Dokumente eingestellt werden. Gehe dazu im Bearbeitungsmodus auf den Menüpunkt „Erweitert" und dann auf das Symbol „Datei einfügen". Dort gibst du den Dateinamen des Bildes ein und den Pfad auf deinem Computer, von dem aus es hochgeladen werden soll.
Tipp: Auf der ZUM-Wiki-Seite gibt es im Bereich „Einstieg" mehrere Erklärvideos zu verschiedenen Themen (Webcode), auch zum Thema Bilder einfügen.

WICHTIG: Wie immer, wenn es um Bilder geht, musst du das Urheberrecht beachten! Deine Lehrerin oder dein Lehrer können dir erklären, was du dabei beachten musst.

Umweltproblem Mikroplastik

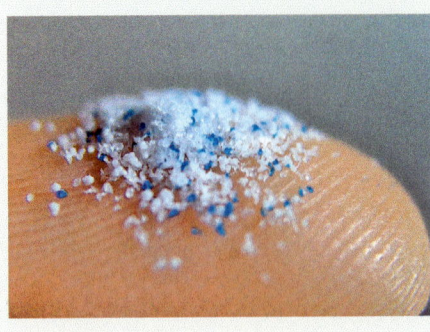

M1 Mikroplastik in Kosmetikartikeln

Was ist Mikroplastik?
Was haben Wimperntusche, Peelingcreme, aber auch Bauschaum, Funktionskleidung und Nylonstrümpfe gemeinsam? – Sie enthalten sehr kleine Plastikteilchen, die oft nur mit der Lupe erkennbar sind. Diese Teilchen, wenn sie kleiner als 5 Millimeter sind, heißen Mikroplastik.

Woher kommt das Mikroplastik?
Man unterscheidet **primäres Mikroplastik**, das sind Plastikteilchen, die als kleine Teilchen hergestellt werden, um z.B. im Peeling-Gel dafür sorgen, dass die Haut ordentlich gerubbelt wird. Primäres Mikroplastik kann ebenfalls in Zahnpasta, Shampoo, Sonnencreme usw. enthalten sein. Auch Plastikteilchen, die als Grundmaterial für die Produktion von Kunststoffprodukten wie Getränkeverpackungen, Folien usw. dienten (sog. Plastikpellets) zählen zum primären Mikroplastik. Primäres Mikroplastik ist von vornherein klein.

Sekundäres Mikroplastik dagegen nennt man kleine Plastikteile, die aus dem Zerfall von größeren Plastikteilen entstehen. Geraten Plastiktüten oder -flaschen ins Wasser, zerfallen sie nach und nach zu immer kleineren Bestandteilen, sie lösen sich jedoch nicht ganz auf. Auch der Abrieb von Autoreifen (über 100.000 Tonnen jährlich allein in Deutschland) zählt dazu oder Kunstfasern, die sich bei jedem Waschmaschinengang aus Kleidungsstücken lösen und ins Abwasser geraten (z.B. Fleece-Pullover). Da Kläranlagen bisher nicht in der Lage sind, sie herauszufiltern, landen die Kunstfasern in den Flüssen und Meeren.

Mikroplastik als Umweltproblem
Alle Plastikteilchen sind sehr langlebig. Sie „überleben" in der Natur viele hundert Jahre. Die Teilchen lassen sich heute schon überall in der Natur finden, bei uns zum Beispiel auf Wiesen, Ackerböden, in Parks und in Hausgärten.

Ein großer Teil des Mikroplastiks landet in Flüssen und schließlich im Meer. Kleinstlebewesen, aber auch Seevögel, Fische oder Schildkröten halten die Plastikteilchen für Nahrung und fressen sie. Die Plastikteile können aber nicht verdaut, häufig auch nicht wieder ausgeschieden werden, sodass diese Tiere mit vollem Magen verhungern. Über die Nahrungskette reichern sich die Kunststoffteile an.

Mikroplastik zieht durch seine raue Oberfläche Schadstoffe an, die sich auf den Teilchen ablagern. Die anhaftenden Giftstoffe und die sich aus dem Plastik ablösenden Zusatzstoffe (Weichmacher, Flammschutzmittel, UV-Filter und weitere) schädigen die Meereslebewesen und gelangen über die Nahrungskette wieder zu uns Menschen zurück.

M2 Plastikteile in allen Größen finden sich heute auch an den entlegensten Stränden der Welt.

Plastikmüll in den Weltmeeren

Jährlich gelangen Millionen Tonnen von Plastikmüll in die Weltmeere. Ein großer Teil davon sammelt sich in den Meeresdriftströmungswirbeln an. Der größte dieser Wirbel ist der Nordpazifikwirbel, der auch den Beinamen Great Pacific Garbage Patch (dt. Großer Pazifikmüllfleck) trägt. Der Plastikmüll schwimmt im Wasser, sammelt sich an den Stränden oder sinkt auf den Meeresboden.

Bisher gibt es verschiedene Ideen, aber noch keine überzeugenden Konzepte, wie das Problem des Plastikmülls und des Mikroplastiks in den Meeren gelöst werden soll.

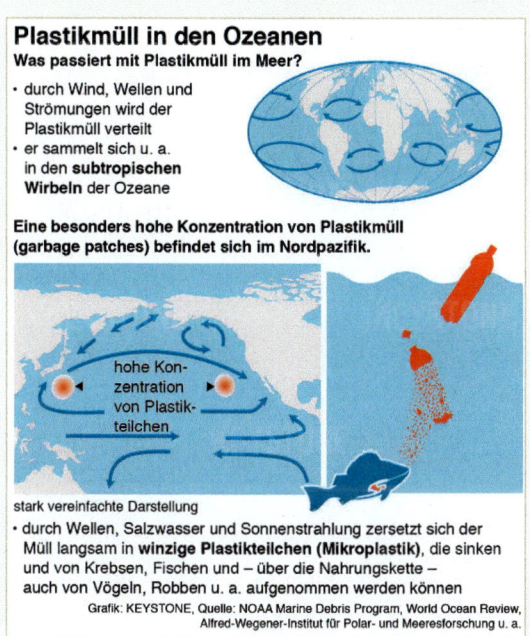

M3 Infografik Plastikmüll in den Weltmeeren

Kannst du etwas dazu beitragen, die Verbreitung von Plastikmüll ein wenig zu verringern?

- Reduziere möglichst den Gebrauch und Kauf von Einwegplastik.
- Entsorge deinen Plastikmüll sachgerecht: Plastikverpackungen mit einem Grünen Punkt gehören natürlich nach wie vor in die Gelbe Tonne bzw. den Gelben Sack. Anderes Plastik entsorgst du am besten über den Hausmüll, denn der wird in der Regel in Müllverbrennungsanlagen verbrannt.
- Vermeide Kosmetika (also auch Zahnpasta, Shampoo, Sonnencreme usw.) mit Mikroplastik. Der BUND hat Listen von Kosmetikprodukten zusammengestellt, die Mikroplastik enthalten (Webcode).
- Nutze evtl. beim Waschen von Kleidung aus Kunstfasern spezielle Waschbeutel oder Waschkugeln, die die Kunstfasern herausfiltern.
- Vielleicht ist dir schon einmal im Wald, im Park, am Fluss oder sonst irgendwo aufgefallen, dass dort viel Plastikmüll herumliegt? Wie wäre es mit einer großen gemeinschaftlichen Müllsammelaktion?

KAPITEL 4

Projektidee: Wie finde ich das richtige Projekt?

M1 Linus passt öfters auf seine kleine Schwester auf, daher denkt er, dass ein Projekt im Kindergarten genau das Richtige für ihn wäre.

> Tue etwas für andere und profitiere selbst davon.

Linus will sich engagieren

Linus' Eltern sind aktiv in Vereinen tätig und engagieren sich dort. Seine Mutter trainiert eine Kinderfußballmannschaft und sein Vater ist bei der freiwilligen Feuerwehr.

Viele Menschen wie Linus' Eltern engagieren sich in unserer Gesellschaft, in Vereinen, kümmern sich um Menschen in ihrer Nachbarschaft oder unterstützen soziale Organisationen, wie z.B. die Diakonie oder die Caritas. Ehrenamtliche tragen in hohem Maße zum Wohl unserer Gesellschaft bei. Fallen dir dazu Beispiele ein?

Lohnt sich Engagement?

Linus' Eltern macht die Arbeit im Verein und bei der Feuerwehr viel Spaß. Sein Vater erzählt begeistert von seinem letzten Übungseinsatz beim Löschen einer Scheune. Seine Mutter ist stolz, dass ihre Kinder neulich beim Fußballspiel gewonnen haben. Beide engagieren sich, weil sie einfach etwas Gutes und Richtiges machen wollen, es macht ihnen Freude, gemeinsam mit anderen etwas für andere Menschen zu tun.

Wofür engagieren wir uns?

Jeder kann mit seinen persönlichen Fähigkeiten etwas für andere tun. Linus und Paul sollen im Rahmen ihrer AES-Gruppe ein eigenes Projekt initiieren, planen und durchführen. Sie überlegen, wo sie sich in ihrem Umfeld oder an ihrem Schulort mit ihren Fähigkeiten am besten einbringen können und wo es sinnvoll wäre, ein Projekt durchzuführen. Versuche herauszufinden, wo deine Hilfe und Unterstützung sinnvoll wäre.

Infobox: „Lernen durch Engagement"

Eine Möglichkeit, Ideen für ein Projekt zu sammeln, ist auf der Webseite der „Stiftung Lernen durch Engagement – Service-Learning in Deutschland" nachzuschauen (Webcode). Dort sind in einem Netzwerk viele Dutzend Schulen aus allen Bundesländern und allen Jahrgängen vertreten, die das Konzept „Lernen durch Engagement" praktizieren. Sie können dabei auch professionelle Unterstützung aus dem Netzwerk erhalten.

Projekt zum Sozialen Engagement

Das richtige Projekt für Linus

Im Fach Profil AC (Assessment-Center) wurde in Tests ermittelt, welche Fähigkeiten, Stärken und Schwächen Linus und Paul haben, was sie besonders gut können oder welche Eigenschaften verbesserungsfähig sind. Bei ihnen wurde festgestellt, dass sie Geduld und Durchhaltevermögen haben und gut mit Menschen zusammenarbeiten können. Beide Eigenschaften sind für das langfristig zu planende Projekt im Fach AES gut. Außerdem sind sie handwerklich geschickt, das haben sie bereits im Technikunterricht in der Grundschule bemerkt.

Im AES-Unterricht haben sie zunächst gemeinsam besprochen, welche Einsatzorte für ihr Projekt am besten zu ihren Fähigkeiten und Fertigkeiten passen. Im Seniorenheim braucht man Geduld, bei der Arbeit mit Kindern Offenheit und ein freundliches Wesen, im Umgang mit Menschen mit Handicap viel Durchhaltevermögen.

Um sich über ihre Wünsche und Ziele etwas klarer zu werden, sammeln die beiden ein paar Projektideen auf einer Liste.

Ideensammlung von Linus und Paul:
- Fahrradwerkstatt
- Freiwilligendienst in der Bücherei
- Vögel zählen
- Müll sammeln
- Bäume pflanzen
- Einkaufshilfe

Nach einigem Hin und Her steht es für die beiden fest: Linus und Paul möchten ein Projekt im Kindergarten durchführen. Sie denken, das passt gut zu ihnen, und außerdem beschäftigen sie sich gerne mit Kindern.

Bedarf erheben

Nun ist noch die Frage, was genau wollen sie machen? Sie besuchen den Kindergarten in ihrem Wohnort, um mit den Kindern zu spielen, aber auch um nachzufragen und zu beobachten, was den Kindern Spaß macht. Dabei haben sie herausgefunden, dass die Kinder sich gerne und viel bewegen.

Eine andere Gruppe aus Linus' Schule war in einer Behinderteneinrichtung und hat sich über den Tagesablauf informiert. Zwei Mitschülerinnen fragten bei der Förderschule nach, ob sie bei der Hausaufgabenbetreuung mithelfen können.

Infobox: Engagement auf europäischer Ebene

Das Europäische Parlament fördert Jugendliche und Schulen, die sich ehrenamtlich für Demokratie, Toleranz und die europäische Integration einsetzen wollen (Webcode). Es gibt z. B. eine Reihe von europäischen Jugendverbänden, in denen Austausch und Engagement möglich ist. Vielleicht ist da ja auch etwas für dich oder für deine Lerngruppe dabei?

---

1 Überlege, was Engagement für dich bedeutet. Notiere deine Gedanken dazu.
2 Vergleicht eure Antworten. Worin unterscheiden sie sich, was ist ihnen gemeinsam? Und vergleicht eure Antworten dann im zweiten Schritt mit dem Engagement von Linus' Eltern.
3 Wo kannst du dich in deinem Umfeld einbringen? Erkundige dich in deiner Gemeinde.
4 Überlege, was kannst du gut, was sind Stärken von dir? Welche Aufgaben könntest du übernehmen, die zu deinen Fähigkeiten und Stärken passen?
5 Sammelt Ideen für ein Projekt, in dem ihr euch einzeln oder in der Gruppe engagieren möchtet. Prämiert in der Lerngruppe die originellste Idee.

Projektmanagement: Wie setze ich ein Projekt um?

M1 Paul und Linus planen ihr Projekt.

Was ist ein Projekt?
Ein Projekt ist ein konkretes Vorhaben, das in einem zeitlich begrenzten Rahmen umgesetzt werden soll. Projekte können unterschiedliche Größenordnungen haben, von deinem möglichen Projekt „Zimmer aufräumen" bis hin zu Großprojekten, an denen tausende von Menschen beteiligt sind und die sich über Jahre oder sogar Jahrzehnte erstrecken. Ein Beispiel dafür ist das Projekt der Deutschen Bahn „Stuttgart 21". Auch wenn es dir vielleicht manchmal wie ein Großprojekt vorkommt, dein Zimmer aufzuräumen, kannst du damit im Prinzip ohne große Planung einfach anfangen und es umsetzen. Das Projekt von Linus und Paul ist da schon etwas komplexer. Hier sind mehrere Personen beteiligt, es gibt zeitliche Begrenzungen und es sind einige Materialien erforderlich. Zur strukturierten Durchführung eines Projekts ist ein Projektmanagement hilfreich, damit ist das Initiieren, Planen, Steuern, Kontrollieren und Abschließen von Projekten gemeint. Nach einer anderen Definition bedeutet Projektmanagement die Führung der Projektbeteiligten zur sicheren Erreichung der Projektziele.

Die Phasen eines Projekts
Für Paul und Linus stehen nun viele Aufgaben an. Wer macht was wann wo, was müssen sie alles vorbereiten, absprechen und besorgen? Um nicht den Überblick zu verlieren, orientieren sie sich an vier Projektphasen:

Planung → Vorbereitung → Durchführung → Abschluss

Planung: Hier überlegen die beiden, was sie alles brauchen, mit wem sie sprechen müssen, was bis wann erledigt werden muss. Dafür legen sie eine Checkliste an.
Vorbereitung: In dieser Phase arbeiten sie ihre Checkliste ab: Es werden die nötigen Materialien besorgt bzw. geprüft, welche vorhanden sind. Es werden Gespräche mit den Beteiligten durchgeführt und Termine abgesprochen.
Durchführung: Zum vereinbarten Termin kommen Linus und Paul sehr früh in den Kindergarten, damit sie in Ruhe alle Materialien auslegen und die Stationen einrichten können. Sie stellen Hütchen für die Slalomstrecke auf. Dann kontrollieren sie sicherheitshalber den Balken, auf dem die Kinder balancieren sollen. Die Rutsche ist nass und muss noch abgewischt werden, damit kein Kind abrutscht. Beim Test der Stoppuhren bemerken sie, dass eine kaputt ist. Zum Glück sind sie rechtzeitig da und haben noch Zeit, eine andere zu organisieren. Auch ihre Lehrerin ist da, weil sie die Umsetzung des Projektes mit ansehen will.
Paul und Linus erklären zuerst allen Kindern den Aufbau und die Stationen. Gewinnen kann, wer möglichst schnell beim Ziel ankommt. Dann geht es los. Die Kinder sind sehr eifrig bei der Sache und haben viel Spaß. Linus und Paul beauf-

Projekt zum Sozialen Engagement

M2 Nun führen sie ihr Projekt durch.

sichtigen sie an den einzelnen Stationen. Eine Erzieherin stoppt die Zeit und trägt sie in eine Liste ein. Am Ende gibt es für jedes Kind eine Urkunde, die die beiden vorbereitet haben.

Abschluss: Zum Abschluss eines Projekts gehören die Dokumentation und die Reflexion. Paul und Linus haben ihr Projekt in einem Ordner festgehalten, von der Entwicklung ihrer Projektidee über die einzelnen Planungsschritte, die Beschreibung der Durchführung bis zur Nachbesprechung mit den betreuenden Personen und der Lehrkraft. Damit sein Ordner anschaulicher wird, hat Paul Fotos gemacht, die er nun im Ordner einheften kann. Beide stellen ihr Projekt mit einer Powerpoint-Präsentation in ihrer Lerngruppe vor.

Am Ende folgt eine Reflexion über das Projekt und seinen Verlauf. Linus und Paul sprechen darüber, ob das Thema des Projektes gut war, ob sie etwas Sinnvolles angeboten haben und was nicht optimal geklappt hat. In fast keinem Projekt läuft alles genau wie geplant, so auch hier. Ein kleines Problem war, dass sie vorher nicht überlegt hatten, an welchen Stellen es vielleicht Schwierigkeiten geben könnte. Einige jüngere Kinder konnten noch nicht alleine die Rutsche hochklettern oder hatten Angst, als sie über den Balken balancieren sollten.

Insgesamt sind sie mit ihrem Projekt sehr zufrieden, den Kindern hat es viel Spaß gemacht. Und sie sind stolz darauf, was sie geschafft haben.

1. Was unterscheidet ein Projekt von anderen Arbeiten?
2. Warum ist es sinnvoll, ein Projekt zu strukturieren und in Phasen aufzuteilen?
3. 👥 Recherchiert im Internet nach möglichen anderen Phaseneinteilungen eines Projekts.
4. Du hast dein Projekt durchgeführt. Welche Erfahrungen hast du gemacht? Konntest du deine Fähigkeiten und Stärken einsetzen?
5. War dein Projekt sinnvoll für deine Einsatzstelle? Was konntest du für dich lernen?
6. Kannst du dir vorstellen, dich in deiner Gemeinde zu engagieren? Wo? Begründe deine Meinung.

Lerntagebuch: Ein Projekt dokumentieren

Linus will ein Projekt „Lernen durch Engagement" durchführen. Er hat anfangs noch keine zündende Idee, aber als eine Freundin seiner Mutter zu Besuch ist, erzählt sie von ihrer Arbeit im Kindergarten. Er findet das alles sehr spannend und fragt sie spontan, ob er nicht in ihrem Kindergarten ein Projekt machen könnte. Er will sein Projekt in einem Lerntagebuch dokumentieren.

Mit einem Lerntagebuch kannst du für dich deinen Lernprozess, dein Lernverhalten und deinen Lernzuwachs festhalten. Überlege, was du dokumentieren willst. Eine Systematik hilft dir dabei, den Überblick zu bewahren. Orientiere dich dabei an folgenden Schritten:

1. Planung
Lege einen Ordner, ein Heft oder eine Mappe an und gestalte ein Deckblatt für dein Projekt. Welche Idee hast du für dein Engagement entwickelt? (Vielleicht unterstützt du den Trainer beim Tischtennistraining oder hilfst deiner älteren Nachbarin beim Einkaufen?)
Überlege, welche Abschnitte für dein Lerntagebuch nötig sind. Unterabteilungen könnten sein: eigene Stärken, Projektidee, Planung, Protokolle, Informationen über die Einsatzstelle, persönliche Erfahrungen, Fazit.

Linus hat sich überlegt, im Kindergarten zusammen mit den Kindern einen Spiel- und Bewegungsparcour aufzubauen. Die Texte für sein Lerntagebuch will er am PC schreiben und später ausdrucken. Er legt eine Datei an und unterteilt sie in verschiedene Kapitel: Projektidee, Einsatzstelle Kindergarten, Kinderspiele, Parcours und Stationen, persönliche Erlebnisse, Fazit.

2. Gestaltungselemente
Hefte alle Unterlagen ab, die zu deinem Projekt gehören: Informations- und Arbeitsblätter, Texte, Protokolle, Bilder, Broschüren oder Prospekte.

Linus darf leider in dem Kindergarten aus Datenschutzgründen keine Fotos machen. Aber der Kindergarten hat einen Flyer, diesen will er am Ende mit abheften oder einscannen und in sein Lerntagebuch einfügen. Außerdem haben einige Kinder Bilder für Linus gemalt, die sammelt er und kann sie ebenfalls zum Lerntagebuch dazulegen.

3. Inhalte
Folgende Fragen können dir beim Schreiben deiner Texte helfen:
- Was war das Ziel deines Projekts?
- Auf welchem Weg konntest du dieses Ziel erreichen?
- Welche Materialien und Hilfsmittel hast du dafür genutzt?
- Wer hat dich unterstützt?
- Hast du dein Ziel erreicht, nur teilweise oder gar nicht? Aus welchen Gründen?
- Gab es Schwierigkeiten? Wie hast du diese gelöst?
- Was hat gut geklappt? Was kannst du beim nächsten Mal verbessern?

Projekt zum sozialen Engagement

Linus wollte für die Kinder ein Angebot machen, bei dem sie sich bewegen können. Außerdem beschreibt er, warum er gut mit Kindern zurechtkommt und wie der Aufbau des Parcours geklappt hat. Natürlich gab es lustige Erlebnisse mit den Kindern, aber auch ein paar Schwierigkeiten und Probleme, über die er im Lerntagebuch berichtet.

4. Fazit

Ein Lerntagebuch endet in der Regel mit einem Fazit. Fazit bedeutet, dass du dir über deine Arbeit bzw. dein Projekt Gedanken machst und dir überlegst, was für dich sinnvoll und nützlich war.

- Was hat dir dein Projekt „Lernen durch Engagement" gebracht?
- Hast du etwas Neues dazugelernt?
- Konntest du deine Stärken und Fähigkeiten einbringen?
- Welche Herausforderungen waren zu bewältigen?
- Gab es persönliche Schwerpunkte oder besondere Erlebnisse?
- Hat dein Engagement anderen genutzt?

Linus schreibt, dass die Arbeit mit Kindern viel Spaß macht. Die Erzieherinnen haben ihn für seinen guten und geduldigen Umgang mit den Kindern sehr gelobt, das hat sein Selbstbewusstsein gestärkt. Linus nimmt sich vor, nach der Schule weiterhin ehrenamtlich zu arbeiten. Wahrscheinlich wird er das Fußballtraining im Sportverein als Trainer unterstützen.

5. Abschluss

Linus und seine Mitschülerinnen und Mitschüler werden ihre Projekte beim nächsten Elternabend den Eltern vorstellen. Zum Schuljahresende erhalten alle mit dem Zeugnis ein Testat über ihr Projekt.

Fazit eines Schülers, der ein Projekt im Kindergarten gemacht hat:

Während meines Projekts hatte ich viele schöne Erlebnisse. Die Erzieherinnen haben mich immer sehr nett und freundlich begrüßt und die Kinder hatten immer lustige Geschichten, die sie mir uunbedingt erzählen wollten. Bei den Kindern war ich sehr beliebt, sie freuten sich auf mich und wollten immer mit mir spielen. Die Erzieherinnen haben mir viel zugetraut, das hat mein Selbstbewusstsein gestärkt.

Fazit einer Schülerin, die ihr Projekt in einem Altersheim gemacht hat:

Mein Projekt hat mir viel gebracht. Ich habe gelernt, das man immer hilfsbereit sein soll und man sich auch etwas zutrauen muss. Es war sehr interessant, mit den Senioren zu reden, jetzt habe ich noch mehr Respekt vor älteren Menschen. Es war nicht immer leicht, ruhig zu bleiben und Geduld zu haben, wenn sie nicht gleich verstanden haben, was man von ihnen wollte, oder was sie gerade tun sollen, oder wenn etwas halt auch mal langsamer geht als sonst.

Freiwilligendienst: Was kann ich von Theresa lernen?

M1 Theresa in Indien

Ein Rucksack für ein Jahr
„Was nimmt man mit, wenn man weiß, dass man ein Jahr fort sein wird? Nicht so viel – ein Rucksack war genug. Uns wurde geraten, wir sollten uns an die örtlichen Kleidungsvorschriften anpassen und uns Kleidungsstücke vor Ort schneidern zu lassen. In meinem Rucksack waren Medikamente, ein paar Kosmetiksachen und Lernspiele für die Kinder."

Bescheidene Verhältnisse
„Zusammen mit einem Mädchen, das ich schon von den Vorbereitungstreffen kannte, zog ich in ein Internatszimmer. Darin waren zwei Betten, ein Schrank, ein Tisch, zwei Stühle. – Es war wie in einer Jugendherberge, nur karger."

Freiwillig arbeiten? Ohne Bezahlung? Nur für ein Taschengeld? In ein fremdes Land? Ein ganzes Jahr lang? Wer macht denn sowas? Theresa zum Beispiel. Mit 19 Jahren machte sie sich auf, um in Indien, in Vilathikulam, Freiwilligendienst zu leisten.

Die Motivation
„In der Schule hatten wir im Unterricht ein Entwicklungsprojekt im Sudan unterstützt. Zum Abschluss bauten wir in unserem Schulgarten eine sudanesische Hütte. Das hat mir sehr gefallen, und als ich irgendwann am Schwarzen Brett einen Aushang fand, in dem für das Weltwärts*-Programm geworben wurde, habe ich mich dafür interessiert."

Lange Vorbereitungszeit
„Beworben habe ich mich ein Jahr vor meiner Abreise. Ich besuchte einige Vorbereitungsseminare. Wir bekamen da Kontakt zu ehemaligen Volunteers* und erfuhren, welche Stellung eine Freiwillige in einem Projekt hat und welche Aufgaben uns erwarten konnten. Auf einem dieser Treffen machte man mir den Vorschlag, nach Indien zu gehen, und ich stimmte zu."

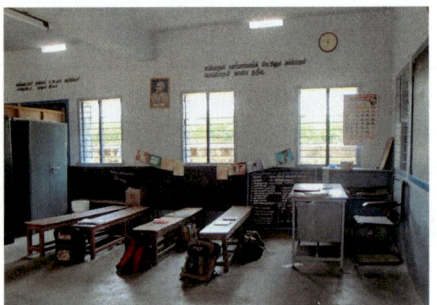

M2 Ein Bild der Schule in Vilathikulam

„Mein größte Sorge war die Sauberkeit. Ein Glück, die hygienischen Verhältnisse waren in Ordnung. Aber es gab nicht immer Licht. Wenn der Strom wieder weg war, war es nicht nur finster, sondern auch der Ventilator fiel aus. Mit Strom wurde auch Wasser auf das Hausdach gepumpt. War der Speicher leer und der Strom weg, dann gab es eben gerade kein Wasser. In Deutschland ist alles so selbstverständlich: Wir drücken auf den Lichtschalter und das Licht geht an – immer! Es kommt auch immer Wasser aus dem Hahn. Mir war es vorher nicht bewusst gewesen, wie sehr Stromausfälle das tägliche Leben beeinträchtigen."

* **Weltwärts** ist ein entwicklungspolitischer Freiwilligendienst, der vom Bundesministerium für wirtschaftliche Zusammenarbeit und Entwicklung (BMZ) getragen wird.

* **Volunteer** ist das englische Wort für „Freiwillige/r" und bezeichnet die Personen, die an einem Freiwilligendienst teilnehmen.

Freiwilligendienste

Englisch für Grundschüler
"Schon ab der ersten Woche unterrichteten wir in der drei Kilometer entfernten Grundschule Englisch. Wir fuhren jeden Tag mit dem Rad dorthin. Wir hatten keine Ahnung, wie wir den Kindern Englisch beibringen können. Die Lehrerinnen vor Ort konnten uns auch nicht helfen, weil sie selbst keine Ausbildung wie in Deutschland haben."

Zwei Länder auf einem Planeten
„Im Internat hatten wir auch Kontakt zu älteren Schülern. Sie wohnten dort, weil sie aus Dörfern auf dem Land kamen, in denen es keine Schule gab. Für sie waren alle Leute mit heller Haut reich und sprachen selbstverständlich Englisch.
Es war befremdlich für sie, dass ich mit 19 Jahren in ein fremdes Land geflogen war – ohne Eltern, ohne Geschwister, ‚ohne Aufpasser' – und das für eine ‚nutzlose' freiwillige Arbeit.
Je länger ich in Indien war, desto weiter weg erschien mir Deutschland. Das Leben dort war so anders, dass ich manchmal dachte: Es ist eigentlich unvorstellbar, dass diese beiden Länder zeitgleich auf demselben Planeten existieren."

Wieder daheim
„Die Rückkehr war schwierig für mich. Meine Perspektiven hatten sich verändert. Ich hatte fast ein Jahr in einem Land gelebt, das noch in der Entwicklung steckte und in dem viele Menschen wirklich am Existenzminimum leben. Dann kam ich zurück in unsere Welt im Überfluss. Zuhause habe ich sehr viel darüber nachgedacht, ob wir all das, was wir hier haben, wirklich brauchen."

Ich würde es wieder machen
„Rückblickend kann ich sagen: Es ist eine sehr wertvolle Erfahrung, einzutauchen in eine andere Kultur und das eigene Leben aus einer anderen Perspektive betrachten zu können. Es macht glücklich, wenn man etwas von der eigenen guten Schulbildung weitergeben kann."
Manchmal, wenn sie darum gebeten wird, besucht Theresa Schulklassen und erzählt von Indien ... Sie schlüpft in ihren türkisfarbenen Sari, den sie nach Hause mitgenommen hat und zeigt Fotos, die sie aus Indien mitgebracht hat.

M3 Theresa

1 „Weltwärts" vermittelt „Entwicklungshilfe auf Zeit". Wann ist ein Land ein „Entwicklungsland"? Erstellt eine Liste mit Merkmalen, markiert die Lage „anerkannter" Entwicklungsländer auf einer Weltkarte und erstellt in eurer Lerngruppe ein gemeinsames Info-Plakat.
2 Informiert euch im Internet über das „Weltwärts"-Programm. Wer kann daran teilnehmen? Wie läuft die Anmeldung ab? Erstellt eine kurze Powerpoint-Präsentation (Webcode)
3 Ein Freiwilligendienst im Ausland ist nicht jedermanns Sache. Welche Eigenschaften sollte ein zukünftiger Volunteer eurer Meinung nach mitbringen?
4 Wäre ein einjähriger Freiwilligendienst im Ausland auch etwas für dich? Was spricht dafür, was spricht dagegen? Schreibe deine Gedanken auf.
5 Sucht im Internet auf der Weltwärts-Seite nach Organisationen in eurer Nähe, die Auslandsfreiwilligendienste anbieten. Ladet einen ehemaligen Volunteer in eure Lerngruppe ein und führt ein Expertengespräch. Veröffentlicht das Interview in eurer Schülerzeitung.

Freiwilligendienste

Bei der freiwilligen Arbeit unterscheidet man zwischen dem weiter gefassten Begriff der „ehrenamtlichen Tätigkeit" und dem sogenannten Freiwilligendienst. Viele Jugendliche und junge Erwachsene nutzen diese Möglichkeit, um irgendwo im In- oder Ausland Erfahrungen zu sammeln, oder um in bestimmte Lebens- und Arbeitsbereiche hineinzuschnuppern und sich beruflich zu orientieren. In vielen Fällen werden Freiwilligendienste staatlich gefördert. In der Regel bekommst du im Freiwilligendienst für deinen (freiwillig gewählten) Vollzeitjob ein Taschengeld.

Staatlich geförderte Freiwilligendienste in Deutschland

1. Der Bundesfreiwilligendienst
Was sind deine Aufgaben? Du arbeitest aktiv für das Gemeinwohl, im sozialen Bereich z.B. mit Kindern und Jugendlichen, Behinderten oder Senioren. Mögliche Betätigungsfelder sind auch die Denkmalpflege und der Umwelt- und Naturschutz.
Wer kann teilnehmen? Mindestalter 16 Jahre, nach oben keine Altersgrenze
Dauer: Mindestens sechs, höchstens 24 Monate, in der Regel ein Jahr
Bezahlung: Maximal 336 € pro Monat

M1 Bundesfreiwilligendienst im Naturschutz

2. Freiwilliges Soziales Jahr
Was sind deine Aufgaben? Praktische Hilfstätigkeiten im sozialen Bereich, z.B. in Schulen, Kitas, Jugendzentren, Sportvereinen, Krankenhäusern, Mehrgenerationenhäusern oder Seniorenheimen
Wer kann teilnehmen? 16 bis 27 Jahre
Dauer: Mindestens sechs, höchstens 18 Monate, in der Regel ein Jahr
Bezahlung: Taschengeld, Unterkunft und Verpflegung

3. Freiwilliges Ökologisches Jahr
Was sind deine Aufgaben? Praktische Hilfstätigkeiten im Bereich Ökologie und Umweltschutz, z.B. auf Bauernhöfen oder bei Naturschutzverbänden
Wer kann teilnehmen? 16 bis 27 Jahre
Dauer: Mindestens sechs, höchstens 18 Monate, in der Regel ein Jahr
Bezahlung: Taschengeld, Unterkunft und Verpflegung

4. Freiwilliger Wehrdienst
Was sind deine Aufgaben? Drei Monate Grundausbildung, danach Dienst in einem von 30 Berufsfeldern in der Bundeswehr
Wer kann teilnehmen? Du musst mindestens 17 Jahre alt sein, einen deutschen Pass haben und das Auswahlverfahren bestehen.
Dauer: mindestens 7, maximal 23 Monate. Die ersten 6 Monate sind Probezeit. In dieser Zeit können beide Seiten das Dienstverhältnis kurzfristig beenden.
Bezahlung: zwischen 780 und 1100 € pro Monat plus Verpflegung und Unterkunft

Freiwilligendienste

Staatlich geförderte Freiwilligendienste im Ausland

Öffentlich geförderte Freiwilligendienste im Ausland sind für die Volunteers kostenlos. Es fallen nur Visakosten für das jeweilige Land an. Manche Entsendeorganisationen bitten darum, Spenden für sie zu sammeln, das ist aber keine Pflicht.

Daneben gibt es viele kommerzielle Anbieter, die eine Mischung von freiwilliger Arbeit und Urlaub anbieten, auch für kurze Zeiträume. Solche Angebote sind meistens sehr teuer.

1. Weltwärts – Entwicklungshilfe auf Zeit, ein Programm des Bundesministeriums für wirtschaftliche Zusammenarbeit und Entwicklung (BMZ)

Was sind deine Aufgaben? Du engagierst dich in einem Entwicklungshilfeprojekt einer lokalen Partnerorganisation für Bildung, Gesundheit, Umwelt, Landwirtschaft, Kultur oder Menschenrechte.

Wer kann teilnehmen? Du musst zwischen 18 und 28 Jahren alt sein, die Hochschulreife oder einen abgeschlossenen Beruf haben und von einer Entsendeorganisation vermittelt werden.

Dauer: Mindestens sechs, höchstens 24 Monate, in der Regel ein Jahr

Bezahlung: Taschengeld, Unterkunft und Verpflegung

2. Kulturweit – internationaler Kultur-Freiwilligendienst der UNESCO-Kommission

Was sind deine Aufgaben? Arbeit in der auswärtigen Kultur- und Bildungspolitik, z.B. Deutschunterricht, Kulturveranstaltungen, Öffentlichkeitsarbeit

Wer kann teilnehmen? Du musst zwischen 18 und 26 Jahren alt sein und Abitur oder eine abgeschlossene Ausbildung haben.

Dauer: Sechs oder 12 Monate

Bezahlung: Taschengeld, Unterkunft, Verpflegung, ÖPNV-Tickets

3. Europäischer Freiwilligendienst

Was sind deine Aufgaben? Du lebst und arbeitest in einem gemeinnützigen Projekt im europäischen Ausland.

Wer kann teilnehmen? Du musst zwischen 17 und 30 Jahren alt sein.

Dauer: Mindestens zwei, höchstens 12 Monate

Bezahlung: Taschengeld, Unterkunft, Verpflegung, ÖPNV-Tickets

4. Internationaler Jugendfreiwilligendienst

Was sind deine Aufgaben? Arbeit in gemeinnützigen Einrichtungen, z.B. Kinder, Jugend- und Bildungseinrichtungen, Altenheime, im Umwelt- und Naturschutz.

Wer kann teilnehmen? 18 bis 26 Jahre und von einem Träger entsandt

Dauer: Mindestens sechs, höchstens 18 Monate

Bezahlung: 150 € Taschengeld pro Monat, Zuschüsse zu Unterkunft und Verpflegung

5. Jugendgemeinschaftsdienst – Leben und arbeiten in einem internationalen Workcamp

Was sind deine Aufgaben? Du lebst mit jungen Leuten aus anderen Ländern in einem Camp und unterstützt mit deiner Arbeit z.B. Ferienaktionen, Gedenk- und Bildungsstätten, Naturschutzgebiete, Alteneinrichtungen oder Jugendclubs.

Wer kann teilnehmen? ab 18 (es gibt aber auch Teenage-Camps, an denen man ab 14 Jahren teilnehmen kann)

Dauer: zwei bis vier Wochen

Bezahlung: Keine – du zahlst einen Eigenanteil von 100 bis 200 Euro.

Nachbarschaftshilfe: Wer wohnt neben mir?

M1 Jonas hilft seiner Nachbarin bei der Gartenarbeit.

Wer hilft?
Jonas mag seine Nachbarn, ganz besonders die alleinstehende ältere Dame, Frau Kaiser. Er hilft ihr manchmal im Garten, danach lädt sie ihn immer zu einem Stück Kuchen ein. Sie hat ihm auch schon beim Kuchenbacken geholfen. Über die Bisquitrolle hat er sich besonders gefreut, weil er diese als Hausaufgabe für AES üben sollte. Jonas trägt ihr auch manchmal die Einkaufstüten nach Hause. Leider ist ihm neulich die Einkaufstasche runtergefallen und ein Marmeladenglas kaputtgegangen. Frau Kaiser hat ihn beruhigt, es war nicht schlimm. Doch was, wenn etwas Schlimmeres passiert wäre?

Wer wohnt bei dir nebenan?
Nachbarn sind alle Menschen, die direkt neben dir oder in deiner Nähe wohnen. Die meisten Menschen sind froh, dass sie Nachbarn haben und nicht alleine sind. Man kann miteinander reden, sich austauschen oder sich gegenseitig helfen und unterstützen. Oft sind Nachbarn aber auch voneinander genervt oder liegen sogar im Streit. Wie geht es dir in deiner Nachbarschaft?

Nachbarschaftshilfe ist Programm
Dass sich Nachbarn gegenseitig helfen, ist eigentlich überall und immer schon so gewesen, heute findet nachbarschaftliche Hilfe aber zusätzlich neue Formen. So sind in vielen Gemeinden Initiativen entstanden, wie z.B. „Von Haus zu Haus". Teilnehmer dieser Initiative übernehmen Aufgaben, die nicht von Handwerkern, Pflegediensten oder anderen Anbietern geleistet werden. Dazu gehören Fahrdienste, Hilfe beim Einkaufen, aber auch Spaziergänge und Zeit für Gespräche. In Jonas' Gemeinde gibt es einen Arbeitskreis, der Autofahrten für Personen anbietet, die selbst nicht sehr mobil sind, die sich also nur schlecht oder gar nicht aus dem Haus bewegen können. Der Arbeitskreis organisiert z.B. Fahrten zum Arzt, zur Krankengymnastik oder in das nächste Lebensmittelgeschäft. Oder sie helfen älteren Menschen beim Umgang mit dem Internet.
Jonas findet die Tätigkeiten des Arbeitskreises sehr spannend. Er plant, mit einigen Mitgliedern des Arbeitskreises ein Interview zu führen, um noch mehr über den Bereich der Nachbarschaftshilfe zu erfahren. Er will für die AES-Gruppe einen Flyer über den Arbeitskreis erstellen. Einige Aussagen und Rückmeldungen hat er bereits gesammelt. Ein Mitglied berichtet: „Frau Kaiser besuche ich gerne, sie hat immer ein strahlendes Lächeln für mich, das tut mir gut. Sie erzählt oft Geschichten aus ihrem Leben, das finde ich sehr spannend."

Nachbarschaftsportale
Aus der Nachbarschaftshilfe, die teilweise über Internetseiten organisiert wird, sind auch schon einige Start-ups, also junge Firmen entstanden (Webcode).
Solche Nachbarschaftshilfe-Portale verbinden die Nachbarschaft untereinander, dort kann jeder etwas posten oder Posts lesen. Man kann z.B. Hilfe anbieten oder für eine bestimmte Sache um Hilfe bit-

ten; gemeinsame Grillabende werden angekündigt oder alle halten Ausschau, wenn ein Hund weggelaufen ist. Ihr Geld versuchen diese Portale mit Werbung lokaler Firmen zu verdienen.

Hilfe oder Schwarzarbeit

Die Grenzen zwischen nachbarschaftlicher Hilfe und Schwarzarbeit können manchmal fließend sein. Wenn Frau Kaiser Jonas einmal einen Zehn-Euroschein in die Hand drückt, ist das sicherlich unproblematisch. Aber wenn sie für eine größere Arbeit jemanden engagiert und einen Stundenlohn zahlt, dann muss derjenige, der diesen Auftrag ausführt und damit Geld verdient, Steuern dafür zahlen.

Und wenn etwas schiefgeht?

Bei der nachbarschaftlichen Hilfe kann wie überall im Leben auch mal etwas schiefgehen. Wenn du z. B. bei einem Umzug hilfst und dabei geht ein Karton mit zerbrechlichem Porzellan zu Bruch. Oder da ist plötzlich ein großer Kratzer im Lack des Umzugswagens. Oder der Hund, den du für deine Nachbarin ausführst, beißt jemanden. Wer kommt für den Schaden auf?

M 2 Infobox: Sicherheitstipps

Die Stiftung Warentest hat einige Tipps zusammengestellt für diejenigen, die bei der Nachbarschaftshilfe auf Nummer sicher gehen wollen:
- **Haftpflicht:** Schließen Sie unbedingt eine Privathaftpflichtversicherung ab. Diese Police sollte ohnehin jeder haben. Damit sind Sie auf der sicheren Seite: Falls Sie haften müssen, steht diese Versicherung sogar für grobe Fahrlässigkeit ein.
- **Hunde:** Das Hüten fremder Hunde sollte mitversichert sein.
- **Mitversichert:** Viele Versicherer haben inzwischen auf die häufigen Schadensfälle und Streitigkeiten unter Nachbarn und Freunden reagiert und versichern Gefälligkeitsschäden mit.
- **Freistellung:** Wer Ärger vermeiden will, lässt sich vor unfallträchtigen Hilfsdiensten eine Haftungsfreistellung unterschreiben. Ein unterschriebener Zettel genügt, etwa so: „Helfer Müller haftet bei Meiers Umzug nur für Vorsatz und grobe Fahrlässigkeit".

M 3 Ist das Nachbarschaftshilfe oder bezahlte Arbeit? Und wer kommt für einen eventuellen Schaden auf?

1 Finde Gründe, warum sich Menschen in der Nachbarschaftshilfe engagieren.
2 Welche Dienste bietet der Arbeitskreis in Jonas' Gemeinde an? Erkundige dich, ob es in deiner Gemeinde auch einen Arbeitskreis oder eine Initiative gibt, die Hilfsdienste anbietet.
3 Wie könnte der Flyer von Jonas aussehen? Gestaltet Vorschläge für ihn.
4 Recherchiere im Internet über die digitale Nachbarschafts-Initiativen „digitale Nachbarschaften"
5 Wie sieht Nachbarschaftshilfe in Social-Media-Zeiten aus? Bereitet eine Diskussion in der Lerngruppe vor!

Onlinemarketing: Wie mache ich die Stars erfolgreich?

M1 Pamela Reif aus Karlsruhe wurde über Instagram berühmt.

Berühmt werden mit Instagram

Pamela Reif ist ein Beispiel dafür, dass man mithilfe eines Instagramm-Accounts Karriere machen kann. Anfangs stellte sie einfach einige Fotos von ihrem Training, Essen oder Outfit in ihren Account. Offenbar kam sie gut an, fand mehr und mehr Follower, und innerhalb weniger Jahre wurde sie zu einer Instagram-Berühmtheit. Es folgten Werbeverträge, Produkte unter dem eigenen Namen und vieles mehr. Sie legt aber Wert auf die Feststellung, dass ihr Erfolg nicht einfach nur Glück war, sondern mit sehr viel harter Arbeit und Disziplin zu tun hat. Was mit einem Profil begann, wurde zu einem Vollzeitjob.

Man könnte sich die Frage stellen, wie langfristig eine solche Karriere sein kann. In fünf oder zehn Jahren interessieren sich ihre jetzigen Fans vielleicht für andere Themen, oder vielleicht entdecken sie andere Vorbilder für sich?

Mehrere Standbeine

Pamela Reif liebt ihren Job und will ihn so lange wie möglich ausüben. Ihre Strategie, um auch langfristig im Geschäft bleiben zu können, lautet Diversifikation*. Sie beschreibt sich selbst als Model, Stylistin, Make-Up-Künstlerin, Fotografin, Redakteurin, Autorin und Unternehmerin. Sie vertreibt ein eigenes Fitnessprogramm, Bücher, eine App und bewirbt bestimmte Markenprodukte, u.a. Lebensmittel, Bekleidung und Schmuck. Eine solche Diversifikation und ist typisch für erfolgreiche Blogger: Zu riskant ist es, sich von nur einer Absatzmöglichkeit abhängig zu machen. Social-Media-Plattformen können ihre Algorithmen ändern und Partnerschaften kündigen, das Spezialgebiet kann aus dem Trend geraten, und wer allein auf ein jugendliches Image setzt, wird unweigerlich feststellen, dass die Zeit vergeht. Was dann? Der Traum, über Instagram oder Youtube berühmt zu werden, kann auch schnell vorbei sein.

---

* **Diversifikation** bezeichnet die Ausweitung von Wahlmöglichkeiten, z. B. durch Veröffentlichung von Beiträgen auf verschiedenen Social-Media-Plattformen, zu unterschiedlichen Themenfeldern, Kooperationen in verschiedenen Konsumbereichen oder die Ausdehnung des eigenen Produktprogramms.

Werbung

Um aus der Masse an Webseiten, Blogs oder Profilen herauszustechen, wird häufig Suchmaschinenoptimierung (SEO)* genutzt. Die Aufmerksamkeit von Verbraucherinnen und Verbrauchern ist ein rares Gut. Wie im klassischen Marketing gilt es, ihre Aufmerksamkeit für sich zu gewinnen. Durch die Verbindung mit positiven Emotionen soll ein Bedarf angebahnt werden, um die Verbraucherinnen und Verbraucher zum Konsum des Produkts bzw. der Inhalte anzuregen.

Wie im Offline-Marketing werden auch im Social-Media-Bereich Anreize geschaffen, um eine Stammkundschaft aus Laufkundschaft zu gewinnen: Wer (zufällig) vorbeischaut, soll dableiben und wiederkommen (Kundenbindung*). Blogger veröffentlichen Beiträge in regelmäßigen Abständen, um ihr Publikum an die eigene Person und die Beiträge zu binden.

Beispiele für Maßnahmen zur SEO:
- Hashtags verwenden
- Beiträge mit anderen Inhalten, Profilen oder Webseiten verlinken (z. B. durch Hyperlinks oder Shares)
- Georeferenzieren
- …

M 3 Neue Kundschaft anlocken mit SEO

Zielgruppengerechtes Marketing

Kommt dir das bekannt vor? Obwohl Kai keinen Bart hat, bekommt er beim Surfen im Internet Werbung für Rasierer angezeigt. Die Werbung passt nicht zu seinen Bedürfnissen und hat damit das Ziel verfehlt. Dieser „Streuverlust" ist für Unternehmen ineffizient und verschwendet ihr Geld. Im Marketing wird deshalb Wert darauf gelegt, gezielt potentielle Kundinnen und Kunden anzusprechen. Mit sog. eWOM über Influencer (siehe S. 110) können Unternehmen Streuverluste wie bei Kai vermeiden. Dazu kommt, dass Influencer ihre Fangemeinde in der Regel sehr gut kennen und daher die Inhalte zielgruppengerecht und kreativ verpacken.

Beispiele für Ertragsmodelle von Kooperationen
- Affiliate-Programme
- Plattformeigene Partnerprogramme
- Premium Adsales
- Bezahlte Partnerschaften
- Paid Sponsorship
- Brand Deals
- …

M 4 Ertragsmodelle für geschäftliche Kooperationen in Social-Media. Es handelt sich dabei um teilweise recht komplizierte Modelle, die hier nicht genau erklärt werden können.

* **Suchmaschinenoptimierung** (kurz SEO, für engl. „search engine optimization") bezeichnet Maßnahmen zur Listung an vorderen Plätzen in Suchmaschinen.

---

1 Nach der Schule wollte Pamela Reif eigentlich studieren. Was würdest du ihr heute raten? Welche Möglichkeiten und Risiken siehst du für ihre weiteren Karriereschritte?

2 Immer wieder kommt es vor, dass Profile von bekannten Bloggern gelöscht werden und Plattformen Algorithmen verändern. Finde Beispiele: Was hat sich für die Betroffenen verändert in Bezug auf das Bloggen? Welche Einstellung vertreten sie heute?

3 Sammelt verschiedene Lebensphilosophien und Lebensweisheiten. Formuliere deine eigene Lebensphilosophie und schreibe sie auf.

4 Recherchiert weitere Maßnahmen zur SEO (M 3). Legt ein Glossar an. Wer findet die meisten Beispiele in einem öffentlichen Profil? Probiert SEO selbst aus.

5 Recherchiert Maßnahmen zur Kundenbindung und vergleicht Offline mit Online.

6 Erstellt ein Glossar zu verschiedenen Ertragsmodellen von Werbung in Sozialen Medien (M 4). Woran könnt ihr erkennen, dass es sich um Werbung handelt? Erarbeitet ein Informationsangebot für jüngere Schülerinnen und Schüler mit konkreten Beispielen (z. B. Screenshots).

Influencer: Wie glaubwürdig finde ich Blogger?

M1 Kamera an und los? Hinter den meisten Vlogs* steckt viel Zeit und harte Arbeit

* **Vlog:** Video-Blog

* **Soziale Medien** (englisch: Social Media) sind Anwendungen des „Web 2.0", über die digitale Inhalte mit anderen Personen geteilt werden können.

* **Erwerbstätigkeit** meint, dass eine Tätigkeit darauf ausgerichtet ist, Geld zu verdienen (z. B. Beruf, selbstständige Arbeit, Arbeitnehmertätigkeit, Job, Mini-Job).

* **Blog:** Kunstwort aus Web + Logbuch. Es sind öffentlich einsehbare Tagebücher.

* **Influencer:** Meinungsführende im Internet

Traumjob Blogger?

Über weite Reisen berichten oder für Produkte werben – und damit Geld verdienen: Das klingt verlockend einfach. Soziale Medien* bieten neue Möglichkeiten zur Erwerbstätigkeit, die keine (Berufs-)Ausbildung voraussetzen. Dennoch müssen Blogger und Influencer wie Profis arbeiten: Nur mit einem guten Konzept und regelmäßigen Posts lassen sich ein Netzwerk und eine eigene Fangemeinde aufbauen. Diese sind Voraussetzung dafür, um mit Unternehmen bezahlte Kooperationen abzuschließen, z. B. Werbepartnerschaften. Die Verdiensthöhe aus solchen Kooperationen ist abhängig von harten Kennzahlen.

- Reichweite: Wie viele Personen haben einen Beitrag gesehen?
- Impressionen: Wie oft wurde ein Beitrag gesehen?
- Interaktionen: Wie oft wurde ein Beitrag geteilt, gespeichert, kommentiert oder bewertet (z. B. Likes)?

M2 Marketing-Kennzahlen zur Analyse von Sozialen Medien

Auf den Inhalt kommt es an

Blogs und Influencer-Accounts gibt es viele. Das Format entscheidet aber nicht über den Erfolg eines Accounts. Vielmehr gilt im Online-Marketing der Grundsatz: „Content is king". Das prophezeite einer der berühmtesten Pioniere der digitalen Medien, Bill Gates, schon in den 1990er Jahren, als das Internet für die Mehrheit der Menschen noch nicht zum Alltag gehörte: Er meinte, dass wie früher beim Radio im neuen Medium Internet vor allem mit Inhalten Geld verdient werden wird.

Themen wie Make-Up, Games, Fitness, Lifestyle, Essen oder Reisen liegen im Trend. Um aus der Masse herauszustechen, nutzen erfolgreiche Influencer die Vielfalt der Interessen, indem sie eine Nische identifizieren und belegen. Entscheidend ist dabei, die Zielgruppe klar vor Augen zu haben: Wer interessiert sich für meine Beiträge und warum?

Glaubwürdigkeit als Geschäft

Werbung hält sehr oft nicht, was sie verspricht – das wissen wir als Verbraucherinnen und Verbraucher. Deshalb vertrauen 90 Prozent weltweit bei Kaufentscheidungen eher den Empfehlungen von Bekannten als klassischer Werbung wie Anzeigen und Werbeclips. Durch die Sozialen Medien dehnt sich der vermeintliche Bekanntenkreis aus: Blogger und Influencer lassen ihre Fangemeinde an ihrem Leben teilhaben, indem sie öffentlich erzählen, wie sie sich fühlen, und zeigen, was sie tun, essen oder kaufen. Im Gegenzug genießen sie das Vertrauen ihrer Fangemeinde.

Diese Glaubwürdigkeit machen sich Unternehmen und Influencer zunutze: Mit eWOM* können Unternehmen ihre Zielgruppe preiswerter und effizienter erreichen als mit klassischer Werbung. InfluencerInnen verdienen an Werbepartnerschaften, indem sie für ihre positiven Posts von den Unternehmen Geld oder kostenlose Leistungen und Produkte bekommen.

Neben der Erstellung von Beiträgen mit der Fangemeinde interagieren und auch noch professionelle Anfragen abarbeiten – schätze, wieviel Arbeit das ist? In der Regel kann das eine Person nicht alleine leisten, deshalb holen sich viele Influencer Unterstützung, z. B. professionelle Agenturen.

* **eWOM** (englisch: electronic word of mouth) bedeutet in der Marketing-Sprache etwa „digitale Mundpropaganda". Gemeint ist eine glaubwürdige Empfehlung über das Internet, z. B. eines Produkts oder einer Marke. Häufig werden dabei persönliche Inhalte und Werbung miteinander vermischt.

M 3 In seinem Vlog empfiehlt Mark seinen Zuschauern und Zuschauerinnen (eWOM) bestimmte Nahrungsergänzungsmittel. Ein lukratives Geschäft – für ihn und die Unternehmen.

1. Startet eine Umfrage zum Thema Influencer. Zum Beispiel: Wer sind die beliebtesten Social-Media-Stars an eurer Schule (und warum)? Für welche Themenfelder bzw. welchen Inhalt (Content) stehen diese Idole? Welche Unterschiede könnt ihr in den Antworten entdecken (z. B. Alter, Geschlecht)?
2. Beschäftige dich mit einem Social-Media-Idol. Finde heraus, welche Marketing-Kennzahlen die Person hat (M 2) und wie sie berühmt geworden ist.
3. Habt ihr schon einmal etwas gekauft, was ein Blogger empfohlen hat? Tauscht euch über eure Erfahrungen aus.
4. Denke an Jüngere: Findest du Marks Verhalten (M 3) problematisch? Begründe.
5. Erstellt eine Pro- und Kontra-Liste zu eWOM aus verschiedenen Perspektiven (Unternehmen, Influencer, Zielgruppe).
6. Recherchiere, was Influencerinnen beim Werben beachten müssen. Was bedeuten die Begriffe „Verdiensthöhe", „Schleichwerbung", „Dauerwerbesendung", „Abmahnung" und „Unterlassungserklärung"? Inwiefern betreffen sie die Influencer?
7. Plant ein Rollenspiel mit verschiedenen Perspektiven. Diskutiert: Welche Rolle spielt die Kennzeichnung von Werbung?
8. Überlege: Was kostet der Erfolg in Sozialen Medien? Wäre Bloggerin ein Traumjob für dich?
9. „Bloggen ist ein Job, kein Beruf." Sammelt Vor- und Nachteile verschiedener Karrierewege. Ist es für dich sinnvoll, einen Beruf zu erlernen?

Smartphone: Will ich immer online sein?

M 1 Tristan und sein Smartphone sind unzertrennlich

Das Smartphone weckt ihn mit seinem Lieblingssong. Tristan schlurft zum Bad und checkt schon auf dem Weg dorthin, ob er in der letzten Nacht etwas verpasst hat. Während er sein Müsli löffelt, sieht er, dass Conny ihre letzten beiden Einträge aus dem Bio-Heft in die Gruppe gestellt hat. Er erinnert sich, dass er kurz wach wurde, als er gegen Mitternacht das Brummen des Vibrationsalarms gehört hat. Conny meint, dass sie heute einen Test schreiben.

Im Bus fällt Tristan ein, dass sein Biolehrer neulich den Link zu einem Video auf die Schulhomepage gestellt hat. Es wäre vielleicht nicht verkehrt, sich das nochmal anzuschauen. Conny hatte recht, Herr Lux teilt Aufgabenblätter aus und erklärt, dass jeder, der das Video noch einmal angesehen hat, eigentlich gut vorbereitet ist.

Die beste Nachricht des Tages

Zum Stundenwechsel schaut Tristan kurz auf sein Handy. Ja! Celine hat geantwortet: „Wollen wir uns heute in der Eisdiele ‚Europa' treffen?" Das ist die beste Nachricht des Tages! „Gerne! Ich freue mich!"

Aber wo ist denn eigentlich diese Eisdiele? Tristan ist mittlerweile auf dem Weg zum Bus, mal schnell googeln – oh, ganz schön weit weg! Er schaut sich auf dem Stadtplan an, welchen Weg er heute Nachmittag mit dem Fahrrad nehmen muss. Bremsen quietschen, ein Mann schimpft: „Sag mal, spinnst du? Du kannst doch nicht einfach über die Straße gehen, ohne nach rechts und links zu schauen!"

Kaum sitzt Tristan im Bus, vibriert sein Handy schon wieder: Seine Mutter hat eine Sprachnachricht geschickt. Er soll doch bitte auf dem Heimweg Vollkornbrot beim Bäcker kaufen.

Immer diese Spaßvideos

Am Nachmittag sitzt Tristan bei den Hausaufgaben. Das Handy vibriert, David hat ein Video geschickt. Immer diese dämlichen Spaßvideos. Aber Tristan schickt schnell einen Emoji, denn schließlich kommt es gar nicht gut an, wenn man nicht schnell genug antwortet.

Tristan will heute pünktlich mit den Hausaufgaben fertig werden, damit er auf keinen Fall zu spät zu Celine kommt. Puh! Schon 16 Uhr! Was muss für morgen in die Schultasche? Im Handy-Kalender steht „Turnzeug!". Jetzt aber schnell zu dieser Eisdiele. Die Navi-App weist ihm den Weg. Eine Stunde später legt Tristan zärtlich seinen Arm um Celines Schulter. Das Handy vibriert in seiner Hosentasche. Das ist jetzt egal …

M 2 Wie oft benutzt du dein Smartphone?

Ein Forscher-Team der Universität Bonn hat die App „Menthal" entwickelt (Webcode). Damit kannst du herausfinden, wie oft und wofür du dein Smartphone benutzt. Das Programm arbeitet im Hintergrund, wobei die App weder Texte noch Bilder speichert. Sie interessiert sich auch nicht für die Inhalte auf deinem Handy, sondern nur für dein Nutzungsverhalten. Du kannst damit herausfinden, welche Apps du am meisten benutzt und wie oft du deinen Bildschirm anmachst.

„Liebes Tagebuch, da ich Kein Handy mehr hatte, unternahm ich das ganze Wochenende etwas mit meinem Brüden"
– Alex (14)

„Wie ich mich fühle? Eigentlich fühle ich mich frei, da ich nicht ständig auf mein Handy schauen muss."
– Annika (14)

„Ich fühlte mich wie ein Außenseiter. Jeder hatte ein Handy in der Hand, nur ich nicht. Aber genau das macht mich auch stolz.
Denn ich habe es geschafft und mich nicht von anderen beeinflussen lassen."
– Astrid (14)

„Man kann zwar auch ohne Handy leben, aber man muss es nicht."
– Markus (14)

„Ich fühle mich viel entspannter da ich nicht alle zehn Minuten auf mein Handy schauen und möglichst schnell auf eine SMS antworten muss."
– Inga (14)

„Ich fand die Woche und das Projekt gut, da ich gesehen habe, wie viel ich mit dem Handy eigentlich mache. Ich werde demnächst mehr darauf achten, wie und wie lange ich mein Handy benutze."
– Leon (14)

M 3 Eine Woche „Handyfasten" Schüler haben ihre Erfahrungen aufgeschrieben.

1 Wie oft und zu welchen Gelegenheiten benutzt du dein Smartphone? Wenn einen das Smartphone den ganzen Tag begleitet, hat das Vor- und Nachteile. Erstellt eine Pro- und Kontra-Liste. Bei welchen Gelegenheiten sollte es eurer Meinung nach tabu sein, das Handy zu benutzen? Erstellt in der Lerngruppe eine Liste solcher Orte und Anlässe.

2 Schaut euch das Erklär-Video „WhatsApp-Stress" (Webcode) an. Welche negativen Erfahrungen macht Lisa mit ihrem Handy und was unternimmt sie dagegen? Habt ihr selbst bereits ähnliche Erfahrungen gemacht? Welche von Lisas Lösungsvorschlägen haltet ihr für praktikabel? Kennt ihr noch andere Möglichkeiten, wie man dem „Handystress" beikommen kann? Erstellt eine Tipp-Liste.

3 Schaut euch das Video „Dein Leben ist nicht als App erhältlich" (Webcode) an. Welche Intention steckt hinter diesem Clip? Formuliert gemeinsam eine Aussage und stimmt anschließend ab, ob ihr dieser Aussage zustimmt oder nicht.

4 Schätze ab, wie viel Zeit du täglich mit deinem Handy verbringst und mach den Test, wie weit du danebenliegst: Lade die App „Menthal" (M 2) (Webcode) auf dein Smartphone und vergleiche Schätzung und Wirklichkeit.

5 Könnt ihr euch ein Leben ohne Smartphone vorstellen? Macht den Test – verbannt die Handys aus eurem Alltag und berichtet anschließend über eure Erfahrungen. Habt ihr ähnliche Erfahrungen gemacht wie die Jugendlichen aus M 3?

Messengerdienste: Wie nutze ich sie?

M1 Marisa will auch gern mitchatten.

Marisa will ein Smartphone

Marisa geht in die sechste Klasse und wünscht sich schon seit Langem ein richtiges Smartphone, mit dem sie auch „whatsappen" kann. In ihrer Klasse gibt es schon etliche Mädchen, die Instant Messenger nutzen und sich damit über alles Mögliche unterhalten. Bislang blieben ihre Eltern hart – ein Handy zum Telefonieren für Notfälle ist genug, findet ihr Vater.

„Warum darf ich nicht auch so ein Smartphone haben? Melanie hat doch schon lange eines", sagt Marisa und schaut ihre große Schwester hilfesuchend an. „Weil du noch ein Zwerg bist", lacht Melanie, die bereits in die neunte Klasse geht. „Whatsapp ist erst ab 13 erlaubt. Also musst du noch ein bisschen warten."
„Aber das wäre doch so sinnvoll für die Schule", argumentiert Marisa weiter. „Wir könnten einen Klassenchat einrichten, wie Melanie ihn auch hat." „Was ist denn ein Klassenchat?", will Melanies Mutter wissen.

Melanies Klassenchat

„Jeder aus unserer Klasse, der will, kann mitmachen. Wir bilden eine Gruppe und schicken Nachrichten und Bilder hin und her. Das ist wirklich nicht so schlecht. So können wir uns über Hausaufgaben und Klassenarbeiten austauschen. Jedes Mitglied muss sich an die Gruppenregeln halten. Die haben wir in der achten Klasse zusammen mit Herrn Himmelhuber, unserem Klassenlehrer, festgelegt. Wir haben damals ein Plakat geschrieben, das heute noch in unserem Klassenzimmer hängt. Die zwei Klassensprecherinnen sind die Regelwächter. Wer sich dreimal daneben benimmt, fliegt raus!"

Infobox: Instant Messenger

Das sind sind Anwendungen für Smartphones, Tablets oder stationäre Computer. Nachrichten werden sofort übertragen. Voraussetzung ist, dass alle Teilnehmer denselben Messenger installiert haben. Bekannte Instant Messenger sind z. B. Whatsapp, Skype, Snapchat oder Instagram.
Die Nutzung dieser Dienste ist meistens kostenlos. Da stellt sich die Frage: Warum? Was haben die Anbieter davon? Es geht ihnen vermutlich um die Daten, um Vorlieben und Gewohnheiten jedes Einzelnen. Und niemand weiß genau, was die Betreiber der Apps mit deinen Daten, deinen Fotos oder Mitteilungen machen, die du herumschickst.

Unsere Chat-Regeln:
1. Wir fassen uns kurz.
2. Im Chat darf man nicht streiten.
3. Meinungsverschiedenheiten werden im Klassenrat geklärt.
4. Keine Beleidigungen oder Lästereien.
5. Alle schalten die blauen Häkchen aus.
6. Keine Angebereien!
7. Nach 21 Uhr ist der Chat geschlossen.
8. Wer dreimal gegen die Regeln verstößt, muss die Gruppe verlassen.
Klasse ...

M2 Mögliche Regeln für eine Whatsapp-Klassengruppe in Bayern

Lebensgestaltung

Erlaubt oder nicht erlaubt?

Am nächsten Tag bekommt Melanies Lerngruppe Besuch von Tom Müller. Er arbeitet bei der Polizei und informiert zum Thema Smartphone-Nutzung. Der Unterricht beginnt mit einem Quiz. Kennst du dich aus? Mach den Test (**M 3**)!

Die Auflösung bekommst du von deiner Lehrerin! Whatsapp ist gegenwärtig der bekannteste und erfolgreichste Messenger, er steht zugleich besonders in der Kritik wegen seines Umgangs mit den Daten der NutzerInnen.

M 3 Ist das erlaubt? Was darfst du mit deinem Smartphone machen?

1. In der Pause schaust du dir kostenlos einen aktuellen Kinofilm auf dem Smartphone an.
2. Einer deiner Klassenkameraden hat auf einem Vereinsfest zu viel getrunken. Du fotografierst ihn, während er sich übergibt. Du zeigst das Bild niemandem. Es ist nur auf deinem Smartphone gespeichert.
3. Euer Lehrer hat angekündigt, heute noch einmal zu erklären, worauf es bei der Klassenarbeit nächste Woche ankommt. Du machst heimlich ein Video des Lehrers und schickst es an Lina, damit sie auch Bescheid weiß.
4. Max (19) schickt ein pornographisches Bild an seinen Kumpel Leon (17). Beide geben das Bild nicht weiter.

Infobox: Klassenchat

Ein Klassenchat kann Ärger verursachen. Eltern haben sich über einen Berliner Lehrer deshalb beschwert. Er musste die WhatsApp-Gruppe auflösen und sich auf einer Fortbildung über Datenschutz sachkundig zu machen. Die Datenschutzbeauftragten der Bundesländer sehen Klassenchats sehr kritisch. So sind in Baden-Württemberg verbindliche Whatsapp-Gruppen in der Schule verboten (Webcode).

M 4 Die zahlreichen Alternativen zu Whatsapp (wie z. B. Threema, Signal, Telegram oder Wire) haben eine deutlich geringere Verbreitung.

---

1 Nenne Gründe, warum in Baden-Württemberg Melanies Klassenchat verboten und warum er in Bayern erlaubt ist (Webcode).

2 👥 Schaut euch die Chatregeln (**M 2**) an. Welche sind aus eurer Sicht sinnvoll, welche überflüssig und welche fehlen? Macht einen Vorschlag!

3 Lies **M 3** und überlege: Hast du eine oder mehrere dieser Handlungen schon selbst erlebt?

4 Kennst du aus eigener Erfahrung Fälle wie in **M 3**? Wie denkst du darüber?

5 👥 Bewertet die Fälle (**M 3**) aus rechtlicher Sicht! (Webcode)

6 Ergänze **M 3** mit Fallgeschichten, die du kennst.

Cybermobbing

Wenn Menschen über einen längeren Zeitraum hinweg mithilfe von Internet und Instant Messengern absichtlich beleidigt, bedroht, bloßgestellt oder belästigt werden, spricht man von Cybermobbing. Die Mobber (oft sind auch mehrere beteiligt) suchen sich ein Opfer, das sich nicht oder nur schwer gegen die Übergriffe zur Wehr setzen kann. Dieses Machtungleichgewicht hat zur Folge, dass die von Mobbing Betroffenen sozial isoliert werden. Diejenigen, die andere quälen, nennt man Bullies. Sie stammen meist aus dem näheren Umfeld des Opfers. Cybermobbing und das Mobbing in der Offline-Welt finden oft gleichzeitig statt.

M1 Cybermobbing kann schwerwiegende Folgen haben, in erster Linie für die Betroffenen, aber auch für die Täterinnen und Täter.

Die Methoden der Mobber

- Schikanieren: Die Mobber versenden Nachrichten über E-Mail, SMS, Instant-Messenger oder in Chats, mit denen das Opfer beleidigt und verletzt wird.
- Verleumden: Die Mobber verbreiten via Internet und Smartphones unwahre Behauptungen über das Mobbingopfer.
- Bloßstellen: Informationen, die ursprünglich im Vertrauen einer bestimmten Person zugänglich gemacht wurden, werden an weitere Personen gesandt, um das Opfer zu blamieren.
- Ausgrenzen: Die Betroffenen werden von sozialen Aktivitäten, Gruppen, Chats usw. ausgeschlossen.

Die Häufigkeit von Cybermobbing

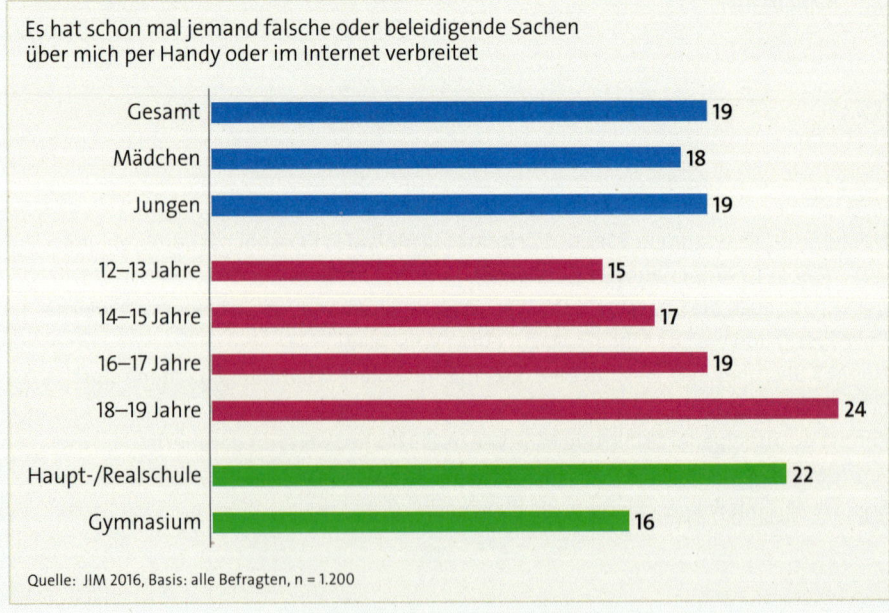

M2 Die Ergebnisse einer Studie zeigen, dass Cybermobbing leider sehr häufig vorkommt.

Wie wirkt Cybermobbing?

Bei den Betroffenen kann es aufgrund der langanhaltenden Demütigungen zu Leistungsabfall, Angst, Flucht, Sucht, Essstörungen (u.a. Magersucht), Aggression, Autoaggression*, Wut, Hass u.v.m. kommen.

* **Autoaggression** sind alle Formen von Aggression, bei denen jemand Gewalt gegen sich selbst anwendet, z.B. durch Ritzen oder andere Selbstverletzungen – bis hin zum Selbstmord.

M3 Im Extremfall kann Cybermobbing auch zum Suizid (Selbstmord) führen, wie bei der kanadischen Schülerin Amanda Todd. Kurz vor ihrem Selbstmord hat sie ein Video gedreht, in dem sie schweigend handbeschriebene Zettel vor die Kamera hält und so über ihren Leidensweg berichtet. Sie starb im Alter von 15 Jahren.

Bedenke:
- Die Täter oder Täterinnen sind anonym.
- Die Hemmschwelle für die Täter ist niedrig, weil sie ihrem Opfer nicht ins Gesicht sehen müssen.
- Nachrichten verbreiten sich sehr schnell.
- Die Opfer sind rund um die Uhr verletzbar.
- Was im Netz ist, bleibt dort und kann nicht mehr ungeschehen gemacht werden.
- Die Gruppendynamik verstärkt die Mobbinghandlungen.

Was kannst du tun?

Wenn du selbst das Opfer bist:

- Gehe zur Polizei und erstatte Anzeige. Das ist der beste Schutz, um in Ruhe gelassen zu werden.
- Lass dich nicht beirren. Du bist wertvoll, so wie du bist.
- Beleidige nicht zurück, denn das löst das Problem nicht.
- Mache dir Kopien und Bilder, mit denen du beweisen kannst, dass du gemobbt wirst.
- Such dir erwachsene und gleichaltrige Verbündete, die dir helfen.
- Du kannst Beleidigungen, Hass-Postings und gemeine Bilder direkt bei den Diensten melden, in denen sie auftauchen. Netzwerke bieten auch Möglichkeiten, Dinge oder Personen zu melden und zu blockieren.

Wenn du merkst, dass andere gemobbt werden:

- Sei ein Freund/eine Freundin. Biete deine Hilfe an.
- Solidarisiere dich nicht mit den Mobbern, sonst machst du dich mit strafbar!
- Wenn du die Täter oder Täterinnen kennst: Erkläre ihnen, dass ihr Verhalten die Betroffenen verletzt und außerdem strafbar ist.
- Berichte LehrerInnen und anderen. Wer Mobbing aufdeckt, petzt nicht, sondern verhindert das Fortdauern einer Straftat.
- Ermuntere die Betroffenen dazu, Lehrern oder anderen Erwachsenen zu berichten.
- Denke daran: Es kann schlimmer werden, wenn man nichts tut.

Mehr zum Thema erfährst du z.B. auf der Webseite www.cybermobbing-hilfe.de (Webcode).

KAPITEL 5

Lebensgeschichten

- Was könnte die junge Frau in ihrer „Zukunftsbrille" sehen?
- Wann, warum und mit welchen Folgen ziehen Kinder aus dem Elternhaus aus?
- Welche Ereignisse fallen dir ein, die dein Leben grundlegend verändert haben? Worauf warst du vorbereitet? Worauf nicht?

Flechttechnik: Herstellen eines Sitzkissens aus alten Textilen

Beim Upcycling entsteht aus einem „Abfallprodukt" ein „neues" Produkt. Dabei wird das Material in einen anderen Zusammenhang gebracht, häufig in Eigenarbeit. Es ist aber immer häufiger auch ein Geschäftsmodell und du kannst Altes mit neuer Verwendung in Geschäften oder Online kaufen. Mit dem Upcycling beginnt ein neuer Produktzyklus.

Bei textilem Upcycling wird aus alten Textilien etwas Neues geschaffen. Aus einer alten Jeans wird ein Sitzkissen, eine alte Wachstischdecke zum Regencape, eine alte Bluse zu einem Stoffbeutel oder aus vielen alten Kleidungsstücken ein tolles Sitzkissen. Die Herstellung eines solchen Sitzkissens aus alten Textilien wird im Folgenden beschrieben.

Upcycling kann man als Gegentrend zu dem, was die Wegwerfgesellschaft ausmacht, verstehen. Die Wiederverwendung reduziert die Abfallmenge und vermeidet den Ressourcenverbrauch für eine Neuproduktion. Der Verbrauch der Ressourcen Wasser, Energie und Rohstoffe wird verringert, Kosten werden gespart und neue Vermarktungsmöglichkeiten geschaffen.

In Entwicklungsländern fehlt den Menschen oft das Nötigste zum Leben, daher ist Upcycling dort häufig zu beobachten: Hierbei werden zum Beispiel aus alten Stoff- oder Gummistreifen mit Hilfe von Flechttechniken neue Produkte gefertigt, wie etwa Taschen oder Sohlen für Flip-Flops.

Upcycling ist nicht nur ein Trend, es ist eine Lebenseinstellung. Upcyceln bedeutet Verantwortung für das übernehmen, was bereits produziert wurde, und Ausgedientem neues Leben einhauchen.

Viele Inspirationen findest du auf Trödelmärkten, Kunstmuseen, auf DIY-Seiten* im Internet oder einfach bei dir zu Hause im Keller, auf dem Dachboden oder im Kleiderschrank.

* **DIY** steht für Do It Yourself

M1 Ein Kleiderständer ist gut geeignet als Webrahmen.

Arbeitsschritte aus alter Kleidung ein Sitzkissen weben:

1. Schritt: Kleidungsstücke auswählen
- Verwende Kleidungsstücke, die du nicht mehr tragen kannst, weil sie nicht mehr passen oder weil sie beschädigt sind.
- Du kannst alle Arten von Stoffen und Farben verwenden.
- Frage Verwandte, Bekannte und Nachbarn, ob sie noch Kleidungsstücke haben, die du verwenden kannst. Bedenke, dass du viele Kleidungsstücke benötigst, um ein Sitzkissen zu weben.

2. Schritt: Der geeignete Webrahmen
- Nutze als Webrahmen z. B. einen Fensterrahmen ohne Glas oder einen Kleiderständer.
- Der Webrahmen muss stabil sein und darf unter starkem Zug nicht kaputt gehen.

3. Schritt: Den Webrahmen bespannen
- Nutze für den Kettfaden ein sehr starkes Garn, das du mit aller Kraft nicht zerreißen kannst.
- Knote den Faden an eine Seite des Webrahmens. Wickle nun den Faden wie im Bild (**M2**). Er muss stark gespannt sein! Verknote ihn am Ende wieder.

M2 Wickle und knote den Kettfaden straff an den Rahmen.

4. Schritt: Kleidungsstücke einweben

- Achte beim Einweben der Kleidungsstücke darauf, dass die Kleidungsstücke nie am Rand des Webstücks enden, sondern immer 3 bis 4 Fäden weitergewebt werden können
- Schiebe die Kleidungsstücke eng nach unten zusammen, damit dein Sitzkissen schön dick wird.

5. Schritt: Verknoten der Kettfäden

- Webe so lange Kleidungsstücke ein, bis die gewünschte Größe deines Sitzkissens erreicht ist.
- Schneide die ersten beiden Kettfäden an einer Seite auf und verknote sie miteinander mit einem festen Knoten eng am Sitzkissen.
- Schneide nach und nach alle Kettfäden auf und verknote sie, bis du das fertige Sitzkissen in Händen hältst.

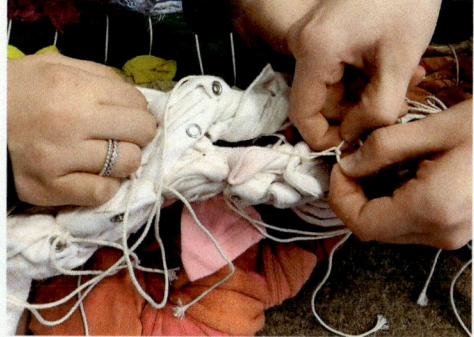

M 3 Verknote nach dem Weben die aufgeschnittenen Kettfäden.

M 4 Das fertige Ergebnis: ein selbstgewebtes Sitzkissen

M 5 Weitere Upcycling-Ideen: Pflanzgefäße aus alten Schuhen. Ähnliche Handtaschen wie die abgebildeten könnte man aus alten Wachstischdecken herstellen.

Erklärvideo: Hausputz Schritt für Schritt

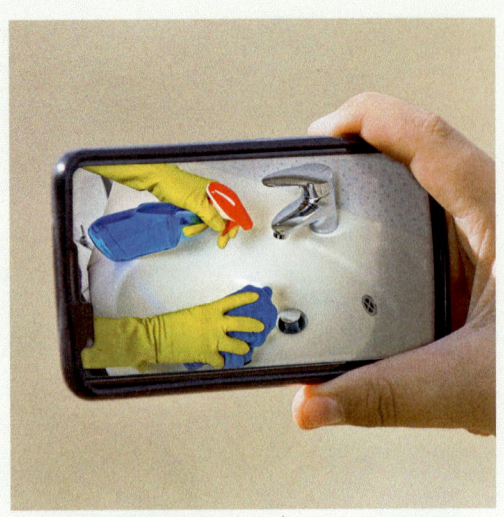

M1 Ein Erklärvideo drehen

Wer kennt das nicht? Eigentlich hast du es gerne sauber. Die Haare und die Reste von Zahnpasta im Waschbecken stören, der muffige Geruch im Kühlschrank und auch die Staubflusen unterm Bett sind nicht sehr angenehm. Doch selber Reinigungsarbeiten verrichten? Lieber nicht.

Und überhaupt: Wie soll ich das anpacken? Es nützt nichts, den Schmutz nur hin- und herzuschieben, Staub aufzuwirbeln oder über den Fleck hinweg zu wischen. Nicht jede Reinigungsmethode, nicht jedes Mittel oder Gerät ist hilfreich.

Das Reinigen ist gar keine so große Sache, wenn du es clever machst. Ein Manager würde sagen: „Mache die Arbeit effizient* und effektiv*." So sparst du Zeit und Nerven. Mit einem Erklärvideo hast du eine tolle Möglichkeit, auf anschauliche und unterhaltsame Weise zu zeigen, wie man Reinigungsarbeiten im Haushalt am besten erledigt.

* **effizient**: eine Aufgabe wirtschaftlich, ohne überflüssigen Aufwand erledigen oder einfacher: „Was du tust, tu richtig."

* **effektiv**: eine Tätigkeit bringt ein lohnendes Ergebnis, einen Nutzen hervor (Es ist auch möglich, etwas zu tun, was sehr effizient, aber kein bisschen effektiv ist.)

Euer eigenes Erklärvideo erstellen
Im Internet findest du unzählige Erklärvideos zu allen möglichen Themen. Schau dir ein paar Beispiele an. Was ist das Gemeinsame? Sie arbeiten mit einfachen Mitteln und erklären Schritt für Schritt eine Frage. Oft werden dabei kleine Zeichnungen gezeigt oder ins Bild geschoben, während jemand erklärt, um was es geht.

1. Schritt: Inhaltliche Vorbereitung
Damit euer Video für die Reinigungsarbeit eine Hilfe für andere ist, bedarf es einer guten inhaltlichen Vorbereitung. Ihr solltet selbst Bescheid wissen über das, was ihr anderen erklären wollt.
Typische Hausarbeit wählen. (Reinigen des Bades, des Kühlschranks, der Fenster ...)
Recherche zur gewählten Arbeit. Informiert euch, z.B. auch mit Expertenbefragungen über euer Thema.

2. Schritt: Technische Vorbereitung
Drehbuch für den genauen Ablauf der Reinigungsarbeit schreiben. Ihr müsst eure Tätigkeit klar strukturiert darstellen, das heißt in Teilschritte untergliedern. Eine Hilfe kann die Checkliste (**M3**) sein.
Zeichnungen erstellen. Markiert zuerst in eurem Drehbuch, an welchen Stellen ihr eine Zeichnung zeigen wollt. Macht einfache Zeichnungen; Skizzen sagen mehr aus als viele Details. Schneidet sie ggf. aus.
Rollen verteilen. Wer spricht, wer schiebt die Zeichnungen ein, wer führt die Kamera?
Material bereitlegen. Neben dem Drehbuch und den Bildern braucht ihr eine weiße Unterlage für die Zeichnungen, eine Videokamera (z.B. Smartphone, Tablet) und evtl. ein Stativ für die Kamera.
Ablauf üben. Probiert aus, wie ihr die Zeichnungen filmt, wie lange sie zu sehen sein sollen usw. Überprüft die Lautstärke der Tonaufnahme und die Schärfe der Bilder.

M2 Verschiedene Putzmittel für verschiedene Zwecke

Mein zukünftiges Zuhause

3. Produktion des Videos
Das Video aufnehmen. Der Text wird live gesprochen, die Zeichnungen werden dem Drehbuch entsprechend auf die weiße Grundlage geschoben oder gelegt.
Tipp: Damit das Video persönlicher wird, sprecht die Zuschauer mit „Du" an (z. B. „Dein Waschbecken hat eine gründliche Reinigung nötig? Dann gehe folgendermaßen vor ...").

4. Veröffentlichung
Tauscht eure Erklärvideos in der Lerngruppe aus. Versucht eine Reinigungsarbeit gemäß der Videoanleitung auszuführen. Gebt den Filmteams ein Feedback darüber, was gut geklappt hat und was nicht so klar ist, damit sie ihr Video verbessern können.

5. Zusatzaufgabe
Falls ihr die technischen Möglichkeiten dazu habt: Ergänzt die Aufnahme mit visuellen Effekten, Übergängen, Audioeffekten, Musik, Vor- und Abspann. Schneidet weniger gelungene Sequenzen heraus, filmt sie neu und setzt das Video wieder zusammen.

M 3 Checkliste für die effiziente und effektive Durchführung von Reinigungsarbeiten (die Ziffern in Klammern geben an, welche Zeichnung gezeigt werden soll)		
Vorarbeiten	Platz schaffen, herumstehende Gegenstände wegräumen, ihr müsst gut an das, was ihr reinigen wollt, herankommen	
Arbeitsmittel zusammenstellen	z. B. Eimer, Tücher, Reinigungsmittel, Handschuhe, evtl. nötige Gerätschaften ...	
Arbeit ausführen	eine sinnvolle Reihenfolge festlegen, z. B. von der Ecke zur Fläche, von oben nach unten, von innen nach außen, von trocken zu nass. Am Schluss das Resultat kontrollieren, evtl. nachreinigen	
Arbeits- und Betriebsmittel wegräumen	Gegenstände, die zu Beginn weggeräumt wurden, wieder zurückstellen	
Abschluss	Und am Schluss nicht vergessen: Das Resultat genießen	

5 Lebensgeschichten

Küchenausstattung: Wie richte ich mich preiswert ein?

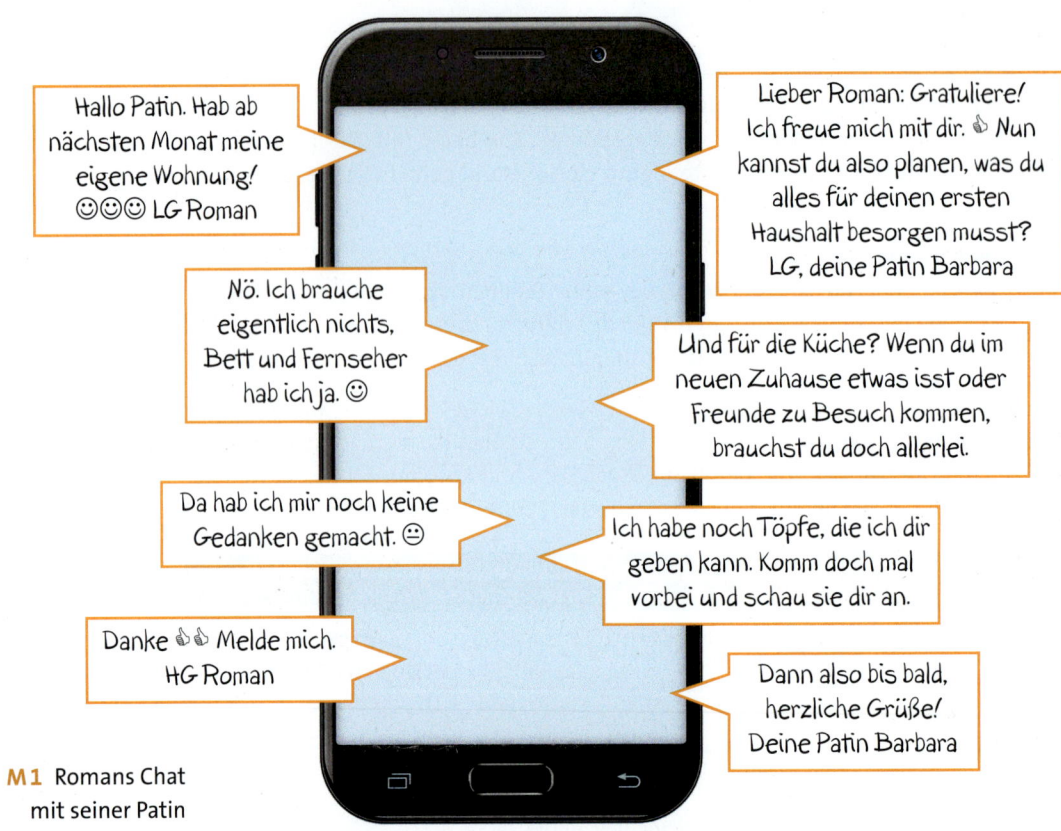

M1 Romans Chat mit seiner Patin

Meine erste Küche ausstatten

Roman ist 18 Jahre und wird bald in seine erste eigene Wohnung einziehen. In seiner zukünftigen Küche stehen bereits ein Kühlschrank, ein Herd und eine Spüle. Alles andere muss Roman selber mitbringen.

Schau dich in der Küche in deinem jetzigen Zuhause um. Da findest du jede Menge Gegenstände: Geschirr, Besteck, Töpfe, Pfannen, Elektrogeräte, Küchentücher und vieles mehr. Einiges davon verwendest du oder deine Familie mehrmals täglich, von anderen Geräten kennst du womöglich nicht einmal den Verwendungszweck. Manches, was da steht, hat vielleicht ein schickes Design oder eine trendige Farbe, wir aber selten benutzt.

Nicht alles, was du in eurer Küche findest, brauchst du in deiner eigenen ersten Küche.

Roman will nur das Nötigste kaufen, um seinen Geldbeutel zu schonen. Was also braucht er unbedingt für den Start? Braucht er einen Wok, eine Küchenmaschine und verschiedene Kuchenformen? Wie viele Gabeln, wie viele Messer zum Schneiden braucht er? Was rätst du ihm?

Nutzwert oder Prestigewert?

Welche Küchenutensilien du dir für deine erste Küche anschaffst, richtet sich in erster Linie nach deinen Ess- und Trinkgewohnheiten. Folgende Fragen helfen dir, eine Liste von nötigen Utensilien für deine erste Küche zu erstellen:

- Welche Mahlzeiten nimmst du in deiner Wohnung ein?
- Was isst und trinkst du üblicherweise?
- Welche Gerichte bereitest du selbst zu?
- Welche Geräte und Küchenutensilien brauchst du jeweils dazu?
- Und nicht vergessen: Geschirrtücher und Putzlappen für die Reinigung.

Mein zukünftiges Zuhause

Verschiedene Materialien

Die Einrichtung einer Küche kostet Geld. Vergleiche und wähle bewusst aus, damit sich die Anschaffung lohnt. Du findest viele Gegenstände in verschiedenen Qualitäten und Materialien. Jedes hat seine Vor- und Nachteile. Mach dir dabei auch Gedanken über den Unterschied zwischen einer billigen und einer preiswerten* Lösung.

M 2 Eine kleine Auswahl von Küchengerätschaften

Infobox: Material von Küchengerätschaften		
Material	**Verwendung**	**Eigenschaften**
Chromnickelstahl	z. B. Besteck, Töpfe, Küchengeräte	(Bezeichnung 18/8 bedeutet, dass die Legierung 18 Prozent Chrom und 8 Prozent Nickel enthält), pflegeleicht, langlebig, spülmaschinenfest*. Im Vergleich zu Chromstahl, das leichter und säureempfindlich ist, teurer.
Porzellan	z. B. Geschirr, Schüsseln	In verschiedenen Preisklassen erhältlich. Bruchempfindlich, dauerhaft, spülmaschinenfest. Dickwandigeres Geschirr ist oft nicht aus Porzellan, sondern aus Steingut, das meist günstiger, dafür schlagempfindlicher ist.
Glas	z. B. Gläser, Schüsseln, Auflaufformen	Stoß-, schlag-, temperatur- und bruchempfindlich. Gläser können in der Spülmaschine milchig werden. Deshalb teure Gläser von Hand reinigen. Glas für den Backofen muss mit „feuerfest" gekennzeichnet sein.
Kunststoff	viele verschiedene	Riesige Auswahl an Farben und Formen, hitze-, säure- und kratzempfindlich. In der Regel spülmaschinengeeignet*.

* **preiswert,** d. h. eine Sache ist ihren Preis wert. Im Unterschied dazu ist mit „billig" nicht nur ein niedriger Preis, sondern auch häufig eine schlechte Qualität gemeint.

* **spülmaschinenfest:** Produkte mit diesem Prädikat können problemlos und ohne Schaden zu nehmen im Geschirrspüler gereinigt werden.

* **spülmaschinengeeignet / -tauglich:** Das Produkt kann in der Spülmaschine gereinigt werden. Allerdings auf eigene Verantwortung mit dem Risiko, dass mit der Zeit Schäden auftreten.

1 Romans Patin bietet ihm Töpfe an. Würdest du an seiner Stelle das Angebot annehmen? Warum?

2 Welche Gerätschaften brauchst du für dein Lieblingsrezept? Schreibe zu jeder Zutat und zu jedem Arbeitsschritt auf, welche Utensilien du dafür brauchst. Hast du auch an das Reinigen gedacht? Erstelle dieselbe Liste für vier Personen.

3 Gehe in Gedanken einen typischen Tag durch, vom Frühstück bis zum Abendessen. Gibt es Arbeitsgeräte, Geschirr usw., die du zusätzlich zu denen brauchst, die schon auf deiner Liste aus Aufgabe 2 stehen? Schaue dich in deiner Küche zu Hause um und ergänze die Liste.

4 Macht einen Wettbewerb. Bildet Teams und richtet Romans Küche preiswert und vollständig so ein, dass Roman lange Zeit nichts Neues mehr kaufen muss. Legt zuvor in der Lerngruppe die Kriterien zur Beurteilung fest.

5 Lebensgeschichten

Lebensplanung: Was kann mir im Weg stehen?

Hier siehst du den Lebensweg von Sabine Muck. Frau Muck ist heute 62 Jahre alt. In ihrem Leben hat sie Höhen und Tiefen erlebt. So geradlinig, wie sie es sich in jungen Jahren vorgestellt hatte, ist ihr Leben jedoch bislang nicht verlaufen. „Es gibt immer wieder Störfaktoren, die einen aus der Bahn werfen können. Gut dass ich nicht in die Zukunft schauen konnte in deinem Alter", sagt sie lächelnd.

Wie gelingt das Leben?

Frau Muck ist der Meinung, dass eine gute Berufsausbildung entscheidend ist. „Jeder muss einen abgeschlossenen Beruf haben. Ich konnte mich auch deshalb immer wieder erfolgreich aus schwierigen Situationen herausarbeiten, weil ich eine gute Berufsausbildung hatte und mich immer wieder fortbildete. Genauso wichtig sind aber auch enge familiäre Bindungen und gute Freunde, auf die man sich im Notfall verlassen kann."

Knackpunkt Kinderbetreuung

Als meine Kinder noch klein waren, waren die meisten Mütter um mich herum Hausfrauen. Es gab zwar für alle Kleinen einen Kindergartenplatz, aber meistens musste man sie mittags wieder abholen. Die Frauen mussten entweder zu Hause bleiben oder eine fitte Oma für die Betreuung haben, wenn sie arbeiten gehen wollten. Gott sei Dank hat sich das mittlerweile geändert."

Individuelle Lebensplanung

1. Frau Muck wurde in ihrem bisherigen Leben mit einigen Herausforderungen – sowohl privat als auch beruflich – konfrontiert. Welche waren das? Hätte sich Frau Muck darauf vorbereiten können? Und wenn ja wie?
2. Erstelle für dich selbst eine „idealen" Lebensweg.
3. Suche dir eine Situation im Leben von Frau Muck aus und schreibe deine Geschichte dazu. Beschreibe im ersten Schritt die Situation und das Problem genau. Mit welcher Strategie kommst du aus der Situation wieder heraus? Wie ist deine Situation am Ende? Präsentiert und diskutiert eure Geschichten in der Lerngruppe.
4. Frau Muck beschreibt ihre Lebensumstände, als ihre Kinder noch klein waren. Sie sagt, die Situation habe sich heute verbessert. Findet heraus, welche Betreuungszeiten die Kindergärten, Kitas und Schulen in eurer Stadt anbieten und erstellt ein Infoplakat. Gibt es genügend Betreuungsplätze?
5. Recherchiert im Internet arbeitsteilig folgende Schlagwörter: Betreuungslücke, Teilzeitfalle, Herdprämie (auch: Betreuungsgeld), Vereinbarkeit von Familie und Beruf, Halbwertszeit des Wissens. Stellt euch die Begriffe (Definition, zentrale Streitfragen und Argumente) gegenseitig vor.
6. Befragt Menschen, die ihr kennt, nach den Störfaktoren, mit denen sie in ihrem Leben klarkommen mussten. Welche Lösungen haben sie gefunden? Schreibt Störfaktoren und Lösungsansätze auf Wortkarten (verwendet für jeden Faktor und jede Lösung jeweils eine eigene Wortkarte). Gibt es Lösungsansätze, die mehrmals vorkommen?

5 Lebensgeschichten

Risiko: Kann das auch mir passieren?

M1 Geht die Person auf dem Bild ein hohes Risiko ein?

ganz schlimm ↔ verkraftbar
wahrscheinlich ↔ unwahrscheinlich
vermeidbar ↔ unvermeidbar

M2 Risiken lassen sich kategorisieren. Fallen dir noch mehr Einteilungsmöglichkeiten ein?

M3 Mit Vermeiden, Versichern, Vorsorgen, Schützen lassen sich Risiken abdecken. Aber klappt das auch vollständig, lassen sich Risiken ganz vermeiden?

Unser Leben steckt voller Risiken. Wir sind von ihnen umgeben, ständig und überall. Risiken lassen sich nicht vollständig vermeiden. Andernfalls dürfte man morgens gar nicht erst aufstehen. Wie ist es mit dir?

Ist dein Leben riskant?
Klassengespräch in der 9b: Die Lehrerin will wissen, ob die Jugendlichen das Gefühl haben, in ihrem Leben hohen Risiken ausgesetzt zu sein. „Passieren kann einem immer was", meint Julian, „aber im Großen und Ganzen denke ich, dass wir hier in Deutschland ein sehr sicheres Leben haben. Kein Krieg, gute medizinische Versorgung, der Arbeitsmarkt ist entspannt, die Wirtschaft brummt. Was soll mir schon Schlimmes passieren?" Nadja widerspricht. „Ich finde, wir sind in unserem Leben vielen Risiken ausgesetzt. Der Klimawandel macht mir Sorgen. Was ist, wenn es immer heißer wird auf der Erde? Überhaupt der Umweltschutz: Feinstaub, Pestizide, Mikroplastik ... Mir fallen viele Risiken ein. Ich habe immer das Gefühl, ich muss da was tun, damit es nicht noch schlimmer wird."

Was ist ein Risiko?
Mit dem Wort „Risiko" bezeichnet man allgemein die Wahrscheinlichkeit, mit der ein negatives Ereignis, ein Schaden eintreten kann. Man könnte auch von Gefahren sprechen. Eine Gefahr kann zum Beispiel sein, sich im Straßenverkehr zu verletzen. Die Wahrscheinlichkeit, dass das passiert, ist bei Motorradfahrern höher als beim Busfahren. Das Risiko, im Straßenverkehr zu Schaden zu kommen, ist also unterschiedlich stark ausgeprägt, je nachdem, ob man mit dem Motorrad oder mit dem Bus unterwegs ist. Das Beispiel zeigt, dass nicht alles vom Zufall abhängt, sondern wir unterschiedliche Wagnisse eingehen können.

Kann man Risiken abwenden?
Jede und jeder Einzelne kann etwas dafür tun, um Risiken zu verringern: Wer nicht raucht, vermindert das Risiko von Folgeerkrankungen. Wer den Kopf beim Fahrradfahren durch einen Helm schützt, vermindert das Risiko einer Kopfverletzung. Wer fürs Alter vorsorgt, vermindert das Risiko, von Altersarmut betroffen zu sein ... Findest du weitere Beispiele?

Was macht eine Versicherung?
Gegen viele Gefahren kann man sich versichern. Das Geschäft der Versicherungen ist der finanzielle Ausgleich von Schäden, die den Versicherten zustoßen könnten. Eine Krankenversicherung zahlt

zum Beispiel aus den Beiträgen aller Versicherten für den, der krank geworden ist und medizinische Hilfe braucht. Welche Versicherung wann für wen sinnvoll sein kann, ist abhängig von der Lebenssituation des Einzelnen (siehe S. 130).

Mit Risiken umgehen

Risiken einzuschätzen ist nicht immer leicht. Manche Risiken (z. B. Opfer eines terroristischen Anschlags zu werden) werden aufgrund der medialen Präsenz dieser Ereignisse stark überschätzt. Andere, wie z. B. das Eintreten einer psychischen Erkrankung, werden dagegen unterschätzt. Ein Leben ohne Risiken gibt es nicht, egal wie viel Prävention (Vorsorge) wir betreiben.

Risiken sind aber längst nicht nur negativ. Es kann sogar sehr positiv sein, ein Risiko einzugehen, beispielsweise wenn du etwas Neues tun willst, einen neuen Sportverein ausprobieren, einen Menschen kennenlernen, eine Firma gründen, in einer bestimmten Situation klar Position beziehen, statt dich unauffällig im Hintergrund zu halten.

Bei allem, was du dir vornimmst, besteht die Gefahr, dass es nicht funktioniert. Aber es besteht auch die Chance, dass es klappt. Das musst du in jedem Einzelfall abwägen: Was wird wahrscheinlich passieren, was im besten, was im schlimmsten Fall? Bist du mit guten Gründen vorsichtig oder übertreibst du es manchmal mit der Vorsicht? Siehst du im Leben eher Gefahren oder Chancen? Wie fühlt es sich für dich an, ein Risiko zu einzugehen oder ein Risiko vermeiden? Sicherheit ist äußerst wichtig, aber andererseits: Wer nicht wagt, der nicht gewinnt.

M4 Der Autor Erich Kästner hat in einem Silvestergedicht die Furcht vor alltäglichen Risiken zum Thema gemacht.

Wird's besser, wird's schlimmer, fragt man alljährlich. Seien wir ehrlich: Leben ist immer lebensgefährlich.

1 Lies das Gedicht von Erich Kästner (M4). Ist es aus deiner Sicht eher ernst oder komisch? Welche Risiken hältst du persönlich für „lebensgefährlich"?

2 Welchen Risiken siehst du dich ausgesetzt? Erstelle mit deinem Nachbarn deine persönliche Top-Ten-Liste mit Lebensrisiken.

3 Lies M2. Wie lassen sich Risiken kategorisieren? Findet in der Gruppe mehrere Gegensatzpaare und ordnet ihnen verschiedene Risiken zu. Erstellt eine Mindmap.

4 Betrachtet verschiedene Risiken und notiert, wie weit sich eine Gefahr durch die Begriffe aus M3 verringern lässt. In M3 sind die einzelnen Bestandteile gleich groß, ist das realistisch? Schätzt ab, wie hoch das jeweilige Risiko ist, dass der Schaden trotzdem eintritt.

5 Bei welchen Risiken ist der Schadensfall „verkraftbar"? Diskutiert in euer Lerngruppe.

6 Kennt ihr Start-Up-Unternehmer/innen, die ihr interviewen könnt? Fragt nach, welche Risiken sie mit ihrer Geschäftsgründung eingegangen sind. Hat sich ihre Risikobereitschaft rückblickend gelohnt?

7 Schaut euch M1 an. Ist das nun besonders gefährlich oder wegen der vielen Sicherheitstechnik besonders sicher? Ist hier nur ein Sturz zu befürchten oder gibt es auch etwas zu gewinnen?

Versicherungen: Wieviel Sicherheit brauche ich?

M1 Franks neuer Chef spricht mit ihm über Versicherungen

Sicherheit – wofür?

Frank und Benjamin besuchen gemeinsam die zehnte Klasse und haben beide bereits einen Ausbildungsvertrag in der Tasche. „Sag mal, bekommst du in letzter Zeit auch so viele Werbebriefe von Versicherungen?", fragt Frank. „Ja, da sind echt lustige Sachen dabei!", antwortet Benjamin. „Lebensversicherungen, Sterbeversicherungen, Handyversicherungen ... Neulich bekam ich sogar einen Brief mit der Überschrift ‚Jetzt schon an die Rente denken!' Ich habe ja noch gar nicht mal angefangen zu arbeiten und da soll ich jetzt schon darüber nachdenken, wie es ist, wenn ich im Alter mal zu arbeiten aufhöre? So ein Blödsinn! Ich schließe gar keine Versicherung ab. Da können die mir so viel Post schicken wie sie wollen!" – „Ich weiß nicht, ob das möglich ist. Ich glaube, ein paar Versicherungen muss man haben. Gibt es nicht sogar Pflichtversicherungen?"

„Aber stell dir doch mal vor, wir müssten so viele Versicherungen abschließen, das kann doch gar nicht sein. Da sind ja die Beiträge höher als unser Ausbildungsgeld", überlegt Benjamin. „Ich frage mal meinen Chef, wie das ist mit den Versicherungen.", sagt Frank.

Krankenversicherung ist Pflicht

Bisher war Frank bei der Krankenversicherung seiner Eltern mitversichert, beide sind wie die meisten Angestellten bei einer gesetzlichen Krankenkasse. Beamte und viele Selbstständige sind meistens in einer privaten Krankenversicherung. Frank kann sich nun aussuchen, in welcher Krankenkasse er versichert sein möchte und vergleicht die Leistungen und Beitragshöhen verschiedener Anbieter. Als Auszubildender ist er neben der Krankenversicherung noch in der Arbeitslosen-, Renten-, Unfall- und Pflegeversicherung. Die Hälfte der Versicherungsbeiträge zahlt sein Arbeitgeber (bis auf die Unfallversicherung, die zahlt der Arbeitgeber allein).

Verschiedene Versicherungen

Neben diesen grundlegenden Sozialversicherungen existieren zahllose weitere Versicherungen, z.B. Lebens-, Berufsunfähigkeits-, Haftpflicht-, Reiserücktritts-, Rechtsschutz-, Reisekranken-, Krankenhaustagegeld-, Kfz-, Feuer-, Hausratversicherungen usw.

Manche Versicherungen sind auch recht exotisch, beispielsweise kann man sich gegen die finanziellen Folgen eines Führerscheinentzugs oder gegen Entführungen versichern, Prominente versichern gelegentlich auch Körperteile (z. B. Pianisten ihre Hände, Fußballer ihre Beine, Models ihr Gesicht). Und natürlich kannst du theoretisch auch dein Haustier gegen alles Mögliche versichern.

Geschäftsmodell Versicherung

Versicherungen sind ein Geschäft: Du zahlst einen monatlichen Beitrag und erhältst dafür das beruhigende Gefühl, im Schadensfall eine vereinbarte Summe zu bekommen.

Voraussetzung dafür, von der Versicherung Geld zu bekommen ist, dass genau die im Versicherungsvertrag festgehaltenen Bedingungen eintreten (so zahlt eine Fahrraddiebstahlversicherung nur dann, wenn das gestohlene Rad genau wie vorgeschrieben gesichert war).

Welche Versicherungen brauchst du?

Einige Versicherungen nimmst du häufiger in Anspruch (du wirst in deinem Leben sicherlich öfters mal zum Arzt gehen), andere hoffentlich nie (z. B. eine Berufsunfähigkeitsversicherung). Hier musst du das Risiko eines möglichen Schadens, vor dem du dich versichern willst, abschätzen: Wie hoch ist die Eintrittswahrscheinlichkeit und wie hoch die mögliche Schadenshöhe? Und wieviel ist dir das an monatlichen Beiträgen wert? Es ist natürlich möglich, dass du dich mit einer entsprechenden Versicherung einfach sicherer fühlst und ruhiger schlafen kannst.

Welche Versicherungen nötig oder sinnvoll sind, hängt auch von der individuellen Lebenssituation ab: So brauchst du z. B. eine Feuerversicherung nur, wenn du Hausbesitzer bist. Und wenn du eine eigene Familie hast, sind mehr Versicherungen sinnvoll, als wenn du nur für dich selbst sorgst.

M2 Es gibt zahllose Versicherungen, welche davon brauchst du?

1 Informiere dich über verschiedene Arten von Versicherungen. Erstelle eine Tabelle: Welche Versicherung sichert welches Risiko ab?
2 Was ist der Unterschied zwischen der privaten und der gesetzlichen Krankenversicherung? Interviewt verschiedene Leute, die privat bzw. gesetzlich krankenversichert sind. Welche Vor- und Nachteile haben beide Versicherungsformen? Erstellt anschließend eine kurze Powerpoint-Präsentation.
3 Immer wieder wird in der Politik das Konzept der „Bürgerversicherung" diskutiert. Welche Überlegungen stecken dahinter? Wer will sie durchsetzen? Wer ist dagegen und warum? Erstellt eine Liste von Pro- und Kontra-Argumenten und führt in eurer Lerngruppe eine Debatte darüber.
4 Welche Risiken könnten dein Leben ruinieren? – Diskutiere mit deinem Nachbarn. Schreibt fünf mögliche Risiken auf. Vergleicht eure Aufstellungen anschließend mit den anderen Listen aus eurer Lerngruppe.
5 Überlegt, welche Versicherungen für eure aktuelle Lebenssituation sinnvoll sind und welche nicht.
6 Informiert euch bei einer unabhängigen Institution, wie z. B. Finanztest oder Ökotest über Versicherungen (Webcode). Analysiert einen Bericht, in dem Versicherungen getestet wurden. Findet heraus, nach welchen Kriterien die Versicherungen beurteilt wurden.
7 Wie können neue Lebenssituationen, z. B. Auszug aus dem Elternhaus, Familiengründung, euren Umgang mit Risiken verändern?

Zusammenleben: Was ist für mich Familienleben?

M1 Leon mit seinem Vater und seinem Großvater

Leon lebt mit seinen Eltern in einer kleinen Stadt, die Großeltern wohnen gleich nebenan. Als Leon klein war, haben die Großeltern oft auf ihn aufgepasst. Manchmal hat Leon bei den Großeltern übernachtet, und wenn die Eltern nicht zu Hause waren, ist er oft zum Mittagessen zu ihnen gegangen. Inzwischen ist Leon fast erwachsen, aber er geht noch immer gern zu den Großeltern, um dort seine Hausaufgaben zu erledigen. Leons Oma kann gut Mathematik erklären, der Opa fragt gerne Vokabeln ab. Manchmal spielen sie auch gemeinsam ein Spiel. Leons Großeltern sind froh, dass ihr Enkel in der Nähe wohnt und sie seine Entwicklung miterleben konnten, von den ersten Worten bis heute. So gut sie konnten, haben sie Leon unterstützt.

Leons Eltern freuen sich, dass die Großeltern noch fit sind und in der Nähe wohnen. So können sie sich oft treffen, gemeinsam Feste feiern und sich gegenseitig helfen. Leons Opa ist handwerklich sehr geschickt und kann viele Kleinigkeiten selber reparieren, Leons Eltern übernehmen meistens den Einkauf für alle. Wenn die Großeltern eine Frage zu ihrem Handy oder Computer haben, kann Leon ihnen das erklären.

M2 Neben den klassischen Familien existieren heute immer mehr andere Familienformen, wie z. B. Patchworkfamilie, Ein-Eltern-familie, Adoptivfamilie.

Ein-Eltern-Familie   Regenbogenfamilie   Patchworkfamilie

Wohnformen im Alter

Noch leben Leons Großeltern alleine in ihrer Wohnung. Wie wird es sein, wenn sie älter werden und nicht mehr alles selbstständig erledigen können? Die beiden wollen noch möglichst lange in ihrem Haus wohnen, deshalb haben sie sich bereits informiert, welche Hilfsmittel und Fördermaßnahmen es gibt.
Werden Leons Eltern sie ebenfalls unterstützen können? Welche weiteren Alternativen gibt es?
Bekannte von Leons Großeltern wohnen mit „betreutem Wohnen" in einer 1,5-Zimmer-Wohnung im Seniorenheim. Sie können dort nach Bedarf die Serviceleistungen des Seniorenheims in Anspruch nehmen oder auch mit einer Tagespflege betreut werden.
Freunde von Leons Eltern wohnen in einem Wohnhof. An drei Seiten ist jeweils ein Gebäude mit mehreren Wohneinheiten, in denen Familien mit Kindern, ältere Menschen oder Paare leben. In der Mitte zwischen den Gebäuden gibt es einen großen Hof. Oft treffen sich dort die Hausbewohnerinnen und -bewohner, um sich miteinander zu unterhalten. Manchmal wird ein Fest gefeiert, und natürlich können die Kinder im Hof gemeinsam spielen und toben.

Verschiedene Angebote für das Wohnen im Alter:
- betreutes Wohnen
- Seniorenheim
- Kurzzeitpflege
- Tagespflege
- Alterswohngemeinschaft
- Mehrgenerationenhaus

M 3 Früher lebten mehrere Generationen unter demselben Dach. Heute besinnt man sich wieder darauf, denn fast niemand will wirklich alleine leben. Alle Generationen können davon profitieren, wenn sie z. B. in einem Mehrgenerationenhaus zusammenzuwohnen. Aber es gibt auch Gründe, die dagegen sprechen.

1 Erstelle ein Bild mit deiner erweiterten Familie. Wer gehört dazu? Wer nicht?
2 Beschreibe die Situation von Leons Familie in einer kurzen Geschichte aus Sicht der Großeltern. Denk dabei auch an die Erwartungen, die die Großeltern an Leon haben könnten und an mögliche Konflikte.
3 Was denkst du über die Behauptung „Kinder brauchen Großeltern"? Sucht nach Argumenten und diskutiert in der Lerngruppe.
4 Überlegt, welche Vorteile und welche Nachteile für euch das Leben in einem Mehrgenerationenhaus hätte.
5 Welche Wohnmöglichkeiten werden für ältere Menschen im Text angesprochen?
6 Recherchiert im Internet und beschreibt die Wohnmöglichkeiten in Form eines Flyers.

Wohnformen: Wie will ich zukünftig leben?

Jara wohnt mit ihren Eltern in einem Hochhaus mitten in der Großstadt. Ihr Zimmer teilt sie mit der Schwester. Das Fitnesscenter und die Schule sind direkt um die Ecke, ihre beste Freundin wohnt zwei Stockwerke höher. Sie kennt längst nicht alle, die im Quartier wohnen.

Ben wohnt mit seinen Eltern und Großeltern in einem Dorf. Wenn die Eltern arbeiten, sorgen die Großeltern für das Essen. Zum Shoppen und ins Kino fährt er am Samstag in die Stadt.

Seit ihre Mutter mit ihrem neuen Partner zusammengezogen ist, lebt Lina in einer Vorortsiedlung. Hier hat sich die Familie ein Haus gemietet, das für alle genügend Platz bietet.

Lalas Eltern sind Architekten, die sich ihren Traum vom Wohnen selber erfüllt haben. Lala wird jeden Morgen von ihrem Vater sehr früh zur Schule gefahren, weil es in ihrer Nähe keinen Bus gibt.

M1 Unterschiedliche Wohnformen. Wie sieht dein Zuhause aus? Wo und wie wohnst du? Mit wem? Welche Möglichkeiten hast du, dich mit deinen Freunden zu treffen?

Unsere Umgebung prägt uns

Jeder von uns wohnt und lebt etwas anders. Ob du wie Jara in der Großstadt oder wie Ben in einem kleinen Dorf aufwächst oder aus einem anderen Land und einer anderen Klimazone zugezogen bist, prägt dich. Das kann sich in deiner Zimmergestaltung, im Hobby, mit welchen Leuten du dich gerne triffst, in deinem Lebensstil, in deinem Berufswunsch und vielem mehr zeigen. Im Moment kannst du deine Wohnumgebung nicht selber bestimmen. Doch das kann sich schon bald ändern. Welche Wünsche hast du an dein zukünftiges Zuhause? Wie und mit wem möchtest du wohnen?

„Egal wie wir wohnen, in der Großstadt oder auf dem Land, allein, zu zweit oder in einer WG, in einer Mietwohnung, in einer Sozialwohnung oder in der Luxusvilla, unser Zuhause ist der wichtigste Platz."
Alexander M., Stadtplaner

M2 Unser Zuhause

Wünsche und Bedürfnisse an das Wohnen

Unsere Vorstellungen, wie unser Zuhause aussehen soll, unterscheiden sich. Gemeinsam ist jedoch jedem Zuhause, dass es verschiedene Bedürfnisse erfüllen soll:

Wir schlafen, essen und waschen uns dort, machen es uns gemütlich und erholen uns, hier sind unsere Kleidung, Möbel, Bücher, all unsere Sachen. Meistens können wir uns hier zurückziehen, allein oder mit vertrauten Menschen. Eine Wohnung oder ein Teil davon kann auch Statussymbol sein, in jedem Fall können wir uns mit unserer Einrichtung darstellen.

Dazu kommen individuellen Wünsche wie Kino in der Nähe oder kurze Wege bis in die Natur, gute Anbindung an die öffentlichen Verkehrsmittel, Nähe zur Schule oder zum Arbeitsplatz, gute Nachbarschaft, wenig Lärm, Auswahl an Einkaufsgeschäften, helles Zimmer, genügend Platz, ungestört laute Musik hören können …

Rahmenbedingungen bestimmen die Wohnsituation

Die Erfüllung solcher Wünsche hängt von verschiedenen Bedingungen ab: Wie ist die Lage auf dem Wohnungsmarkt? Wie viel Geld kannst du aufbringen? Wie viel Aufwand kannst und willst du zur Pflege deiner Wohnräume betreiben? …

Deine Wünsche müssen auch zu deinem Bedarf in deiner Lebenssituation passen: Tausche deine Gedanken mit anderen aus.

Standort: Wo ist mein berufliches Umfeld wie mein Ausbildungsplatz? Wo finde ich Arbeit? Wo wohnt meine Familie, meine Freunde? …

Anzahl Mitbewohner: Die Wohnform hat auch immer mit der jeweiligen Lebensform zu tun. Lebst du allein? In einer Partnerschaft? Mit Freunden zusammen oder in eine Familie? Je nachdem eignet sich eine WG, eine Untermiete, ein Wohnheim, eine Mietwohnung, ein Eigenheim.

M3 Manche Menschen träumen auch von ungewöhnlichen Wohnformen, z. B. wie hier auf einem Hausboot.

1 Beschreibe deine Wohnsituation. Was magst du daran? Was nervt dich? Mache einen Steckbrief für deinen Wohnbereich zu Hause.
2 Beschreibe das Wort „Zuhause" mit deinen Worten. Was bedeutet es dir? Bist du mit der Aussage aus M2 einverstanden?
3 Welche Vor- und Nachteile werden von den Bewohnerinnen (M1) angesprochen? Wie siehst du das? Tausche deine Gedanken mit anderen aus.
4 Suche auf Internetportalen und in Zeitungen Wohnungsinserate. Welche spricht dich an? Welche nicht und warum? Und der Mietpreis?
5 Überlege, welche Wohnung in welcher Wohnumgebung am besten zu deinen Bedürfnissen und Wünschen passen würde. Wo in M1 müsstest du Abstriche machen, wo könntest du sie realisieren?
6 Stell dir vor, du lebst in Stuttgart in einer Wohngemeinschaft und suchst eine Mitbewohnerin oder einen Mitbewohner. Welche Eigenschaften oder Voraussetzungen müsste diese Person haben? Schreibe ein Inserat „Gesucht wird ein/e Wohnungspartner/in".
7 Vergleicht eure Inserate „Wohnungspartner/in gesucht". Was ist gleich? Was ist unterschiedlich und warum?
8 Fragt eure Großeltern oder eine andere Person im Alter eurer Großeltern, wie sie in eurem Alter gewohnt haben. Was hat sich geändert im Vergleich zu heute? Und wie werdet ihr wohl in 50 Jahren leben?

Spielen

M1 Spielen fördert in jedem Alter Geselligkeit, Sozialverhalten und kognitive Fähigkeiten – und es macht Spaß.

Was ist Spiel?

Wir spielen zum Zeitvertreib. Dabei geht es uns darum, dass wir – oft mit anderen zusammen – Spaß beim Spielen haben, wir uns gut unterhalten und den Alltag vergessen können. Das gelingt kleinen Kindern am besten! Wir können beobachten, wie sie selbstvergessen in ein Spiel vertieft sind. Ein Spiel ist vordergründig nicht nützlich, so wie andere Tätigkeiten.

Brettspiele, Rollenspiele, Gesellschaftsspiele, Bewegungsspiele: Gespielt wird in unterschiedlichsten Situationen, z. B. Fußball im Verein, Theater in der Freizeitgruppe, Online am PC, Skat mit Kumpels am Samstagabend oder Brettspiele mit der Familie.

> „Der Mensch ist nur da ganz Mensch, wo er spielt."
> (Friedrich Schiller)

Warum spielen wir?

In den ersten Lebensjahren verbringen Kinder die meiste Zeit mit Spielen. Kinder sind ständig in Bewegung, bauen, malen, sind kreativ und ahmen ihre Umwelt und was sie erleben nach. Spielen ist wichtig für die Persönlichkeitsentwicklung. Beim Spielen können Kinder viele Fähigkeiten erlernen, die ihnen im Alltag nützlich sind. Zum Beispiel bei Regelspielen: soziale Verhaltensweisen wie Regeln einhalten und Geduld haben; bei Funktionsspielen: Geschicklichkeit und Ausdauer. Bei Konstruktionsspielen geht es um die konkrete Machbarkeit, um Kreativität und Fantasie. Viele Spiele sind eine Mischung aus verschiedenen Bereichen. Bei allen Spielen sind wir mit unseren Gefühlen beteiligt. Psychologen sehen darin ein großes Potenzial, durch Spielen die emotionale Intelligenz zu fördern (Webcode).

Hättest du das gewusst?

Beobachtungen mit Tierkindern zeigen, dass diese spielerisch spätere Verhaltensweise wie Jagen trainieren, auch wenn sie z. B. als Haustiere nur Wollknäueln hinterherspringen. Aus Versuchen mit Tierkindern, deren Spiel gestört wurde, wissen wir, dass diese im Erwachsenenalter häufig Einzelgänger wurden. Spielpsychologen warnen daher davor, dass Kinder, die nicht spielen, zu sozialen Außenseitern werden.

Viele Erwachsene spielen selten oder nie. Dabei hilft spielen, in jedem Alter geistig fit zu bleiben, einen Ausgleich zum Alltag zu haben oder sich einfach nur gut zu unterhalten, aktiv zu entspannen und kreativ zu sein.

Sonderfall: Einige Erwachsene können leider nicht aufhören zu spielen, oft sind es Glücksspiele, die Geld und viel Zeit kosten und allein gespielt werden. Hier sprechen wir von Spielsucht. Betroffene Menschen müssen sich professionell helfen lassen.

Verschiedene Arten von Spielen

Konzentrationsspiele
Spiele wie Memory fördern die Konzentrations- und Merkfähigkeit.

Konstruktionsspiele
Im Umgang mit verschiedenen Materialien können Kinder und Jugendliche ihre Fantasie ausprobieren und Kreativität entwickeln. Beim Bauen und Konstruieren sammeln sie Erfahrungen im naturwissenschaftlichen Bereich und mit physikalischen Gesetzmäßigkeiten. Wann stürzt z. B. der Turm aus den Bauklötzchen ein oder wie entsteht eine Fläche? Wie baue ich mit diesen Bauteilen einen funktionierenden Roboter?

Bewegungsspiele
Bewegungsspiele fördern die motorischen Fähigkeiten und sie machen Spaß, Kinder und Jugendliche bewegen sich einfach gern und viel. Mit oder ohne Ball, in der Halle, draußen in der Natur oder auf Spiel- und Trainingsplätzen findest du viele Anregungen, dich zu bewegen und deine Ausdauer, Geschicklichkeit, dein Ballgefühl, Balance u.v.m. auszuleben und zu trainieren.

Regelspiele
Regeln einhalten, gewinnen oder verlieren: Durch Regelspielen trainieren Kinder und auch Erwachsene, mit den eigenen Stimmungen wie Frust und Wut umzugehen und Konflikte auszuhalten. Mal haben wir Glück und sind die Gewinner, mal haben wir Pech und müssen uns zurücknehmen. Strategisches Denken führt in vielen Spielen häufiger zum Erfolg als Glück beim Würfeln.

Rollenspiele
Kinder üben fürs spätere Leben, wenn sie in Rollenspielen nachahmen, was sie sehen und erleben, z. B. „Vater-Mutter-Kind", „Telefonieren", „Arztbesuch". Oder sie verarbeiten ihre persönlichen Eindrücke und Gefühle mit dem Nachspielen von Situationen, wie Einkaufen, den Ausflug zum Zoo, einen Streit.

Computerspiele
Ob auf dem PC, der Konsole, mit VR-Brille in Bewegung, allein oder online mit einer Gamer-Community: die Vielfalt an Computerspielen ist unüberschaubar groß. Und sie sind ein gigantischer Markt, auf dem weltweit jährlich Milliardenbeträge umgesetzt werden. Computerspiele bergen eine höhere Gefahr als andere Spiele, eine Spielsucht zu entwickeln (mache einen Test zu deinem eigenen Spielverhalten: „Selbsttest exzessives Computerspielen" Webcode).

KAPITEL 6

Geld-geschichten

Überlege:
- *Welche Rolle spielt Geld in deinem Leben?*
- *Welche Zukunftspläne hast du in fünf, in zehn und in fünfzig Jahren?*
- *Wie abhängig sind deine Zukunftspläne von deiner finanziellen Situation?*
- *Was könnte dir beim Verwirklichen deiner Pläne im Weg stehen?*

Besitz: Was gehört mir?

M1 Für viele Jugendliche und Erwachsene sind Statussymbole sehr wichtig.

* **Statussymbole** sollen die soziale Lage oder die wirtschaftliche Situation einer Person demonstrieren. Sie können ein materieller Besitz sein, aber auch z. B. ein Titel, eine Mitgliedschaft, eine Auszeichnung, eine Zeugnisnote. Insgesamt sind sie etwas, worauf man stolz ist und es gern nach außen zeigt.

Statussymbole

„Mein Haus, mein Auto, mein Boot." Dieser Satz stammt aus einem alten Werbespot, in dem sich zwei Männer streiten, wer von ihnen mehr Besitztümer hat. Dieses Verhalten ist uralt. Schon im Mittelalter galten Menschen, die ein Pferd und ein Schwert besaßen, als wohlhabend und wichtig. Heute ist das nicht viel anders. Was hast du für ein Smartphone? Von welcher Marke sind deine Turnschuhe? Wie viele Likes hat dein Kommentar? Wie viele Follower oder Freunde hast du in einem sozialen Netzwerk?

Mit unseren Besitztümern sagen wir also auch immer etwas über unsere Stellung in der Gesellschaft aus. Verdiene ich viel oder wenig Geld? Habe ich Erfolg in der Schule? Wird meine Meinung anerkannt? Nicht immer werden Statussymbole* so prahlerisch wie bei den zwei Männern in der Werbung gezeigt, manchmal geschieht dies auch ganz unterbewusst. Wie ist es bei dir, kaufst du eher die Turnschuhe einer bestimmten Marke, obwohl die anderen gleich gut sind und weniger Geld kosten?

M3 Die Bloggerin Maja schreibt:

„Ich habe irgendwie das Gefühl, dass heutzutage Reisen und Urlaube so richtig als Statussymbole angesehen werden. Ständig posten irgendwelche Freundinnen Urlaubsbilder. Und die mit den meisten Likes ist die Coolste. Wie findet ihr das?"

Auto	47 %
Wohnung / Haus	47 %
Karriere / Beruf	33 %
Smartphone / Tablet	31 %
Urlaubsreise	31 %
Markenmode	26 %
Fitness	26 %

Quelle: marktmeinungmensch.de

M2 Ein Auto und das eigene Zimmer sind die am meisten genannten Statussymbole der Jugendlichen in Deutschland.

Share it!

Seitdem Muriel ihre Ausbildung in Stuttgart angefangen hat und dorthin gezogen ist, hat sie immer wieder ein Problem. Ihr fehlt ein Auto. Oft möchte sie am Wochenende kleine Tagesausflüge machen und aus der Stadt rausfahren. Außerdem hat sie schon bemerkt, dass es immer wieder umständlich ist, große Einkäufe mit öffentlichen Verkehrsmitteln zu transportieren. Muriel hat aber nicht genug Geld, um sich ein eigenes Auto zu kaufen, und erst recht nicht für die laufenden Kosten wie Versicherung und Steuern.

Für viele Menschen ist es inzwischen wichtiger geworden, etwas benutzen zu können, sie müssen es nicht unbedingt auch besitzen. In der Welt des Sharings existieren ganz unterschiedliche Modelle: auf der einen Seite professionelle Anbieter (wie z. B. beim Car-Sharing* oder Fahrradverleih), auf der anderen Seite viele private Formen, und das on- und offline, z. B.: Drei befreundete Paare teilen sich ein Segelboot; jemand braucht einmalig eine Bohrmaschine und leiht sie sich in einem „Leihladen"; auf zahlreichen Tausch- und Leih-Webseiten bieten Privatpersonen Dinge an, die sie verleihen – kostenlos oder im Tausch gegen etwas anderes.

Muriel empfindet es inzwischen gar nicht mehr als Mangel, kein eigenes Auto zu besitzen. Sie findet es im Gegenteil cool, dass sie nun eine Car-Sharing-Nutzerin ist.

* **Car-Sharing** bedeutet wörtlich übersetzt „Auto-Teilen". Gemeint ist die gemeinschaftliche Nutzung von Autos. Statt dass viele Leute ein eigenes Auto besitzen, das meistens nur herumsteht, mieten sie sich eines, wenn sie es brauchen.

„Wir teilen uns mit einer anderen WG einen Garten." Damla (21)

„Wir bilden eine Fahrgemeinschaft und fahren jeden Morgen gemeinsam zur Arbeit." Peter (43)

„Alle paar Monate treffe ich mich mit vielen Freundinnen zum Kleidertausch." Lina (15)

Paul und ich teilen uns einen Spiele-Account." Chris (13)

M4 Verschiedene Arten des Sharings

1. Wo findest du in deinem Alltag Statussymbole? Welche Statussymbole sind dir wichtig?
2. Vergleicht die Statussymbole von eurer Liste aus Aufgabe 1 mit denen aus **M2**. Was fällt euch auf? Gibt es Unterschiede und woher könnten diese kommen?
3. Befragt eure Großeltern und Eltern, welche Statussymbole es zu deren Jugendzeit gab. Vergleicht sie mit heutigen Statussymbolen.
4. Wie ist deine Meinung zu der Aussage der Bloggerin (**M3**)? Schreibe eine Antwort auf den Blogeintrag.
5. Welche Besitztümer teilst du mit anderen? Zähle auf und beschreibe.
6. Was nützt euch das Teilen eurer Besitztümer? Welche Nachteile können daraus entstehen? Diskutiert im Tandem und erstellt eine Pro- und Kontraliste.
7. Ergänzt eure Pro- und Kontraliste um die Beispiele aus **M4**. Welche Vor- und welche Nachteile entstehen für die Beteiligten?
8. Einige Experten sagen voraus, dass das Teilen immer mehr im Kommen liegt. Wie denkt ihr über die Zukunft des Teilens? Wo sind die Grenzen des Teilens? Haltet einen Vortrag über die Zukunft des Teilens und diskutiert im Anschluss in der Lerngruppe darüber.

Freie Güter: Was gehört nicht mir allein?

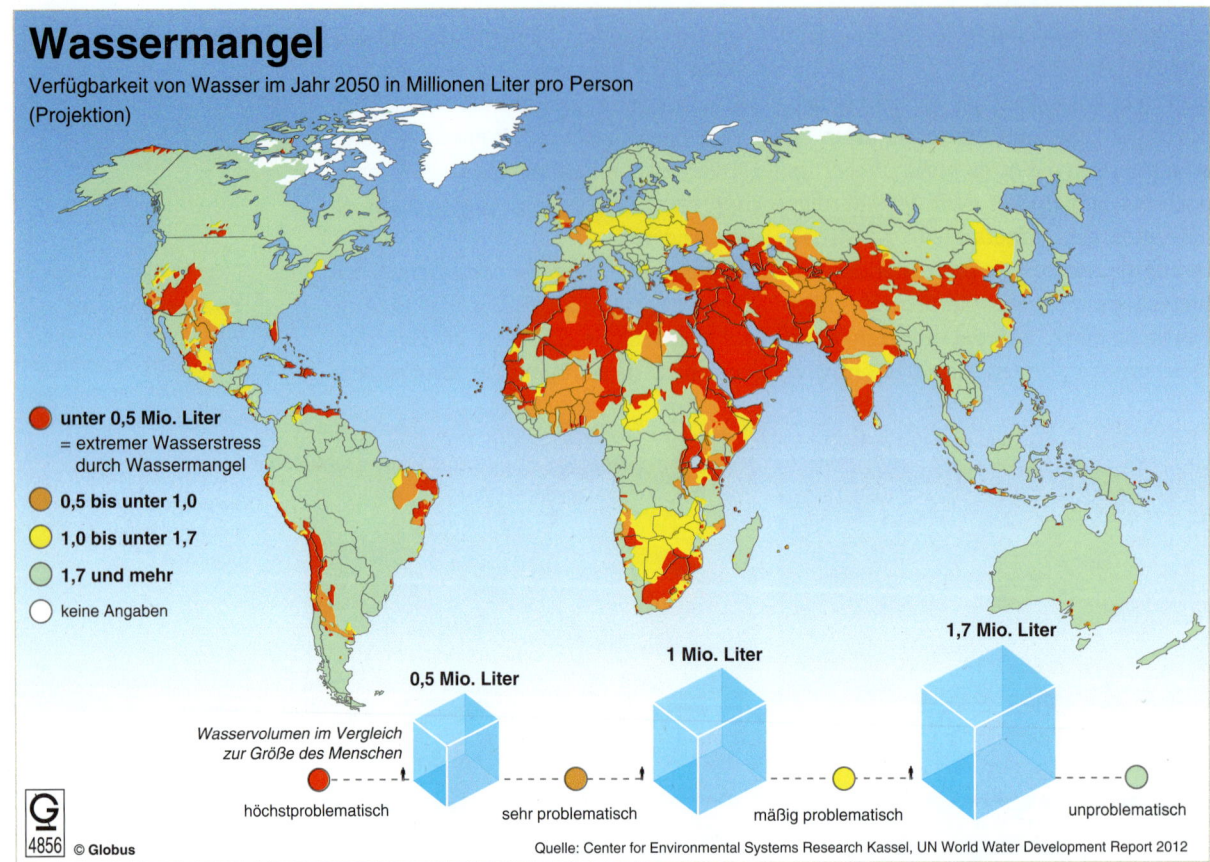

M1 Die meisten Länder in Nordafrika und im Nahen Osten sind von extremem Trinkwassermangel betroffen.

---

* **Freie Güter:** Gegenstände oder Ressourcen, die in der Umwelt quasi unbegrenzt und kostenlos vorhanden sind, nennt man freie Güter (z. B. Sonnenlicht, Wasser, Luft).

Freie Güter*

Unsere Erde besteht zu ca. 70 Prozent aus Wasser und wird daher auch blauer Planet genannt. Allerdings sind von diesen 70 Prozent gerade einmal drei Prozent Trinkwasser. In Deutschland haben wir genügend Trinkwasser: Sauberes Wasser kommt quasi unbegrenzt aus dem Wasserhahn, deshalb spricht man auch von einem freien Gut. Zwar kosten Wasser und Abwasser Geld (frag mal deine Eltern), aber nur recht wenig. Es wird eingesetzt, um Leitungen instandzuhalten und das Abwasser zu reinigen.

Zugang zu reinem Wasser ist nach einem Beschluss der Vereinten Nationen (UN) das Recht jedes Menschen auf der Welt. Die Realität sieht aber häufig anders aus. Aktuell sind laut UNESCO über 40 Prozent der Weltbevölkerung von Wasserknappheit betroffen. Es hat bereits Kriege um das kostbare Nass gegeben, weitere sind zu erwarten. Kann man da noch von einem freien Gut sprechen?

Weniger Wasser verbrauchen … ist keine Lösung!

„Verschwende nicht so viel Wasser und dreh den Hahn zu!" Diesen Satz kennst du vielleicht auch. Dabei ist das laut einiger Expertinnen in Deutschland gar nicht sinnvoll. Denn dadurch werden die Leitungen und Kanäle nicht mehr genügend durchgespült und es können sich Keime und Ablagerungen bilden. Die Rohre müssen dann aufwendig durchgespült werden.

Sinnvoller sei es, den Kauf von Produkten zu reduzieren, die einen hohen Verbrauch an sogenanntem virtuellem Wasser haben. Das ist das Wasser, das für die Produktion von Waren benötigt wird. Beispielsweise benötigt man für die Herstellung eines einzigen Baumwoll-T-Shirts ca. 15.000 Liter Wasser. Man spricht auch oft vom sogenannten Waterfootprint (Wasserfußabdruck).

Der Wasserverbrauch allein ist aber nicht entscheidend. Wenn nämlich das Produkt aus Gegenden kommt, in denen es viel regnet, ist auch ein hoher Wasserverbrauch unbedenklich. Problematischer ist es, wenn es aus sehr trockenen Gebieten stammt und Wasser dort sehr kostbar ist (Webcode).

Luftverschmutzung

Saubere Luft und sauberes Wasser sind also keine Selbstverständlichkeit. In Deutschland wurden noch vor wenigen Jahrzehnten Abgase und Abwässer ungefiltert und ungeklärt in die Umwelt geleitet. Das Wasser in den Flüssen, im Rhein

M 2 Infobox: Die Top Ten der Lebensmittel mit dem höchsten Verbrauch an virtuellem Wasser

1. Rindfleisch, 2. Schweinefleisch, 3. Käse, 4. Hühnerfleisch, 5. Eier, 6. Reis, 7. Sojabohnen, 8. Weizen, 9. Mais, 10. Milch

etwa, war so giftig, dass darin so gut wie keine Fische lebten. In Industriegegenden war es nicht möglich, draußen Wäsche aufzuhängen, sie wurde sofort schwarz von Ruß und Schmutz. Inzwischen sorgen überall Klär- und Filteranlagen dafür, dass Luft und Wasser sauber bleiben.

Aber auch heute noch wird beispielsweise in Stuttgart Feinstaubalarm ausgelöst. Wenn dies der Fall ist, sind die Anwohnerinnen und Berufstätigen in Stuttgart dazu angehalten, sich mit den öffentlichen Verkehrsmitteln, dem Fahrrad oder zu Fuß fortzubewegen. Fahrkarten für die öffentlichen Verkehrsmittel gibt es dann zu vergünstigten Preisen.

Wer zahlt für die freien Güter?

Wer bezahlt eigentlich dafür, dass die freien Güter frei zugänglich sind? Wer bezahlt also z. B. für Brunnen, Wasserschutzgebiete, das Wasserleitungssystem, die Klär- und Filteranlagen? In Deutschland liegen diese Aufgaben überwiegend in öffentlicher Hand. Immer mal wieder wird aber darüber diskutiert, ob es nicht besser wäre, die Wasserversorgung zu privatisieren. Wie stehst du dazu?

M 3 Smog* in Peking

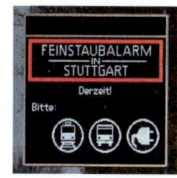

M 4 Feinstaubalarm in Stuttgart

* **Smog:** ein Kunstwort, zusammengesetzt aus Smoke (Rauch) und Fog (Nebel)

1 Nenne weitere freie Güter.
2 👥 Wasser und Luft sind freie Güter. Nehmt Stellung zu dieser Aussage.
3 Sieh dir die Liste der Lebensmittel mit dem höchsten Verbrauch an virtuellem Wasser an (M 2). Was fällt euch auf?
4 Stelle weitere Recherchen zu Produkten mit einem hohen Verbrauch an virtuellem Wasser an (Webcode).
5 👥 Stellt mit Hilfe des Schaubilds M 1 und deinen Ergebnissen aus Aufgabe 3 fest, welche Produkte in Bezug auf die Wasserknappheit in bestimmten Ländern kritisch sind.
6 👥 Recherchiert im Internet weitere Lösungsmöglichkeiten, die für mehr saubere Luft sorgen sollen. Welche sind realistisch und sinnvoll, welche eher nicht? Erstellt zu euren Lösungsvorschlägen eine Kurzpräsentation.
7 👥 Diskutiert die Frage, wer die Kosten der freien Güter tragen soll.

Finanzmanagement: Wofür will ich Geld ausgeben?

M1 Damla bezahlt in ihrem Fitnessstudio jeden Monat 40 Euro Mitgliedsbeitrag.

M2 Eren hat sich eine teure Kamera für die Aufnahme seiner Blogs gekauft.

Eren ist jedes Mal total erschöpft, wenn er vom Zeitungaustragen nach Hause kommt. Die Frage, warum er das macht, stellt sich Eren selten. Eren geht nämlich total gerne Shoppen und ins Kino. Für diese Ausgaben würde sein Taschengeld wahrscheinlich sogar reichen. Eren hat aber lange gespart und sich gerade eine neue Kamera gekauft. Durch die neue Kamera erhofft er sich, noch bessere Fußball-Tutorial-Videos machen zu können. Bisher war die Bildqualität seiner Videos immer sehr schlecht. Eren möchte mit den besseren Videos noch mehr Follower gewinnen und Likes sammeln für seinen Video-Kanal. Als nächstes will er sich noch eine gute Software zur Bildbearbeitung anschaffen.

Sparst du auch auf etwas Bestimmtes? Sicher bist du den Worten „Investition" und „Konsum" schon öfters im Alltag begegnet. Aber weißt du auch, was sie bedeuten?

Infobox: Investition und Konsum

Die Begriffe Konsum und Investition beschreiben zwei unterschiedliche Arten des Geldausgebens. Bei einer **Investition** geht es darum, Geld auszugeben, um mehr Geld zu verdienen. Wenn z.B. ein Unternehmer eine neue Produktionsanlage kauft, dann will er damit mehr Geld verdienen, als er ausgegeben hat. Auch im privaten Bereich gibt es Investitionen, z.B. „Ich kaufe mir ein Mofa, dann kann ich den Job annehmen, den ich ohne Mofa nicht erreichen könnte." Das Ziel einer Investition ist es also, Geld zu vermehren.

Beim **Konsum** geht es darum, ein kurz- oder mittelfristiges Bedürfnis zu stillen, z.B. wenn du dir ein Eis oder ein T-Shirt kaufst. Beim Konsum ist das Geld anschließend weg, und zwar sofort (wie beim Eis) oder langsamer (wie beim T-Shirt).

Ob eine Ausgabe Konsum oder Investition ist, hängt davon ab, von wem und wie es verwendet wird. Ein Mofa kann wie im Beispiel eine Investition sein, es kann aber auch ein Konsumartikel sein. Umgangssprachlich wird der Begriff „Investition" auch ganz allgemein im Zusammenhang mit einem längerfristigen Nutzen verwendet, z.B.: „Ich investiere in meine Gesundheit, indem ich Sport mache" oder „Ich investiere Zeit in mein Hobby, weil mir das Spaß macht". Im engeren Sinne handelt es sich hier nicht um Investitionen, da in diesen Beispielen nicht die Vermehrung von Geld das Ziel ist.

Investitionen in eine sorgenfreie Zukunft

Eren ist in letzter Zeit aufgefallen, dass seine Eltern ab und zu seiner Großmutter die Einkäufe bezahlen. Als Eren seine Eltern darauf angesprochen hat, antworteten sie nur knapp, dass Oma nicht so viel Rente habe und sie ihr ein wenig unter die Arme greifen möchten. Damit Eren später nicht ihre Einkäufe bezahlen muss, spart Erens Mutter bereits jetzt, um später ihre Rente etwas aufstocken zu können. Private Rentenvorsorge nennt sich das.

Immer öfters bemerkt Eren, dass sich andere um ihre finanzielle Zukunft kümmern. Sein Freund Adar, der schon eine Ausbildung abgeschlossen hat, zahlt seit neuestem Geld in eine Berufsunfähigkeitsversicherung ein. Dadurch, so sagt er, bekomme er weiterhin Geld, falls ihm etwas passiere und er deswegen nicht mehr arbeiten könne. Lea legt auch regelmäßig von ihrem Ausbildungsgehalt 50 Euro auf ein Sparkonto. Sie möchte eine Reserve für schlechte Zeiten anlegen.

Müssen diese Risikovorsogen wirklich sein?

1. Erkläre an einem Beispiel aus deinem Alltag den Unterschied zwischen Konsumieren und Investieren. Tipp: Mache daraus ein einminütiges Podcast
2. Für was gibst du dein Geld aus? Erstelle eine Liste und ordne sie beginnend mit den Dingen, für die du das meiste Geld ausgibst.
3. Vergleiche deine Rangliste mit deiner Sitznachbarin. Welche Unterschiede fallen euch auf? Woher kommen die Unterschiede?
4. Markiere in deiner Rangliste aus der zweiten Aufgabe Investitions- und Konsumausgaben.
5. M1 und M2 zeigen dir Beispiele von Investitionen. Hast du auch schon in etwas Geld oder Zeit investiert? Gab es auch schon Fehlinvestitionen? Beschreibe.
6. Investitionen können oft mit hohen Kosten oder einem hohen Zeitaufwand verbunden sein. Für welche zukünftigen oder gegenwärtigen Investitionen lohnt sich eurer Meinung nach ein hoher Geld- oder Zeitaufwand? Begründet und denkt dabei auch an eure unmittelbare berufliche Zukunft. Diskutiert im Anschluss über eure Investitionen in der Lerngruppe.
7. Überlege mit deinem Lernpartner, welche Risiken euch in Zukunft erwarten können und schreibt die Risiken auf. Überlegt euch im nächsten Schritt, wie ihr euch vor diesen Risiken absichern könnt.
8. Informiert euch in der Lerngruppe durch eine Internetrecherche über unterschiedliche Vorsorgeversicherungen. Arbeitet Vor- und Nachteile heraus und stellt eure Ergebnisse in Form einer Präsentation der Lerngruppe vor.

Work-Life-Balance: Warum ist das ein Thema für mich?

- Ich schaffe meine Arbeit in der vorgegebenen Zeit.
- Mit meiner Arbeit leiste ich etwas Sinnvolles.
- Ich fühle mich an meinem Arbeitsplatz wohl.
- Ich weiß, dass ich meine Arbeit gut mache.

- Ich schlafe genug.
- Ich fühle mich von meiner Familie und meinen Freunden unterstützt.
- Irgendjemand hat immer ein offenes Ohr für mich.
- Ich habe genügend Zeit, um meine Freundschaften zu pflegen.
- Ich kann mich meinen Hobbys widmen.

WORK   **LIFE**

- Die Arbeit nimmt in meinem Leben zu viel Platz ein. Ich lebe nur noch fremdbestimmt.
- Ich mache mir immer wieder Sorgen über Probleme, die mit der Arbeit zusammenhängen.
- Ich arbeite oft unter Zeitdruck.
- Ich kann oft nur noch schwer abschalten.

- Ich habe zu wenig Zeit für meine Familie und meine Freunde.
- Ich muss manchmal Aktivitäten mit Freunden ausfallen lassen, weil ich sonst nicht genügend Zeit habe, mich auszuruhen.
- Ich schaffe es nach der Arbeit und am Wochenende oft nicht mehr, mich zu Freizeitaktivitäten aufzuraffen. Ich bin viel zu müde.

M1 Arbeit und Privatleben im Einklang – Wann gelingt die Balance?

Es ist schon fast ein Modewort – die „Work-Life-Balance". Gemeint ist damit das Gleichgewicht zwischen den Lebensbereichen „Arbeit" und „Nicht-Arbeit". Ist das ein Thema für dich?

Du bist in der Endphase deiner Zeit an der Sekundarschule und überlegst, in welche Richtung dich deine berufliche Zukunft führen soll. Deine Aufgabe ist es, einen Erstberuf zu finden, der zu dir passt und den du ausfüllen kannst. „Ausfüllen" bedeutet dabei, dass deine zukünftige Arbeit dich im positiven Sinne fordern, aber nicht überfordern soll.

Hohe Anforderungen

SchulabgängerInnen heute stehen vor großen Herausforderungen: Wer erfolgreich im Beruf sein will, muss hohen Qualifikationsansprüchen genügen und die rasante technologische Entwicklung erfordert Flexibilität und lebenslange Lernbereitschaft.

Dazu kommen noch weitere Anforderungen: BerufsanfängerInnen müssen sich in eine Gruppe von MitarbeiterInnen einfügen, die sich schon lange kennt und vertraut miteinander umgeht. Arbeitsabläufe, Regeln, Vorschriften … Am Anfang ist noch alles neu. Deshalb stehen viele Azubis anfangs unter Druck und fühlen sich beobachtet und kontrolliert.

Zeit ist ein knappes Gut

Von einem stressigen Job muss man sich erholen. Aber Zeit ist ein knappes Gut. Und einen Großteil davon verbringst du an der Arbeitsstelle oder in der Berufsschule.

Einen „Gleichklang" zwischen Arbeits- und Privatleben zu finden ist deshalb wichtig. Dabei gibt es keine „ideale" Zeiteinteilung. Jeder Mensch hat andere Bedürfnisse. Das hängt oft vom Alter, dem Geschlecht und der Lebenseinstellung ab. Das Bemühen um die „richtige" Life-Work-Balance ist ein lebenslanger Prozess.

> **Marjana (18):** Nach meinem Schulabschluss habe ich eine Ausbildung in einem Supermarkt begonnen. Ich hatte erfahren, dass die Ausbildungsvergütung dort im Vergleich zu anderen Betrieben höher war. Meine Arbeitszeit begann um 11 oder 12 Uhr mit-

tags und ich blieb, bis der Laden abends zugesperrt wurde, also bis etwa 20:30 oder 21:00 Uhr, je nachdem, was noch zu tun war. Vorher war ich zweimal pro Woche im Schwimmtraining gewesen, das war jetzt einfach nicht mehr drin. Wenn ich abends aus dem Markt kam, war das Training schon aus. Ich hatte das Gefühl, kein eigenes Leben mehr zu haben. Ich schlief lange, ging danach zur Arbeit und war am Abend so kaputt, dass ich zuhause zu nichts mehr fähig war. Über die Berufsberatung bekam ich den Tipp, mich in einem Fahrradladen vorzustellen. Ich verdiene jetzt zwar 400 Euro pro Monat weniger, aber mein Chef hat gleich gesagt, ich solle doch wieder ins Schwimmtraining gehen. Denn schließlich seien sportliche Mitarbeiterinnen einfach die besseren FahrradverkäuferInnen. Wer wann arbeitet, entscheiden wir hier in der Mitarbeiterrunde. Jeder kann sagen, wie es für ihn am besten ist. Ich bin froh, dass ich gewechselt habe. Das Betriebsklima hier ist super!

Klemens (25): Momentan arbeite ich wirklich sehr viel. Ich habe nach der Ausbildung berufsbegleitend meine Meisterprüfung gemacht. Das war extrem stressig. In der Firma habe ich Schritt für Schritt mehr Verantwortung übernommen. Nächstes Jahr fange ich an mit der Fortbildung zum Betriebswirt. Danach wollen meine Freundin und ich heiraten. Wir wollen mindestens ein Kind haben. Dann werde ich versuchen, möglichst viel Zeit für meine Familie zu haben.

Riem (17): Ich mache eine Ausbildung zur medizinischen Fachangestellten bei einem Kinderarzt. Das war schon immer mein Traumberuf. Die ersten Wochen waren unheimlich hart. Ich habe mich sehr bemüht, aber trotzdem immer wieder Fehler gemacht. Eine Kollegin war deshalb anfangs sehr unfreundlich. Ich habe ihr gesagt, dass ich mir das alles nicht so schnell merken kann. Wir haben dann zusammen ein „Merkheft" gebastelt, das ich immer bei mir trage. Da kann ich nachschauen. Das hilft mir.

M 2 Marjana hat wieder Zeit, zum Schwimmtraining zu gehen.

M 3 Klemens weiß genau, was er will.

M 4 Riem findet Hilfe bei ihrer Kollegin.

1. Betrachtet **M 1** und erklärt euch gegenseitig, welche Anzeichen für eine gelungene Work-Life-Balance sprechen. Woran erkennt man, dass das Verhältnis von Arbeit und Privatleben aus dem Lot geraten ist?
2. Überlege: Was gehört für dich zu einem erfüllten Privatleben (jetzt und in Zukunft)? Schreibe fünf Begriffe, die deine Wünsche zum Ausdruck bringen, auf Wortkarten. Erstellt gemeinsam eine "Hitliste".
3. Marjana (**M 2**) und Riem (**M 4**) haben Wege gefunden, aus einer Dysbalance herauszufinden. Was hat ihnen geholfen?
4. Befragt junge Menschen in eurem Freundeskreis, wie sie die ersten Monate als Berufsanfänger erlebt haben.
5. Erst powern für die Karriere, dann Familie! Klemens (**M 3**) hat seine eigene Vorstellung von Work-Life-Balance. Was hältst du von dieser Einstellung? Besprich dich mit deinem Partner.
6. In **M 1** heißt es: „Ich habe genügend Zeit, um meine Freundschaften zu pflegen". Was muss man tun, um eine Freundschaft zu „pflegen"?
7. Wie stellst du dir dein Leben in 5 und in 10 Jahren vor? Schreibe einen Brief an dein zukünftiges Selbst. Welche Rolle spielt eine Work-Life-Balance?
8. Recherchiert zum Thema Teilzeit. Führt als Rollenspiel ein Gespräch, bei dem du mit der Schulleitung darüber sprichst, dass du TeilzeitschülerIn werden willst.

Schuldenfalle: Kann mir das passieren?

M1 Deniz und Lea genießen ihr neues Auto.

* **Leasing** ist eine Art von Miete, die aber auch Bestandteile einer Finanzierung hat und die vor allem bei Fahrzeugen und Maschinen vorkommt.

* **Kredit** Geld, das für eine bestimmte Zeit zur Verfügung gestellt wird. Dafür zahlt man Zinsen

* **Zinsen** nennt man die Gebühren, die du zahlen musst, wenn dir jemand, z. B. die Bank, Geld leiht.

M2 Viele Anzeigen werben mit einer Null-Prozent-Finanzierung. Was ist damit gemeint?

Deniz begann mit 16 Jahren eine Ausbildung als Altenpfleger. Von seinem Gehalt legte er jeden Monat einen kleinen Betrag auf die Seite, denn später wollte er sich ein besonderes Auto kaufen. Als er 18 wurde, hatte er zwar den Führerschein, allerdings noch nicht genug Geld angespart, um sich sein Traumauto kaufen zu können. Also beschloss er, das Auto zu leasen*. Die monatliche Leasingrate konnte er sich leisten, allerdings war klar, dass er nun vier Jahre lang Monat für Monat die Leasingrate bezahlen musste.

Schulden machen ist leicht
Mit 19 schloss Deniz seine Ausbildung ab. Er verdiente nun etwas mehr Geld und konnte endlich mit seiner Freundin Lea zusammenziehen, die gerade mit ihrer Ausbildung angefangen hatte. Für die Einrichtung der Wohnung nahmen sie einen Kredit* bei der Bank auf. Die neue Küche für mehrere tausend Euro mit viel schickem Edelstahl und modernster Technik konnten sie zum Glück auf Raten kaufen, die hätten sie sonst gar nicht nehmen können. Für alle Fälle haben die beiden noch etliche verschiedene Versicherungen abgeschlossen, auch wenn sie gar nicht so genau wissen, wofür die alle sind. Deniz und Lea stehen beide auf Onlineshopping, sie sitzen gern am Laptop und mit zwei Klicks haben sie etwas Schönes gekauft. Die Kreditkartenabrechnung kommt ja erst in ein paar Wochen.

Infobox: Null-Prozent-Finanzierung
Es sind verlockende Angebote: In vielen Werbespots und Prospekten ist von einer Null-Prozent-Finanzierung die Rede. Damit ist gemeint, dass du etwas kaufen kannst, ohne dass du es sofort bezahlen musst; stattdessen kannst du es in Raten über einen längeren Zeitraum, z. B. 24 Monaten abbezahlen, und das für null Prozent Zinsen*! Eigentlich handelt es sich bei einem solchen Ratenkauf um eine Art von Kredit, den du in monatlichen Raten über eine festgelegte Zeit zurückzahlst. Normalerweise kostet ein Kredit Zinsen. In diesen Angeboten wird aber damit geworben, dass der Kredit kostenlos ist, „Null-Prozent". Kann das stimmen? Und wenn ja, was hat der Händler davon?
Informiere dich darüber auch bei der Verbraucherzentrale (Webcode).

Unerwartete Ausgaben
Als die Waschmaschine kaputtging, war eine Reparatur zwecklos, Deniz und Lea mussten eine neue kaufen. Dann brauchte Lea dringend zwei neue Zahnkronen, ihr Eigenanteil betrug über 2000 Euro. Bald darauf war eine größere Rechnung für eine Autoreparatur fällig. Die erste Nachzahlung für die Heiz- und Betriebskosten der neuen Wohnung lag bei 800 Euro. Deniz und Lea verloren irgendwann komplett den Überblick über ihre Finanzen. Die Schulden wuchsen.
Als Lea nach ihrer Ausbildung arbeitslos wurde, begannen die Probleme erst richtig. Deniz konnte die Leasingraten nicht mehr zahlen und musste das Auto zurückgeben. Auch die Miete konnte nicht

mehr vom Konto abgebucht werden, nun hat der Vermieter mit Kündigung gedroht.

Wer kann helfen?

Schulden und Überschuldung auch bei jungen Menschen ist keine Seltenheit. Jobverlust, Schicksalsschläge, voreilig abgeschlossene Verträge, Abos und Einkäufe können zu ernsthaften finanziellen Schwierigkeiten führen.

In solchen Situationen helfen Schuldnerberatungen, die in den meisten Fällen einen Weg aus der Krise aufzeigen können. Im äußersten Fall ist eine sogenannte Privatinsolvenz möglich (genauer: Verbraucherinsolvenz), durch die es möglich ist, nach einigen Jahren schuldenfrei zu sein, auch wenn die Schulden nicht zurückgezahlt werden können (siehe S. 150).

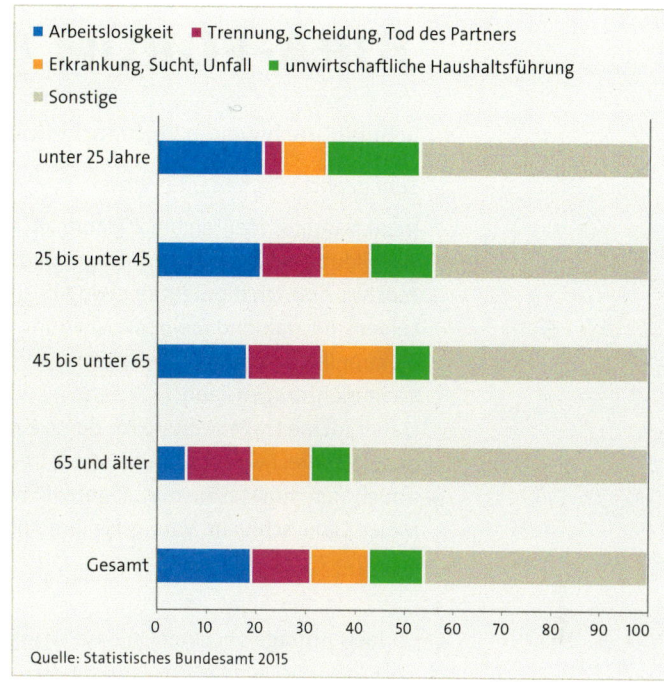

M 2 Hauptauslöser von Verschuldung

1 Nenne Entscheidungen von Deniz und Lea, von denen du ihnen abgeraten hättest.
2 Führe in deiner Familie, bei Freunden oder in der Fußgängerzone eine Recherche durch, für was und von wem die befragten Personen Geld geliehen haben. (Wichtig! Kläre die befragten Personen darüber auf, dass diese Umfrage in einem schulischen Rahmen stattfindet und anonym ist.)
3 In welchen Fällen aus Aufgabe 2 ist es eurer Meinung nach sinnvoll, sich Geld zu leihen? In welchen Fällen nicht? Diskutiert in der Lerngruppe.
4 Wie könnte die Geschichte von Deniz und Lea zu Ende gehen? Schreibt ein Storybook und macht daraus eine Digital Story (siehe S. 50).
5 Beschreibe die wichtigsten Ursachen für zu hohe Schulden in der Altergruppe der unter 25-Jährigen im Vergleich zu den anderen Altersgruppen (M 2). Welche sind vermeidbar und welche nicht?
6 Erstellt einen Ratgeber zum „richtigen" Umgang mit Geld. Er soll sich an Jugendliche richten, die aus dem Elternhaus ausziehen.
7 Was haben Händler davon, wenn sie eine Null-Prozent-Finanzierung anbieten? Und sind es wirklich immer Null Prozent? Vergleiche anhand eines konkreten Beispiels die Gesamtsumme, den Endpreis eines Produkts beim Sofortkauf und beim Ratenkauf.
8 Informiere dich z. B. bei der Verbraucherberatung über die Null-Prozent-Finanzierung. Beschreibe die Vor- und Nachteile.
9 Wo ist eine Schuldnerberatung in deiner Nähe? Hat sie spezielle Angebote für Jugendliche? Worin genau besteht ihre Hilfe?

Verbraucherinsolvenz

JURA-FORUM §

Schulabbruch wegen Verbraucherinsolvenz?

Sehr geehrte Damen und Herren,

mein Name ist Joel, ich bin 20 Jahre alt, habe einen Realschulabschluss und eine Ausbildung als Zimmermann abgeschlossen. Da ich bald Architektur studieren möchte, hole ich momentan mein Abitur nach.
Leider sind während meiner Ausbildung bei meinem Telefonanbieter, bei einem Elektronikfachmarkt und bei meiner Versicherung Schulden entstanden, die ich jetzt nicht mehr tragen kann.
Daher meine Frage: Müsste ich durch eine eventuelle Verbraucherinsolvenz die Schule abbrechen, da ich laut Gesetz im Fall einer Verbraucherinsolvenz jede Arbeit annehmen müsste, die mir „zugeteilt" wird?
Vielen Dank schon im Voraus für Ihre Antwort und mit freundlichen Grüßen

Joel

M1 Joels Anfrage bei einer Online-Plattform für juristische Themen

Was bedeutet Verbraucherinsolvenz?
Das Wort Insolvenz stammt von dem lateinischen Wort solvere ab, was so viel wie „zahlen" bedeutet. Insolvenz meint dementsprechend Zahlungsunfähigkeit. Bis vor einigen Jahren konnten ausschließlich Firmen eine Insolvenz anmelden, inzwischen ist dies auch Privatpersonen möglich. Daher wird häufig der Begriff „Privatinsolvenz" verwendet. Der juristisch korrekte Begriff lautet „Verbraucherinsolvenz", aber es ist im Alltag nicht immer zwingend notwendig, die juristisch korrekten Begriffe zu verwenden.

Ruckzuck raus aus den Schulden?
Wie du in M1 lesen kannst, haben sich bei Joel eine Menge Schulden angehäuft. Um diesen Schuldenberg loszuwerden, möchte Joel eine Verbraucherinsolvenz bei seinem zuständigen Amtsgericht anmelden. Er hat gehört, dass ihm nach dem sechsjährigen Verfahren alle seine Schulden erlassen werden. Aber so einfach, wie Joel sich das vorgestellt hat, ist es nicht.

Erstmal ohne Gericht
Als Erstes wendet sich Joel an eine Schuldnerberatungsstelle, denn ohne professionelle Unterstützung ist der ganze Ablauf kaum zu bewältigen. Bevor Joel ein Verbraucherinsolvenzverfahren beantragen kann, muss er nachweisen, dass er versucht hat, seine Schulden auch ohne das Verbraucherinsolvenzverfahren zu begleichen. Dabei reicht es nicht aus, dass er beim Amtsgericht sagt: „Ich habe es versucht!"

Bitte nehmen Sie Platz

Wenn die außergerichtliche Einigung mit seinen Gläubigern gescheitert ist, kann Joel einen Antrag auf ein Verbraucherinsolvenzverfahren stellen. Er muss gemeinsam mit einem Schuldenberater einen Plan erstellen, wie er die Schulden begleichen könnte, den sog. „Schuldenbereinigungsplan". Dazu muss er seine gesamte finanzielle Situation offenlegen: Einkommen, evtl. vorhandenes Vermögen, alle seine Besitztümer. Wieviel könnte er monatlich sparen, wieviel zurückzahlen, wie lange würde das dauern? Bei wem genau hat er Schulden und wie hoch sind sie? Gibt es Vollstreckungsbescheide, d.h. ist schon ein Gerichtsvollzieher unterwegs, um bei ihm zu pfänden?

Das Gericht prüft dann gemeinsam mit den Gläubigern, ob Joels Schuldenbereinigungsplan Erfolg haben könnte.

Wohlverhalten und Restschuldbefreiung

Wenn das Insolvenzverfahren eröffnet wird, wird Joel von einem Treuhänder bis zum Ende des Verfahrens begleitet. Dieser Treuhänder kümmert sich darum, dass Joel seine Gläubiger so weit wie möglich zufriedenstellt. Für Joel ist dies die sogenannte „Wohlverhaltensphase". Dazu gehört, dass ein Teil seines Gehalts jeden Monat gepfändet wird. Sollte er arbeitslos werden, ist er dazu verpflichtet, jede zumutbare Tätigkeit anzunehmen, um so viele Schulden wie möglich zu begleichen. Sollte er etwas erben, muss er die Hälfte davon an den Treuhänder übergeben.

Am Ende, nach sechs Jahren, kann die sog. „Restschuldbefreiung" stehen, Joel wäre dann wieder schuldenfrei und muss nicht lebenslang seine Schulden zurückzahlen. Bis dahin ist es aber ein weiter Weg.

Seit 2014 gilt das „Gesetz zur Verkürzung des Restschuldbefreiungsverfahrens", in dem geregelt ist, dass in bestimmten Fällen schon nach fünf oder sogar nur nach drei Jahren die Restschuldbefreiung möglich ist.

JURA-FORUM §

AW: Schulabbruch wegen Verbraucherinsolvenz?

Hallo Joel,

du musst zwar alle zumutbaren Tätigkeiten annehmen und dich darum bemühen, Geld zu verdienen. Allerdings darfst du dich auch während eines Verbraucherinsolvenzverfahrens weiterbilden, wenn man davon ausgehen kann, dass du den höheren Abschluss auch schaffst.

Denn dann würdest du nach dem Studium voraussichtlich mehr Geld verdienen und könntest mehr Schulden begleichen.

Mit freundlichen Grüßen

Dein Anwalt-Team

Geld und Liebe: Ist das für mich ein Widerspruch?

M1 Ratschläge zur Frage „Wer bezahlt beim Date?"

Sprechen über Geld

Bestimmt kennst du diesen Spruch: „Über Geld spricht man nicht!" In unserer Gesellschaft ist Geld für viele ein Tabu*. Gerade in Beziehungen soll die Liebe nicht gestört werden; schon gar nicht von etwas so Materiellem wie Geld. Am Anfang lässt sich das Thema auch leichter vermeiden. Früher oder später wird Geld aber immer zum Thema, weil es mit anderem vermischt ist wie Macht, Abhängigkeit, Gerechtigkeit, (Un-)Sicherheit. Kein Wunder, dass der Streit über Geld einer der bedeutsamsten Konfliktpunkte in Beziehungen ist. Warum fällt es beim Thema Geld manchmal schwer, sachlich zu bleiben? Noch komplizierter wird es in langfristigen Partnerschaften, wenn gemeinsame größere Anschaffungen getätigt werden und gemeinsame Schulden abgezahlt werden müssen.

> **Im Fernsehen ein Widerspruch:**
> – „Geld oder Liebe"? (Deutsche Gameshow mit J. von der Lippe)
> – „Do you take the money or do you go on a second date with me?" (Frage an die Kandidaten in einer Dating-Show)

Wer bezahlt beim Date?

Früher schien das einfacher: „Klar, der Mann bezahlt!" Das ist heute nicht mehr so eindeutig (**M1**). Was denkst du?
Die meisten Frauen haben ihr eigenes Geld und sind eigentlich nicht auf eine Einladung angewiesen. Viele Männer fühlen sich dennoch fast verpflichtet, bei einem Date die Rechnung zu übernehmen, selbst wenn sie nicht mehr Geld zur Verfügung haben als die Frau. (Hier ein Kaffee, dort ein Kinoeintritt – da kommt ganz schön was zusammen). Und wer zahlt eigentlich bei gleichgeschlechtlichen Paaren?
Ist dir das schon einmal passiert: Jemand hat dich eingeladen, obwohl du es nicht wolltest? Eine verbreitete gesellschaftliche Norm ist der wechselseitige Tausch (Reziprozität*). Wer eine Einladung angenommen hat, fühlt sich schnell dazu verpflichtet, dem anderen etwas zurückzugeben. Die Einladung wird zum Tauschgeschäft: Was wird im Gegenzug erwartet?
Eine Einladung als Geschenk ist anders: Die Absicht des freien Schenkens ist es, dem anderen eine Freude zu machen oder gemeinsam Glück zu teilen.

* **Tabu:** Dinge, über die im Allgemeinen nicht gesprochen wird.

* **Die Norm der Reziprozität** („Wie du mir, so ich dir): Wenn wir etwas bekommen, fühlen wir uns häufig verpflichtet, dem anderen auch etwas zu geben. Das ist zwar nicht im Gesetz verankert, aber eine allgemein anerkannte Regel in unserer Gesellschaft (=Norm).

M2 Muss es Geld oder Liebe sein?

Geld und Liebe

Hört beim Geld die Liebe auf?

„Nein, ich kann dir nicht schon wieder etwas leihen, Kevin. Du schuldest mir immer noch 40 € vom letzten Mal", sagt Sevim. Er: „Schatz, ich hab's grad einfach nicht. Nur dieses eine Mal noch. Bitte."
Wie sich Liebe und Geld zueinander verhalten, handeln wir in unseren Beziehungen aus. Mitentscheidend ist unser Umgang mit dem Thema Geld, wie wir darüber reden und wie wir mit den zur Verfügung stehenden Ressourcen umgehen.

Beziehungstipps zum Umgang mit Geld

- von Anfang an gemeinsame, klare Vereinbarungen treffen
- hinterfragen: Worüber streiten wir wirklich?
- beim Partner/bei der Partnerin kein Geld leihen
- geliehenes Geld pünktlich zurückzahlen
- regelmäßig den finanziellen Stand prüfen (Haushaltsbuch)
- …

Gemeinsamer Haushalt

Besonders bei größeren Anschaffungen, aber auch bei Alltagsdingen wird Geld leicht zum Streitthema: „Du wirfst das Geld zum Fenster heraus!" „Ich brauche nicht so viel wie du." „Ich bringe das Geld nach Hause." Lohnunterschiede und Verteilung der Hausarbeit machen die Sache kompliziert. Die Schwierigkeit: Bei vielen Streitigkeiten geht es nur vordergründig um Geld. Dahinter steckt oft mehr, zum Beispiel um Wertschätzung und Abhängigkeit oder die Anerkennung der Arbeit in Haushalt und Beruf.

Bevor Paare zusammenziehen, ist es ratsam, gemeinsam und klar zu vereinbaren: Wem gehört welches Geld? Wer bezahlt was? Welchen Anteil an der unentgeltlichen Arbeit übernimmt er oder sie (z. B. Hausarbeit)? Wer behält den Überblick über gemeinsame Finanzen? Sollten sich unsere Wege unverhofft trennen: Wie gehen wir mit dem eingebrachten und gemeinsam erarbeiteten Geld um?

M 3 Lieben und mit Geld umgehen

---

1. 👥 Diskutiert: Ist eine Einladung beim ersten Date eine nette Geste oder eine Bevormundung?
2. 👥 Beschreibt, wie ein perfektes erstes Date aussieht. Welche Rolle spielt dabei Geld? Macht daraus ein Rollenspiel!
3. 👥 Sammelt Sprüche und Weisheiten rund um das Thema „Geld und Liebe". Suche dir einen besonders ratsamen oder unratsamen Spruch aus und erkläre ihn in deinen Worten. Beziehe Stellung dazu.
4. Bewerte die Ratschläge zu Finanzen beim ersten Date (M 1). Was ist für dich sinnvoll, was nicht? Schreibe an einen der beiden Verliebten aus M 1 eine Kurznachricht (Messenger oder SMS) mit deinem Ratschlag.
5. Tauschgeschäft oder Geschenk: Überlege, welche Erfahrungen du oder jemand, den du kennst, mit Dating-Einladungen gesammelt hast. Wie stehst du heute dazu?
6. Deine Freundin steht am Anfang einer neuen Beziehung. Welche Tipps gibst du ihr, damit Geld nicht zum Streitthema wird? (Überlege, inwiefern die Tipps aus M 3 zu ihr passen und formuliere eigene Tipps.)
7. Eins, zwei oder drei: Wie viele Bankkonten sollten deiner Meinung nach in einem Zwei-Personen-Haushalt geführt werden? Begründe.

Verliebt, verlobt, verpflichtet: Welche Bindung gehe ich ein?

Stolz präsentiert Samira in der Pause ihren linken Ringfinger: Ein Kniefall von Eren, ein schnelles „Ja" von ihr, dann kam der Ring. Noél fragt, „Wann wollt ihr heiraten?" Samira zuckt die Schultern: Das weiß sie auch nicht. Sie weiß nicht einmal, ob sie Eren überhaupt eines Tages heiraten möchte.

M1 Ein Verlobungsring ist ein Symbol für das Versprechen, eine Ehe einzugehen.

Verlobung
Viele Menschen denken, dass eine Verlobung nicht mehr als eine romantische Bestätigung der Beziehung zwischen zwei Personen sei. Das ist ein Irrtum: Eine Verlobung ist in Deutschland mit rechtlichen Verpflichtungen verbunden.
Was ist eine Verlobung? Eine Verlobung (auch „Verlöbnis")* ist ein formfreier Vertrag. * Nicht nötig sind also Formalitäten wie ein hollywood-reifer Kniefall, Verlobungsringe, Zeugen oder eine Unterschrift. Noch nicht einmal Worte sind notwendig, denn schlüssiges Handeln* reicht aus, um sich zu verloben.
Wer kann sich verloben? In Deutschland kann sich nur verloben, wer mindestens 16 Jahre alt und nicht verheiratet ist.

Rechtswirkungen
Vielleicht kennt ihr aus Gerichtsshows im Fernsehen diese Frage der Richterin: „In welchem Verhältnis stehen Sie zu dem Angeklagten?" Diese Frage ist vor Gericht für Angehörige und auch bei Verlobten wichtig. Generell muss man vor Gericht und anderen staatlichen Stellen nämlich die Wahrheit sagen. Bei Angehörigen und auch bei Verlobten ist das anders, denn sie werden nicht dazu gezwungen, ihren Partner zu belasten. Verlobte dürfen schweigen (Zeugnis- und Eidesverweigerungsrecht), um ihren zukünftigen Ehepartner nicht zu belasten, d.h. der Gefahr einer Strafverfolgung aussetzen zu müssen.
Eine Verlobung unterscheidet sich von anderen abgeschlossenen Verträgen:
- **Keine Klagbarkeit und keine Vollstreckung:** Die versprochene Eheschließung kann nicht eingeklagt und nicht vollstreckt werden.
- **Keine Vertragsstrafe:** Vertragsstrafen sind ungültig.

Verliebt, verlobt – vorbei?
Ein paar Wochen später hat Samira den Ring abgezogen. Das mit Eren ist vorbei.
Es gibt verschiedene Gründe dafür, ein Verlöbnis aufzuheben. Zum Beispiel wenn beide sich einvernehmlich voneinander trennen oder einer der beiden Verlobten von dem Eheversprechen zurücktritt („Entlobung"). Wichtig: Auch Minderjährige können von der Verlobung zurücktreten und benötigen dafür nicht die Zustimmung ihrer gesetzlichen Vertreter. Andere Gründe für die Auflösung einer Verlobung können der Tod eines der Verlobten sein oder die Eheschließung; denn nach der Hochzeit gilt die Ehe, nicht mehr das Verlöbnis.

---

* **Verlobung/Verlöbnis** Durch einen formfreien Vertrag (= Verlöbnis) versprechen sich zwei Personen, die Ehe miteinander einzugehen.

* Ein **Vertrag** ist eine Einigung zwischen zwei Personen bzw. Parteien. Er kommt durch ein Angebot und die Annahme des Angebots zustande.

* **schlüssiges Handeln** Ein Vertrag kann auch ohne eine ausdrückliche Willenserklärung zustande kommen. Zum Beispiel erklärt das freiwillige Anstecken des Rings beim Heiratsantrag den zustimmenden Willen, auch ohne ein gesprochenes „Ja".

Schadenersatz

Bei der Beendigung der Verlobung kann eine Pflicht zum Schadenersatz entstehen. Schadenersatz muss derjenige Verlobte leisten, der *ohne einen wichtigen Grund zurückgetreten* ist oder *dem anderen einen wichtigen Grund für den Rücktritt vom Verlöbnis gibt.* Als wichtige Gründe werden zum Beispiel Untreue, Misshandlung oder Täuschung gezählt. Nicht als wichtige Gründe dagegen zählen z.B. die Erkenntnis, dass man nicht zusammenpasst oder sich nicht länger attraktiv findet – obwohl diese Gründe die Verlobten selbst häufig auch als wichtig erscheinen.

Schadenersatz muss u.a. geleistet werden für angemessene Aufwendungen, die für die Verlobungs- oder Hochzeitsfeier gemacht wurden, z.B. Reservierungsgebühren für den Veranstaltungsort, eine Anzahlung für das Brautkleid oder eine gemeinsame Wohnung. Alle Geschenke, die sich die Verlobten und ihre Familien während des Verlöbnisses gemacht haben, können zurückverlangt werden. Samira und Eren sind *einvernehmlich* auseinandergegangen. Den Ring möchten beide trotzdem nicht mehr haben.

M 2 Das Ende einer Beziehung kann richtig wehtun – bei einem Verlöbnis können dazu auch rechtliche Folgen kommen.

1. Woran denkst du bei beim Stichwort „Verlobung"? Beschreibe, was „Verlobung" für dich bedeutet. Vergleiche deine Antwort mit der Erklärung in der Randspalte auf der vorigen Seite.
2. Was gehört zu einem sog. formfreien Vertrag? Nenne Beispiele aus dem Alltag.
3. Informiert euch über die Verpflichtungen und möglichen rechtlichen Folgen einer Verlobung. Erklärt in eigenen Worten, was „Verlobung" rechtlich bedeutet.
4. Was gehört zu einem Verlöbnis dazu? Recherchiert Traditionen und Symbole zur Verlobung aus verschiedenen Kulturen. Welche Bedeutung steckt dahinter? Woher kommt der Brauch?
5. Startet eine Umfrage zum Verlöbnis. Befragt dabei drei Generationen. Welche Unterschiede könnt ihr feststellen?
6. Recherchiert und vergleicht die rechtliche Bedeutung einer Verlobung mit einer Eheschließung.
7. Ein Freund erzählt euch, dass er seiner Freundin einen Heiratsantrag machen möchte und bittet euch um Rat. Die beiden sind seit einem halben Jahr zusammen. Erstellt eine Pro- und Kontra-Liste. Welchen Rat gebt ihr ihm? Begründet.

Verheiratet sein: Was bedeutet das für die Frau?

M1 Ein Brautpaar schneidet gemeinsam eine Hochzeitstorte an: Wunschtraum oder Klischee?

Möchtest du irgendwann einmal heiraten? Wie soll dein Partner bzw. deine Partnerin sein? Welche Gefühle verbindest du mit dem Wort „Ehe"? Bist du der Meinung, dass du viel besser ohne Trauschein glücklich wirst? Was bedeutet Partnerschaft für dich? – Nähe? Gleichberechtigung? Arbeitsteilung?

Frauenbild im Wandel

Im Laufe der letzten Jahrzehnte hat sich die Bedeutung der Ehe in Deutschland entscheidend verändert: Noch in den 1950er Jahren war es üblich, dass die meisten Frauen, sobald sie heirateten, aufhörten zu arbeiten. Sie waren dann ganz für ihren Mann, den Haushalt und die gemeinsamen Kinder da, die sie im Sinne des christlichen Glaubens erzogen. Kinder, Küche, Kirche – mit diesen drei Schlagwörtern wird das Frauenbild der Nachkriegszeit plakativ beschrieben.

Frauen waren damals bei ihrer Heirat im Durchschnitt jünger als heute, und oft heirateten sie Männer, die erheblich älter waren als sie selbst. Wollten sie einer Berufstätigkeit nachgehen, musste der Ehemann sein Einverständnis erklären. – Heute unvorstellbar!

M2 Interview mit Soraya

Soraya kam 2014 mit ihrer Familie aus Syrien nach Deutschland. Das Redaktionsteam der Schülerzeitung „SchulZ" wollte wissen, wie sie die Frauen in ihrem Heimatland erlebt hat.

SchulZ: *Soraya, waren in Syrien viele Frauen berufstätig?*
Soraya: Bei uns zuhause gab es nur wenige Frauen, die für Lohn gearbeitet haben. Das waren Frauen, die keinen Mann bekommen hatten, sie taten uns leid. Und dann gab es noch die Frauen, die zusammen mit ihrem Mann gearbeitet haben. Das taten sie, weil ihr Mann alleine nicht genug verdient hat, um die Familie zu ernähren. Die taten uns auch leid.
SchulZ: *Wie viele Frauen haben in deinem Freundes- und Verwandtenkreis eine Ausbildung gemacht?*
Soraya: Keine einzige. Eine duale Ausbildung mit verbindlichen Lehrplänen, Ausbildungsbetrieb und Berufsschule – das gibt es in Syrien gar nicht. Du arbeitest irgendwo, da bringen sie dir bei, was du dafür können musst. Oder du gehst studieren. Viele Berufe, die in Deutschland Ausbildungsberufe sind, z. B. Krankenschwester oder Buchhalter, sind in Syrien Studienberufe.
SchulZ: *Haben die Frauen mit einem Studium weitergearbeitet, wenn sie verheiratet waren?*
Soraya: Nein, mit der Heirat haben sie ihr altes Leben aufgegeben und waren nur noch für ihre Familie da. In Syrien haben die meisten Familien viele Kinder, und damit einen großen Haushalt. Da kannst du gar nicht mehr arbeiten gehen. In der Stadt gab es zwar Kindergärten, aber die waren sehr teuer und nur reiche Leute konnten es sich leisten, ihre Kinder dort hinzuschicken. Die Kinder waren immer zu Hause bei der Mutter. Wenn die Großeltern alt wurden und Hilfe brauchten, hat das auch

die Frau übernommen. Was ein Altersheim ist, habe ich erst in Deutschland gelernt.
SchulZ: *Du hast uns erzählt, dass junge Mädchen in Syrien nur wenig Kontakt zu Jungen haben dürfen. Wie lernt man denn dann seinen Mann fürs Leben kennen?*
Soraya: Die Eltern der Brautleute haben das vereinbart. Der Vater des Mannes kam in die Familie der Frau und hat verhandelt. Dann durften sich die jungen Leute, falls sie sich noch nicht kannten, kennenlernen. Aber nur unter Beobachtung. Da hat man dann schon gemerkt, ob die zusammenpassen. Es gab eine „Probezeit".
SchulZ: *Das klingt ganz schaurig für uns. Wie ist das für dich, wenn du doch jetzt in Deutschland lebst?*
Soraya: Also ich weiß ganz genau, dass ich MEIN Leben haben will.
Ich will lernen, damit ich eine gute Ausbildung machen kann, ich will – genauso wie die deutschen Frauen auch – Familie und Beruf gleichzeitig haben. Ich will nicht meine Selbstständigkeit total hergeben. Da sind die deutschen Frauen ein großes Vorbild für mich.
SchulZ: *Übt deine Familie Druck auf dich aus, dass du heiraten sollst?*
Soraya: Stellt euch vor, bei uns war schon ein Mann zuhause und hat bei meinem Vater nachgefragt, ob sein Sohn mich heiraten darf. Mein Papa hat gesagt: „Da fragen wir sie doch selber!" Und ich bin ins Zimmer gerufen worden und habe gesagt: „Nein, ich will mein Leben haben!" Und dann ist der Mann wieder gegangen und mein Papa hat gelacht. Er will, dass es uns gut geht hier in Deutschland.
SchulZ: *Gibt es etwas, was du in deutschen Familien nicht so gut findest?*
Soraya: In Syrien dürfen Kinder länger Kinder sein, auch wenn sie Blödsinn machen. Die Mamas sind da geduldiger. Außerdem sind die Frauen sehr solidarisch miteinander. Sie gehen wie Freundinnen miteinander um, auch wenn sie sich noch gar nicht so gut kennen. Es ist eine Gemeinschaft, die es unter deutschen Frauen so nicht gibt. In Deutschland gibt es viel Einsamkeit.

M2 Soraya ist 2014 aus Syrien vor dem Bürgerkrieg geflohen. Das Leben deutscher Frauen unterscheidet sich deutlich von dem, das sie in ihrem Heimatland gewohnt war.

1 Warum hatten nur wenige Frauen in Sorayas Heimatland eine Ausbildung? Berichte!
2 „In Deutschland gibt es viel Einsamkeit", sagt Soraya. Was denkst du darüber?
3 In Sorayas Heimatland lebten früher drei bis vier Generationen unter einem Dach. Welche Vor- und Nachteile hat diese Familienform für die verschiedenen Familienmitglieder? Ermittelt Pro- und Kontra-Argumente und erstellt das Porträt einer „Musterfamilie".
4 Soraya berichtet von der Gemeinschaft der syrischen Frauen untereinander, die es ihrer Meinung nach unter deutschen Frauen „so nicht gibt". Wie könnte sich diese Form der Frauensolidarität äußern? Könnt ihr jemanden befragen? Erstellt eine Mindmap.
5 Frauensolidarität – Was versteht ihr unter diesem Begriff? Wofür oder wogegen müssen sich Frauen heute solidarisieren? Ist das in unserer Gesellschaft überhaupt noch nötig? Findet Problemfelder, beschriftet Wortkarten und erstellt ein Bodenbild. Recherchiert dazu im Internet auch zum Stichwort „Weltfrauentag".
6 Von der Familie zur Gesellschaft. Überlegt, welche gesamtgesellschaftlichen Vor- und Nachteile es für einen Staat (Familienpolitik, Bildungspolitik, Kulturpolitik, Wirtschaftspolitik) hat, wenn sich fast alle Frauen dem Familienleben widmen und dem Arbeitsmarkt nicht zur Verfügung stehen. Findet Antworten zu den einzelnen Politikfeldern mit dem Placemat-Verfahren und stellt eure Ergebnisse anschließend dem Plenum vor.
7 Schaut euch den Film „Die göttliche Ordnung" (Webcode) an. Welches Bild der Ehefrau dominierte in der Gesellschaft der Schweiz der frühen siebziger Jahre? Was ist im heutigen Deutschland anders? Was ist gleich? Stellt die Unterschiede in einer Tabelle einander gegenüber.

Register

A
Accessoire 40
Allergene 14
Alter 133
App 88, 89, 113, 114
Aquakultur 30
Arbeit 135, 146

B
Baumwolle 68, 72
Besitz 140
Bioprodukt 26
Bildmanipulation 54
Binge-Eating-Disorder 42
Blindverkosten 10
Blog 20, 46, 48, 54, 86, 108, 110, 140
BMI 42
Bulimie 42

C
Chemiefasern 72
Clean Labelling 14
Cybermobbing 116

D
Datenhandel 76, 77
Distress 16
Doping 56, 57

E
Ehrenamt 97, 102
Einkaufsverhalten 64
Erklärvideo 122, 123
Ernährungskonzept 28
Ernährungstrend 14, 28
Essverhalten 10, 12, 16, 42
Essstörung 19, 42, 43, 117
Eustress 16

F
Familie 132
Fastfood 21, 31
Finanzen 144, 152
Fitnessstudio 58, 144
Follower 20, 48, 140, 144
Freiwilligendienst 102–105

G
Garantie 71, 82
Gebrauchtkauf 82
Genderfood 13
Gentechnik 26, 27, 32–35
Geschäftsmodell 72, 88, 89, 131
Geschmack 10, 28, 32, 38
Gewährleistung 71, 82
Glukose 18
Gluten 14

H
Health-Claims-Verordnung 14
Hochzeit 158
Hypothalamus 18

I
Influencer 110
Innenreize 10
Investition 144, 145

K
Kinderarbeit 67
Kleinkindalter 10
Koffein 56
Kommunikation 40
Konsum 59, 64, 144
Körperkapital 48
Küchengerätschaften 125

L
Label 14, 26, 34, 72
Laktose 14
Lebensweg 126
Lernprozesse 10
Lerntagebuch 100
Lichtschutzfaktor 52
Lieferdienst 31
Luftverschmutzung 143

M
Magersucht 18, 42
Männlichkeit 12
Marketing 14, 48, 109, 111
Marktlücke 23
Massentierhaltung 28
Messenger 114
Mikroplastik 92
Mobbing 116
Molekularküche 22

N
Nachbarschaft 106
Nachhaltigkeit 29
Nährwert 14
Nahrungsergänzungsmittel 60
Nanopartikel 53
Naturfasern 72
Neophobie 11
Nutzerdaten 77
Nutzwert 124

O
Obsoleszenz 70, 71
Onlinehandel 74, 75
Online-Versandhaus 80

P
Pestizide 29
Plastikmüll 93
Polyester 68, 73
Prävention 128
Prestigewert 124
Provision 79
Projekt 96–101
Pubertät 12

R
Ramadan 18
Religion 25
Risiko 128, 131

S
Salutogenese 44
Sättigung 18
Sauce-Bearnaise-Effekt 10
Schönheit 38, 39, 45
Schönheitsideal 13, 38
Schulden 148
Schutzmechanismus 10
Schwangerschaft 10
Selbstdarstellung 46
Senioren 133
Selfie 46

Sharing 84, 141
Sicherheit 130
Siegel 26, 64, 66
Smartphone 112
Smog 143
Social-Media 109, 110
Spiel 136
Statussymbol 24, 140
Stereotyp 12
Storyboard 51
Stressor 16
Suchmaschinenoptimierung 109
Superfood 14

T
To-Do-Liste 16
Trend 13, 14, 28, 31, 46, 120

U
Überernährung 42
Umweltkosten 65
Unterernährung 42
Upcycling 120

V
Vegetarier 25, 28
Verbraucherinsolvenz 150
Vergiftung 11
Vergleichsportal 78
Verlobung 154
Versicherung 128, 130, 131, 145
Vorsicht 129

W
Wasser 142
Weiblichkeit 12
Widerspruchsrecht 74
Wiki 90
Wohnformen 133, 134, 135
Work-Life-Balance 146

Z
Zöliakie 14
Zollstelle 81

Bildquellenverzeichnis
Titelbild: stock.adobe.com/Mirko; **8/9:** shutterstock/Air Images; **10 M1:** Stock.adobe.com/Kzenon; **11:** panthermedia/ Wavebreakmedia; **12 M1:** stock.adobe.com/bernardbodo; **13 M2:** Cornelsen/Martin Regenbrecht; **14 M1:** stock.adobe.com/Jacob Lund; **15 M2:** stock.adobe.com/exclusive-design; **16 M1:** stock.adobe.com/Antonioguillem; **17 M2:** Cornelsen/Markus Kluger (Erfurth Kluger Infografik GbR) **M3:** shutterstock/stockyimages; **18 o.:** Stock.adobe.com/Ingo Bartussek; **18 l.:** Stock.adobe.com/asem arab; **18 r.:** shutterstock; **18 u.:** shutterstock/Antonio Guillem; **19 M2:** Cornelsen/Erfurth Kluger Infografik (in PU Buch Cornelsen/Markus Kluger); **20 M1.:** shutterstock/zeljkodan; **20 M2 re.:** mauritius images/Alamy/Germany Images David Crossland; **20 Mi. M2 li. und M3 o.:** shutterstock/Charoenkrung.Studio99; **20 M3 u.:** Stock.adobe.com/Prostock-studio; **21 M4 o.r:** stock.adobe.com/ExQuisine; **21 M4 o. l.** shutterstock/Charoenkrung.Studio99; **u.l.:** stock.adobe.com/Anatoly Repin; **22 M1 o.l.:** shutterstock/Macca Sherifi; **22 M1 o.r.:** stock.adobe.com/vladimirnenezic; **22 M1 u.l.:** laif/Polaris/Robert Miller; **22 M1 u.r.:** stock.adobe.com/ExQuisine; **22 M2:** stock.adobe.com/foodinaire; **23 M4:** stock.adobe.com/Strassi; **24 M1:** stock.adobe.com/Tupungato; **25 M2:** www.boell.de/fleischatlas - CC-BY_SA 3.0 Lizenz (Heinrich Böll Stiftung); **26 M1.:** Visum/Marco Fragasso; **26 M2 o.:** Europäische Kommission; **26 M2 2.v.o.:** F1online; **26 M2 3.v.o.:** BMEL/Verband Lebensmittel ohne Gentechnik e.V.; **26 M2 2.v.u.:** Bioland; **26 M2 u.:** QS Qualität und Sicherheit GmbH; **27 o.:** Ministerium für Ländlichen Raum und Verbraucherschutz (MLR); **27 u.:** stock.adobe.com/fabioberti.it; **28:** shutterstock/Iakov Filimonov; **30 M1:** Image Source/Cultura/Nancy Honey; **30 M2:** shutterstock/anyaivanova; **31:** shutterstock/Charoenkrung.Studio99; **32 M1:** Informationsdienst Gentechnik/CC BY-NC-ND 3.0; **33:** dpa Picture-Alliance/Marc Müller; **34 M1:** imago stock&people/Rüdiger Wölk; **35 M2:** Informationsdienst Gentechnik; **36/37:** stock.adobe.com/Fxquadro; **38 M1:** stock.adobe.com/olly; **39 M2:** Cornelsen/ Natascha Welz, Berlin; **40 M1:** Interfoto/Friedrich Rauch; **40 M2 l.:** stock.adobe.com/M.Dörr & M.Frommherz; **40 M2 r.:** stock.adobe.com/snapaway78; **41 M3 l.:** stock.adobe.com/Nuli_k; **41 M3 Mi.:** stock.adobe.com/galitsin; **41 M3 r.:** Coulorbox/lev dolgachov; **41 M4** Cornelsen/Natascha Welz, Berlin; **42:** stock.adobe.com/Tijana; **43 M2 o.l.:** shutterstock/Marcos Mesa Sam Wordley; **43 M2 o.r.:** shutterstock/riopatuca; **43 M2 u.l.:** shutterstock/Tortoon; **43 M2 u.r.:** stock.adobe.com/rachenkov; **44 M1:** stock.adobe.com/Maksim Šmeljov; **44 M2:** Cornelsen/Natascha Welz, Berlin; **45 M3:** Cornelsen/Markus Kluger (Erfurth Kluger Infografik GbR); **46 M1:** Self Love Clubb/Amelia Smith; **47 M3 o.:** stock.adobe.com/wollertz; **47 M3 u.:** stock.adobe.com/Ekaterina Pokrovsky; **47 M4:** akg-images; **48 M1:** Stock.adobe.com/Vladimir; **49 M3:** shutterstock/Dmytro Zinkevych; **50:** Stock.adobe.com/undrey; **51 alle:** Cornelsen/Natascha Welz, Berlin; **52 M1:** stock.adobe.com/nito; **52 M2:** Cornelsen/Markus Kluger (Erfurth Kluger Infografik GbR); **53 M2 l.:** Cornelsen/Martin Regebrecht; **53 M2 r.:** stock.adobe.com/Maksym Yemelyanov; **54 M1 o.l.:** stock.adobe.com/janifest; **54 M1 o.r.:** stock.adobe.com/BigLike Images; **54 M1 u.l.:** stock.adobe.com/grafikplusfoto; **54 M1 u.r.:** stock.adobe.com/detailblick-foto; **54 M2:** bpk; **56 M1 l.:** stock.adobe.com/mihhailov; **56 M1 mi.:** shutterstock/Michael Woodruff; **56 M1 r.:** Colourbox; **58 M1:** shutterstock/Jacob Lund; **60 M1:** stock.adobe.com/ExQuisine; **60 u.l.:** Stock.adobe.com/frogmo9; **61 o.:** stock.adobe.com/Yvonne Weis; **61 u.r.:** stock.adobe.com/Antonioguillem; **62/63:** shutterstock/Robert Kneschke; **64 M1:** Cornelsen/Natascha Welz, Berlin; **66 M1:** Cornelsen/Natascha Welz, Berlin; **67 o.:** stock.adobe.com/Markus Mainka; **67 mi.;** Cornelsen/Natascha Welz, Berlin; **67 M2:** Stock.adobe.com/rocknsock; **68:** Cornelsen/Natascha Welz, Berlin; **69 M1 alle:** Cornelsen/Edgar Hochmann; **70 M1 o.l.:** stock.adobe.com/B. Plank/imBILDE.at; **70 M1 o.r.:** shutterstock/oddech; **70 M1 u.l.:** stock.adobe.com/mekcar; **70 M1 u.r.:** stock.adobe.com/Mirko; **72 o.l.:** shutterstock/Alberto Zornetta; **73 o.:** stock.adobe.com/Brigitte Bonaposta; **73 Mi. o.:** shutterstock/nito; **73 Mi. u.:** shutterstock/Picsfive; **73 u.:** shutterstock/Dmitry Kalinovsky; **74 M1:** Colourbox; **75 M4:** stock.adobe.com/alphaspirit; **76 M1:** shutterstock/Iakov Filimonov; **77 M2:** shutterstock/craftswoman; **78 M1:** imago stock&people/Jochen Tack; **79 M2:** shutterstock/gopixa; **80 M1:** shutterstock/victorkushe; **81 M3:** stock.adobe.com/fotohansel; **82 M1:** stock.adobe.com/ARochau; **83 M2:** imago stock&people/Sämmer; **84 M1:** Coulorbox/Lev Kropotov; **85 M2:** Cornelsen/Markus Kluger (Erfurth Kluger Infografik GbR); **86 M1:** shutterstock/Audrey Saracco; **86 M2:** shutterstock; **87 M3 o.l.:** Colourbox; **87 M3 o.r.:** stock.adobe.com/Roman Gorielov; **87 M3 u.l.:** stock.adobe.com/dream79; **87 M3 u.r.:** stock.adobe.com/rtype; **88 M1:** stock.adobe.com/DisobeyArt; **90 u. 91:** Zentrale für Unterrichtsmedien im Internet e. V.; **92 M1:** dpa Picture-Alliance/JOKER/Alexander Stein; **92 M2:** stock.adobe.com/Fried-

berg; **93 M3:** dpa Picture-Alliance/KEYSTONE; **94/95:** shutterstock/Monkey Business Images; **96 M1, 98 M1, 99 M2, 100 beide, 101:** Cornelsen/Natascha Welz, Berlin; **102 M1 u. M2, 103 M3:** Cornelsen/Theresa Haberl; **104:** imago stock&people/Wolf P. Prange; **106 M1:** F1online/Imagebroker RM/simon katzer; **107 M3:** stock.adobe.com/Gina Sanders; **108 M1:** dpa Picture-Alliance/Jan Woitas; **110 M1:** stock.adobe.com/Jacob Lund; **111 M3:** stock.adobe.com/Drobot Dean; **112 M1:** stock.adobe.com/Patryssia; **113 M3:** Colourbox; **114 M1:** stock.adobe.com/Sara Michilin; **115 M4:** stock.adobe.com/kebox; **116 M1:** F1online/AGE/ajpfilm; **116 M2:** Cornelsen/Markus Kluger (Erfurth Kluger Infografik GbR); **117 M3:** action press/EXCLUSIVE PIX; **mi.:** Ute Winkler, L101 Mediengestaltung; **118/119:** shutterstock/PR Image Factory; **120 M1:** shutterstock/HomeArt; **120 M2:** Cornelsen/Natascha Welz, Berlin; **121 M3 u. M4:** Cornelsen/Ulrike Haß; **121 M5 o.:** stock.adobe.com/alho007; **121 M5 u.:** stock.adobe.com/lavizzara; **122 M1 HG:** stock.adobe.com/schankz; **122 M1 VG:** Coulorbox/PetraD; **122 M2:** Colourbox; **123 alle:** Cornelsen/Natascha Welz, Berlin; **124 M1:** stock.adobe.com/Alex White; **125 M2:** shutterstock/MicroOne; **126 u. 127:** Cornelsen/Natascha Welz, Berlin; **128 M1:** stock.adobe.com/perpis; **128 M3:** Cornelsen/Markus Kluger (Erfurth Kluger Infografik GbR); **129 M4:** akg-images; **130 M1:** Coulorbox/Phovoir; **130 l.:** stock.adobe.com/Stockfotos-MG; **131 M2:** stock.adobe.com/blende11.photo; **132 M1:** stock.adobe.com/Barabas Attila; **132 M2:** Cornelsen/Natascha Welz, Berlin; **133 M3:** stock.adobe.com/Martinan; **134 M1 o.l.:** shutterstock/Hunter Bliss; **134 M1 o.r.:** stock.adobe.com/Christian Schwier; **134 M1 u.l.:** stock.adobe.com/hydebrink; **134 M1 u.r.:** stock.adobe.com/Magda Fischer; **135 M3:** Action Press/United Archives/Werner OTTO; **136 M1 l.:** stock.adobe.com/LIGHTFIELD STUDIOS; **136 M1 r.:** stock.adobe.com/Ingo Bartussek; **137 o.:** stock.adobe.com/photophonie; **137 2.v.o.:** stock.adobe.com/graja; **137 3.v.o.:** stock.adobe.com/Zsolnai Gergely; **137 3.v.u.:** stock.adobe.com/Stockfotos-MG; **137 2.v.u.:** stock.adobe.com/Gary Adams; **137 u.:** shutterstock/REDPIXEL.PL; **138/139:** shutterstock/Peshkova; **140 M1:** Cornelsen/Natascha Welz; **140 M2:** Cornelsen/Markus Kluger (Erfurth Kluger Infografik GbR); **141 M4 o.l.:** stock.adobe.com/schulzie; **141 M4 o.r.:** shutterstock/Paul Vasarhelyi; **141 M4 u.l.:** stock.adobe.com/nito; **141 M4 u.r.:** shutterstock/Lisa F. Young; **142 M1:** dpa Picture-Alliance/Globus Infografik; **143 M3:** shutterstock/testing; **143 M4:** stock.adobe.com/Stadtblick Stuttgart; **144 M1:** stock.adobe.com/Creativa Images; **144 M2:** stock.adobe.com/Di Studio; **145:** stock.adobe.com/Anke Thomass; **146:** Ute Winkler, L101 Mediengestaltung; **147 M2:** Colourbox; **147 M3:** Colourbox; **147 M4:** stock.adobe.com/Robert Kneschke; **148 M1:** stock.adobe.com/Soloviova Liudmyla; **148 M2:** stock.adobe.com/BRN-Pixel; **149 M2:** Cornelsen/Markus Kluger (Erfurth Kluger Infografik GbR); **150 u. 151 un.:** Cornelsen/Edgar Hochmann; **151 o.:** stock.adobe.com/Stockfotos-MG; **152 M1:** Cornelsen/Natascha Welz; **153 r.:** Colourbox; **154 M1:** stock.adobe.com/ivanmateev; **155 M2:** stock.adobe.com/lassedesignen; **156 M1:** stock.adobe.com/Igor Link; **157 M2:** shutterstock/Daniel M Ernst.

Textquellenverzeichnis:
40, M1 Paul Watzlawick, Janet H. Beavin, Don D. Jackson (1969). Menschliche Kommunikation. Bern: Huber Verlag, S. 53; **46** Beyoncé: We flawless, Columbia Records 2013; **50** Daniel Meadows (Webcode); **51** Jim Trelease (Webcode)